이념의 정치와

한국의 선거

공간이론으로 본 한국의 대통령선거

본 연구는 2012년 정부(교육부)의 재원으로 한국연구재단의 지원을 받아 수행된 연구임(NRF-2012S1A6A4019295).

원 연구과제명은 "공간이론과 선거정치: 이데올로기, 균열구조와 유권자의 선택"이었음.

이념의 정치와

한국의 선거

공간이론으로 본 한국의 대통령선거

조성대 지음

도서출판 오름

Politics of Ideology and Korean Elections

The Spatial Analysis of Presidential Elections

Cho, Sungdai

ORUEM Publishing House
Seoul, Korea
2015

머리말

이념이란 무엇이며 한국정치를 어떻게, 얼마나 설명할 수 있을까? 20세기가 끝나고 21세기가 시작할 무렵 박사학위를 받고 귀국한 이래 15년간 지녀온 질문이었다. 이 책은 그 고민의 첫 결실이다. 그동안 위의 문제의식을 담은 논문을 단독 혹은 공저로 발표한 적이 여러 번 있었지만 하나로 꿰뚫지 못하다가 이번 기회에 책으로 만들려는 욕심을 부려보았다.

무엇보다 이념에 대한 사회적 편견에 도전해 학문적으로 구원하고 싶었다. 극단적 정치적 대립이나 사회적 혼란을 상징하는 단어로 자주 사용되는 이념은 우리가 회피해야 할 괴물이 결코 아니다. 오히려 유토피아에 대한 상상과 정치적 경쟁의 일상에 꼭 필요한 개념임을 주장하고 싶었다. 아울러 민주화 이후 한국의 정치과정을 잘 설명할 수 있는 아주 건전하고 건강한 개념임을 논증하고 싶었다.

전공인 공간이론도 널리 알리고 싶었다. 약 60년 전 다운스에 의해 정치학계에 도입된 공간이론은 초기 이념적으로 더 가까운 대안(후보자 혹은 정당)을 무조건 선택한다는 결정론적 시각으로부터 출발했다. 그리고 두 명의 후보자 간 경쟁에서 중위투표자의 위치가 승패를 가른다는 중위투표자 정리를 내놓았었다. 그리고 이후 이념 외의 다른 요인들을 효용 모형에 추가해 확률론적 시각으로 진화했다. 이러한 공간이론은 오늘날 미국 정치학계에서 주류의 학문으로 자리매김하고 있다. 선거에서 유권자의 투표선택이나 의회 내 의원들의 정책 결정의 원인을 설명하는 데 있어 한번쯤은 짚고 넘어가야 하는 중요한 이론적 지위를 누리고 있다. 그러나 정작 한국 정치학계에서 이를 연구하고 사용하는 학자는 드물다. 손가락으로 꼽을 정도이다. 물론 자신의 연구물에서 공간이론을 언급하는 연구자들은 꽤 있다. 그러나 옆집 잔치 구경하듯 슬쩍 눈길 한번 주고 지나갈 뿐이다. 그래서 제대로 된 공간이론 연구서를 하나 만들자 싶었다. 이왕이면 최근까지의 이론적 성장과 확대 과정을 자세히 다루어보자 싶었다.

연구 대상을 민주화 이후 한국 대통령선거로 잡았다. 그런데 유효하게 사용할 수 있는 데이터가 2000년 이후 대선 관련 자료밖에 없는 터라 연구의 범위를 2002년, 2007년, 그리고 2012년 대선으로 국한했다. 그럼에도 불구하고 민주화 이후의 선거의 특징과 과정, 그리고 주요 쟁점들을 두루 다루도록 노력했다.

책은 총 4부로 기획되었다. 제1부는 서론과 배경으로 연구 질문과 방법론, 그리고 이념의 개념적 정의를 다룬다. 이 책을 쓰기 전 지녔던 문제의식을 소개했다. 다소 어렵긴 하지만 카훈-히닉 그리고 스코필드 방법론도 소개했다. 연구대상이 되는 2000년 이후 대선에 대한 개괄적 서술도 제시했다. 무엇보다 과학적 개념으로서의 이념이 왜 연구의 대상이 되어야 하는지 그리고 이념을 어떻게 연구해야 하는지를 체계적으로 소개하고자 했다.

제2부는 공간이론의 이론적 구조를 통해 2000년 이후 세 차례의 대선을 설명한다. 구체적으로 민주화 이후 한국정치의 균열구조의 특징, 정당 및 후보자 간의 경쟁의 성격, 그리고 유권자의 대선 후보선택을 공간이론을 통

해 설명하고자 했다. 아울러 이론의 기본 틀인 결정적 공간이론에서 확률적 공간이론으로의 진화과정을 한국 대선을 사례를 가지고 설명했다. 이 과정에서 한국의 선거정치에서 정치안보이념이 지배적인 역할을 하는 가운데 사회경제이념이 조금씩 부상하고 있음을 경험적으로 살펴볼 것이다. 아울러 정당 간 경쟁구도를 나타내는 정당체계도 정치안보이념을 중심으로 틀지어져 있음도 발견할 것이다. 당연하게도 정치안보이념은 유권자들의 후보선택에도 상당히 큰 영향력을 발휘하고 있음을 알게 될 것이다. 물론, 사회경제이념의 영향력도 미래 조금씩 커져갈 것이라는 추론도 함께 접하게 될 것이다.

제3부는 공간이론의 성장과 확대 과정을 18대 대선을 사례로 주요 쟁점별로 다룬다. 무엇보다 민주화 이후 한국의 대선이 대부분 다수 후보 간 경쟁으로 치러졌기에 두 명의 후보자 간 경쟁을 설명했던 종래의 공간이론은 그 효용성이 덜할 수밖에 없다. 이론은 다수 후보 간 경쟁을 설명할 수 있도록 확장되어야 했다. 다행히 1990년대 미국 대선에서 로스 페로(Ross Perot)의 등장과 더불어 다수 후보 간 공간경쟁 모형이 개발되었고, 저자 또한 박사학위논문에서 이를 다루었던 경험이 있어 18대 대선에 적용할 수 있었다. 아울러 18대 대선에서 나타난 '안철수 현상'도 분석할 수 있었다.

이와 더불어 1980년대 후반부터 제기된 방향이론의 도전 그리고 이념의 효과가 유권자의 하위 집단별로 다르게 나타날 수 있다는 최근의 연구 질문도 다루었다. 이러한 주제들과 그에 대한 경험분석은 공간이론이 이론적으로 살찌워져온 과정을 살펴보게 할 뿐 아니라 그동안 한국정치에 대해 제기되어 왔던 정치적 퍼즐들을 과학적으로 풀어가는 과정을 보여줄 것이다.

마지막으로 제4부는 한국정치에 대해 저자가 가졌던 질문에 대해 본문의 경험분석으로부터 나온 추론을 가지고 해답을 제시한다. 구체적으로 지역주의, 대안의 이념, 제3당 등의 핵심어를 중심으로 한국정치에서 정치적 재편성에 대한 전망을 제시하고자 했다. 아울러 지난 2014년 지방선거 데이터를 사용해 본문의 내용을 재차 검증하기도 했다. 결국 이 책을 관통한 독자들은 종착역에서 한국의 정당정치가 재편될 수 있겠는가는 저자의 질문을 마주하게 될 것이다. 그리고 정당정치의 근본적 변화를 위해서는 갈등이 대체되어야 하며 이의 가능성을 지역주의와 안보이념을 대체할 수 있는 사회경제이념에서 찾을 수 있다는 조심스러운 추론을 접하게 될 것이다.

결과적으로 이 책은 이론과 현실을 마주시키겠다는 다소 섣부른 욕심이 낳은 미숙아일지 모른다. 전공인 공간이론을 한국적 상황에서 풀어 녹여야 한다는 욕심을 15년째 버리지 못했는데, 아직 지식이 잘 영글지 못해 독자들이 알아듣기 쉬운 언어로 쓰지 못했기 때문이다. 이해할 수 없는 수식과 표현들을 만난다면 그저 저자가 아직 학문적으로 성숙하지 못했기 때문이라고 양해해주셨으면 한다.

이 책이 나오기까지 감사해야 할 사람들이 많다. 무엇보다 저자를 학문의 세계로 인도해주신 연세대학교 정치외교학과의 한홍수 교수님께 감사드린다. 비록 은퇴 후 망중한을 보내시고 계시지만 현역시절 교수님의 가르침이 없었다면 유학도 학문의 길도 내겐 존재하지 않았을 것이다. 신명순, 이신행 교수님을 비롯한 그 외 연세대학교 정치외교학과 교수님들께도 감사드린다. 미국 미주리대학교(University of Missouri)의 제임스 엔더스비(James W. Endersby) 교수에게도 감사를 드릴 수밖에 없다. 공간이론의 지적 전통을 잇게 만들어 주었을 뿐만 아니라 스승과 벗을 오가며 멘토가 되어준 분이다. 그 외 인사를 드려야 할 선후배들이 너무 많다. 일일이 호명하여 감사의 말씀을 드려야 하나 지면관계상 그러지 못함을 양해해 주실 거라 믿어 의심치 않는다.

학문의 영역 밖에서도 감사해야 할 분들이 있다. 무엇보다 도서출판 오름의 부성옥 대표께 감사드린다. 저자가 행정 책임자로 진행한 『한국의 선거 VI』과 이 책의 원고를 동시에 내던지다시피 드렸는데도 기꺼이 출판을 맡아주셨다. 특히 상품가치라고는 손톱의 때만큼도 없는 이 연구서의 출판을 두말없이 맡아주셨음을 독자들에게 알리고 싶다. 수많은 오탈자와 비문을 일일이 정성스레 교정해준 편집 관계자님들에게도 고마움을 전하고 싶다.

마지막으로 부모님과 가족들에게 감사하다는 말을 꼭 해야 할 것 같다. 1993년 석사학위논문을 제출하며 부모님께 세상에 첫 발을 내딛게 해준 것에 감사했었던 기억이 있다. 이제 세상에 나와 첫 걸음을 완성하게 되었다. 이 또한 부모님이 계시지 않았다면 불가능했을 것이다. 아내 진희에게도 무척 고맙다. 가계에 별로 도움이 되지 못하고 제 혼자 잘나 사는 남편과 20년 넘게 함께 해준 것에 참 감사한다. 마지막으로 이제 대학에 들어가 시대를 함께 살아가는 딸 은경이와 세상이 가장 무서워한다는 '중2'를 무던히 넘기고 있는 아들 준범이에게도 고마움을 표하고 싶다.

독자들의 많은 질책과 충고를 기다리겠다. 그리고 그 조언들을 다음의 책 계획에 꼭 반영할 것을 약속드린다.

2015년 6월 어느 날
서재에서
지은이 조성대 씀

차례

제8장 다수 후보 선거경쟁과 이념투표

제9장 제3당 후보지지와 이념투표

제1부

서론과 배경

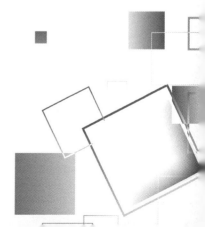

제1장

서론

I. 연구의 목적

이 책은 민주화 이후, 구체적으로 2000년 이후 한국 대통령선거(이하 대선) 사례를 통해 이념투표(ideology voting)의 효과를 진단해보고자 한다. 이념투표에 대한 기존연구는 대체로 이념 혹은 정책에 대한 유권자의 선호가 투표선택에 유의미하게 영향을 미친다는 것을 경험적으로 입증해왔다. 그러나 그 사례들은 주로 선진 민주주의 국가에 국한되어 있었다. 제3세계 신생민주주의 국가에서 공간이론을 이용해 이념투표의 적실성을 분석한 연구는 비교정치학 분야에서 그렇게 많지 않다. 1970년대 초 헌팅턴(Huntington 1991)이 명명한 "제3의 물결"이 널리 퍼짐에 따라 많은 제3세계 국가들은 점차 자유롭고 공정한 선거를 도입하였다. 그리고 민주주의는 합법적인 정부 구성을 위한 '유일한 게임(the only game in town)'이 되었고 선거는 민주주의의 주요한 도구로서 작용해왔다(Shin 1999; Powell 2000).

그러나 민주화 이행 후 공고화를 거쳐 현재에 이르는 기간이 상대적으로 짧다는 점은 제3세계 민주주의 국가들의 정당체계나 다른 정치제도들도 여전히 불안정할 수 있음을 시사한다. 많은 시민들은 지지할 정당을 결정함에 있어 자신의 정책 선호에 의지하지 않는다. 과거 권위주의체제의 흔적들이나 인종적, 종교적, 지역적 갈등과 같은 비정책 요인들이 유권자들로 하여금 이념이라는 렌즈를 사용해 정치세계를 평가하지 못하게 만든다. 민주화 이행이 완료되고 심지어 민주주의 공고화기를 지나왔지만 여전히 제3세계 민주주의 국가들은 가치판단의 급진적 변화, 정당선택의 불안전한 스윙, 혹은 급격한 정당의 이합집산 등 예측불가능한 정치적 결과들을 경험하고 있다(Mainwaring and Torcal 2005).

한국정치 역시 예외는 아니다. 1987년 민주화 이후 현재까지 사반세기의 세월이 흘렀다. 2007년에는 민주주의 공고화를 의미하는 '두 번의 정권교체'(Huntington 1991) 테스트도 통과했다. 민주주의 이행과 공고화에 성공한 셈이다. 그러나 정당정치는 분열과 통합 혹은 이합집산이 반복되는 과정을 보였고 당명도 너무 자주 교체되는 등 매우 불안정한 모습을 보여 왔다. 이러한 환경은 한국정치와 관련해 다음의 질문들을 던지게 한다.

1. 첫 번째 연구 질문

첫 번째 연구 질문은 이념 혹은 정책이 과연 한국의 정당체계의 편성과 유권자들의 정치적 선택에 영향을 미치는가 하는 것이다. 민주화 이후 한국정치에 대한 분석이나 설명은 주로 선거에서 지역주의의 효과와 그 정치적 폐단에 집중해왔다. 지역독점적 정당구조 아래 정상적인 정책 경쟁보다는 향리적인 지역주의가 정당정치를 지배해왔다는 해설이 지배적이었다(이갑윤 1998; 조기숙 2000; 최장집 2003). 그러나 1997년 15대 대선에서 햇볕정책을 둘러싼 대북정책이 정당 및 후보자 사이에 날카로운 이념 경쟁과 함께 유권자들의 투표선택에 나름의 영향을 미친 이래 이념은 서서히 한국

선거과정에서 유권자의 투표선택의 주요 요인으로 기능하기 시작했다. 특히 15대 대선부터 대북정책은 안보를 둘러싼 남남갈등, 한미관계 등의 쟁점들과 함께 정합적으로 축약되는 과정을 거치면서 안보이념으로 좌우갈등을 자아내어 선거과정에서 유권자들의 투표선택을 유도하며 정치과정을 주도했다(강원택 2003; 정진민 2003). 그리고 김대중 정부에서의 안보를 둘러싼 이념갈등은 노무현 정부에 이르러 기업규제, 사회복지, 환경보호, 인권 등 사회·경제·문화영역으로 확대되어 나타났다(이갑윤 2011). 아울러 안보를 둘러싼 좌우 혹은 경제적 좌우의 이념적 갈등뿐만 아니라 자유 대 권위 혹은 물질 대 탈물질 등의 새로운 균열구조에 대한 진단도 활발하게 모색되어 왔다(강원택 2005; 김욱 2010; 2011; 이갑윤·이현우 2008; 조성대 2008; 현재호 2008).

이제 이념은 한국정치에서 폐어(廢語) 상태에서 깨어나 활어(活語)가 되고 있다. 심지어 지나친 이념대립을 경계하는 언론 및 정치인들의 목소리가 도를 넘칠 정도이다. 급기야 극단적인 정치적 대립과 사회적 혼란을 상징하는 단어가 되기에 이르렀다. 그러나 이념은 우리가 회피해야 할 괴물이 결코 아니다. 오히려 우리는 이념 없이 그 어떤 유토피아도 상상할 수가 없고, 그렇기에 우리는 이념에 대해 올바르게 이해할 필요가 있다. 이념은 우리가 꿈꾸는 바람직한 사회와 그것을 성취할 수 있는 수단을 정합적이고 안정적이며 세련되고 추상적인 언어로 표현한 것이다. 이를 제2장에서 자세히 살펴볼 것이다.

그런데 과연 한국의 정당체계가 이념을 반영하고 있는가 하는 질문은 이념에 대한 개념 정의와 별도로 엄격한 경험적 분석을 요구한다. 몇몇 연구들은 정당의 강령이나 공약 혹은 국회의원들을 대상으로 한 설문조사 자료를 이용한 경험분석을 통해 한국 정당들 간에 이념적 차이가 존재함을 경험적으로 제시하기도 했다(강원택 2003; 2005; 이지호 2009; 정진민 2003; 현재호 2004; 2008). 그러나 이러한 분석은 반쪽짜리일 수밖에 없다. 왜냐하면, 실제 유권자들이 정당이나 후보자가 제시하는 정책을 정치적 선택의 기준으로 활용하고 있는지를 고려하지 않기 때문이다. 결국 정당체계와 이념과의 관계는 선거과정에서 유권자들이 이념을 기준으로 정당과 후보자를 판별하며 자신에게 이득이 되는 방향으로 결정을 내리는가를 설명할 때 규명될 수 있다. 아무리 정당이 이념적으로 구별되는 정책을 제시하더라도 유권자가 이를 정치적 선택에 반영하지 않는다면 정당체계가 이념을 반영하고 있다고 평가할 수 없기 때문이다.

공간이론(spatial theory)은 이러한 한계를 적절하게 극복할 수 있는 이론적·방법론적 틀을 제공한다. 다운스(Downs 1957)에 의해 정치학 분야에 제안된 공간이론은 유권자의 투표산술의 효용이 이념 혹은 정책에 기반을 두어 결정된다고 본다. 유권자의 효용은 자신과 정당 혹은 후보자 사이의 이념거리로 측정된다. 이념거리가 가까울수록 효용은 증가하고 따라서 유권자는 이념공간에서 자신과 이념거리가 가장 가까운 정당 혹은 후보자를 선택한다는 것이다. 이러한 공간이론에 의거해서 유권자의 투표선택을 분석하기 위해서는 한 사회의 이념공간과 그 내부의 유권자와 정당 및 후보자의 위치에 대한 정보가 필요하다. 그런데 선거 때마다 쏟아져 나오는 많은 여론조사나 혹은 연구자들이 전문적으로 사용하는 데이터로부터 위의 정보를 모두 구하기는 쉽지 않다.

가장 많이 활용되는 설문자료를 예로 들어보자. 정치학 관련 학회나 대학 연구소들이 선거가 끝난 후 실시하는 유권자 의식조사에서 일반적으로 흔하게 물어보는 설문 중 하나로 주관적인 이념성향이 있다. 설문 응답자에게 일반적인 진보-보수의 척도(예, 0. 매우 진보 ~ 10. 매우 보수)에서 본인과 주요 정당 및 후보자들의 위치를 물어보는 것이다. 우리는 이 정보를 이용하여 쉽게 유권자와 주요 후보자 간 이념거리를 측정한다. 그리고 측정된 상대적 이념거리와 — 예를 들어, (|유권자 - 후보자 L| - |유권자 - 후보자 R|) — 유권자의 후보선택과의 관계가 유의미하게 발견될 경우 이념투표 현상이 존재한다고 결론 내린다.

그런데 일차원 척도에서 유권자들이 주관적으로 판단한 진보-보수의 이념으로 효용을 계산해 이용하는 것은 다음과 같은 문제점들을 지닌다. 첫째, 주관적인 진보-보수의 설문이 구체적으로 의미하는 바가 불명확하다. 제2장에서 자세히 살펴보듯이 바람직한 사회와 그것을 성취할 수 있는 수단으로서의 이념은 일반화된 추상적 모양새와 더불어 구체적인 정책을 내포하여야 한다. 가령 남북 및 한미 관계, 성장과 복지, 공기업 문제나 비정규직 문제, 환경 및 생태, 혹은 국가와 사회 및 개인 간 갈등 등에 대해 구체적인 정책 대안들을 내포하고 있어야 한다. 그리고 이들이 정합성을 지니며 추상적인 형태로 축약되는 과정을 거쳐야 하는데 일반적인 진보-보수의 설문은 이를 내포하고 있지 않다.

둘째, 주관적 진보-보수의 일차원성이 한 사회의 이념적 갈등을 적절히 나타내지 못한다는 점도 있다. 단 하나의 정치 혹은 사회 혹은 경제적 갈등만이 이념의 형태로 정치영역에 대표된다는 주장은 비현실적이다. 예를 들어, 계급적 갈등이 전통적으로 정당정치를 지배해온 유럽과 미국에서도 1970년대 이후 인종, 여성, 동성애, 인권, 교육, 핵, 환경 등 경제적인 갈등과 무관한 사회문화적 쟁점들이 독립적인 이념갈등을 구조화해 왔다는 의견이 지배적이다.

한국사회도 예외는 아니다. 물론 대부분의 기존연구들이 반공이념을 둘러싼 안보갈등의 지배적 위치를 인정하지만 동시에 많은 다른 연구들은 새로운 이념적 갈등구조의 등장을 진단해왔다. 경제적인 좌우의 계급갈등, 자유지상주의 대 권위주의, 탈물질주의 대 근대주의의 사회적 갈등구조의 등장에 대한 진단들이 대표적인 예이다. 이 역시 엄격한 경험분석의 대상이 되어야함은 물론이다. 그러나 만약 우리가 한국정치의 이념의 다차원성을 인정한다면 과연 그 이념의 성격은 무엇이고 어떤 이념이 정당체계와 유권자들을 연계해주는가, 그리고 어떤 이념이 유권자의 정치적 선택에 보다 많은 영향을 미치는가라는 질문을 던질 수밖에 없다.

이러한 질문에 대답하기 위해서는 결국 다양한 정책들이 동질의 정책들을 중심으로 축약되어 표상된 다차원 공간에서 유권자와 정당 및 후보자의 위치를 파악할 수 있는 이념지도가 필요하다. 그동안 공간이론의 영역에서 한 사회의 이념지도를 구성하는 많은 방법론이 제시되어 왔다. 그중 대표적인 예를 스코필드 방법(Schofield and Sened 2006)과 카훈-히닉 방법(Cahoon and Hinich 1976)에서 찾을 수 있다.[1] 이 책은 두 방법을 이용해 한국정치의 다차원 이념지도를 구축하고 그 성격을 밝힐 것이다. 이는 제3장에서 자세히 소개된다. 스코필드 방법과 카훈-히닉 방법을 통해 구축된 한국정치의 이념지도는 그 내부에 유권자와 후보자 및 주요 정당의 위치에 대한 정보를 지니고 있다. 이제 우리는 손쉽게 유권자와 후보자 사이의 이념거리를 측정할 수 있다. 그리고 이러한 이념거리가 유권자의 투표선택에 미친 영향도 쉽게 분석할 수 있다.

2. 두 번째 연구 질문

이념과 관련한 두 번째 연구 질문은 유권자의 선택에서 이념이 차지하는 비중이 얼마나 되는가 하는 것이다. 공간이론은 이념이 특정 정당이나 후보자가 집권할 경우 실행할 정책에 대한 단서를 제공함으로써 유권자로 하여금 자신의 관점과 그 정당이나 후보자의 입장을 비교할 수 있게 하는 도구적 합리성을 지니고 있다고 본다. 그리고 이를 실현하는 방법으로 유권자는 이념공간에서 자신에게 가장 가까운 정당이나 후보를 선택한다고 본다. 그런데 초기의 공간이론은 유권자와 후보자 간의 이념거리가 유권자의 투표선택을 전적으로 결정짓는다는 결정론적 시각을 지니고 있었다.

그러나 유권자들이 이념만을 근거로 정치적 선택을 결정한다는 주장은 일반적인 상식과 다소 동떨어져 보인다. 주변에서 그렇지 않은 사례들을 수없이 목격할 수 있기 때문이다. 우리는 선거과정에서 다양한 부류의 유권자들을 본다. 정당에 대한 충성도가 높은 사람, 국가의 경제상태를 중요시하는 사람, 후보자의 개인적 자질을 중요시 하는 사람, 혹은 같은 출신지, 학연, 혈연 등을 중요시 하는 사람 등 실로 다양한 선택 기준을 지닌 사람들을

---

1) 이 외 풀(Poole 2005; Poole and Rosenthal 1997 참조)은 유사한 접근법을 이용해 의회 의원들의 다차원 이념지도를 구축하는 방법을 제시하고 있다.

목격한다. 심지어 돈봉투나 선물세트가 주요한 기준이었던 때도 있었다. 따라서 투표선택의 효용함수는 이러한 다양한 비이념 혹은 비정책 요인들을 고려해야 한다.

1970년대 초부터 공간이론가들은 결정적 모형에 대한 새로운 대안으로 확률적 모형을 개발하기 시작했다. 주요한 특징은 투표선택의 효용함수에 다양한 비정책 요인들을 무작위 항(random element)이나 실제 변수로 삽입하여 이념의 효과를 진단한다는 것이었다(대표적으로 Enelow and Hinich 1984; Erikson and Romero 1990). 결정적 공간모형과 새로이 등장한 확률적 공간모형의 차이점은 간단하다.

예를 들어, 두 후보자가 경쟁한다고 가정하자. 이념이 투표대상을 100% 결정하는 결정적 모형에서 만약 두 후보자와의 이념거리가 같다면 유권자는 두 후보자에게 같은 효용을 지니게 된다. 이 경우 유권자는 기권하거나 아무에게나 표를 던지게 된다. 후보자가 기대할 수 있는 득표율(expected vote share)은 0%이다. 그러나 현실에서 마치 동전을 던져 결정하듯, 지지할 후보를 무작위로 선택하는 유권자가 과연 있을까? 설령 그러한 유권자가 있다 하더라도 아마 극소수에 불과할 것이다. 오히려 대다수의 유권자는 이념 외에 다른 요인들에 의거해 자신의 투표선택을 결정지을 것이다. 예를 들어, 평소 지지하던 정당이라든지, 개인적으로 매력을 느끼는 후보라든지, 지역 연고가 같은 후보라든지 혹은 그 밖의 요인 등이 고려될 것이다. 확률적 공간모형은 이러한 요인들을 실제 변수로 효용함수에 추가함으로써 이념 이외의 요인들의 효과를 분석할 수 있게 해준다. 이로써 후보자들과의 이념거리가 같은 유권자의 투표선택도 예측될 수 있으며 무작위 투표나 0%의 기대득표의 가능성은 사라지게 된다.

한국정치의 경우도 마찬가지다. 민주화 이후 한국정치에서 이념의 효과는 15대 대선 이후부터 등장했다는 것이 대체적인 관찰이다. 그렇다면 그 이전에 무엇이 유권자들의 투표선택을 이끌었을까? 대표적으로 지적되어온 것은 지역주의다. 그 외 정당일체감, 경제상태, 세대 등도 경쟁적으로 유권자의 투표선택을 설명해왔다. 따라서 이념을 비롯한 경쟁적인 변수들이 유권자들의 투표선택에 미친 상대적인 효과를 따져보는 일은 비단 공간이론의 설명력뿐만 아니라 한국 유권자들의 투표행태를 이해하는 데도 많은 도움을 줄 것이다. 자세한 내용은 제4장과 제5장에서 다루어진다. 제4장은 결정적 모형을 다루고 제5장은 확률적 모형을 다룬다. 그리고 제11장 보론에서는 제3장에서 제5장까지 분석했던 한국정치의 이념적 균열구조와 이념투표 현상이 2014년 지방선거에서도 여전히 발견되는지를 추가적으로 검토한다.

3. 세 번째 연구 질문

이념에 대한 세 번째 연구 질문은 과연 모든 유권자들이 이념을 똑같은 잣대와 방법으로 고려하는가에 관한 것이다. 이는 이념의 효과가 모든 유권자들에게 동일한가와 모든 유권자들이 이념이 주는 효용을 똑같은 방식으로 계산하는가라는 두 가지 연구 질문으로 세분된다.

첫째, 모든 유권자들이 이념에 똑같은 크기의 중요성을 부여하는가라는 질문을 던질 수 있다. 유권자들은 자신의 이념적 세련됨이 부족해 종종 추상적인 이념이 구체적으로 함의하는 바를 이해하지 못할 뿐만 아니라 심지어 자신이 어떤 이념을 지니고 있는지 제대로 파악하기 힘든 처지에 놓여 있을 수 있다(Campbell, Converse, Miller and Stokes 1960; Converse 1964). 또한 정치정보의 부족으로 정당이나 후보자의 이념적 입장에 대해 무지할 수도 있다. 이러한 유권자들 내부의 이질성(heterogeneity)은 이념이 모든 유권자들에게 동일한 효과를 지니는지에 대해 의문을 품게 한다. 그리고 유권자들을 집단별로 구분해 이념투표의 효과를 진단할 필요성을 제기한다.

유권자의 정치적 세련도(level of political sophistication)는 좋은 기준이 된다. 정치적으로 세련된 사람들일수록 이념공간에서 자신과 정당 및 후보자들의 위치를 잘 파악할 수 있고 따라서 이 경우 이념투표의 효과는 증가할 것이다. 이에 반해 정치적으로 덜 세련된 유권자들은 이념보다는 다른 정책 요인들에 의존할 가능성이 높다. 남은 문제는 무엇으로 유권자들의 정치적 세련도를 측정할 수 있냐는 것이다. 기존연구는 유권자의 정치적 세련도를 크게 '인지 조직(cognitive organization)'의 발달 정도와 '저장된 인지의 양(quantity of stored cognition)'의 수준으로 구분해 접근해왔다(Luskin 1987). 그리고 전자의 경우 이념적 세련미를 그리고 후자의 경우 정치지식의 양을 구체적인 변수로 활용해왔다(Delli Carpini and Keeter 1993; Gomez and Wilson 2001; Luskin 1987).

유권자의 정치적 세련도에 따라 이념투표가 다르게 나타날 것이라는 가설은 한국정치에서도 의미하는 바가 크다. 민주화 이후 한국의 정당정치는 30년의 역사를 채 지니지 못하고 있다. 정당들이 정책 기반 위에 안정된 이념을 지니기엔 너무 짧은 기간이다. 더군다나 정당들의 잦은 이합집산, 합당과 해체, 당명 변경 등으로 인해 어느 당이 어떤 당인지도 모를 지경이다. 정당이 이념을 정화시킨 정책을 제시하거나 또 유권자들이 이념을 기준으로 정당과 후보자들을 평가하기 어려운 환경이다. 따라서 이념체계에 따라 정당이 편성되어 있는 유럽과 미국에 비해서 한국 유권자들의 이념투표에 정치적 세련도가 더 큰 매개 효과를 지닐 것이란 추측이 가능하다. 이는 제6장에서 자세히 다루어진다.

둘째, 유권자의 효용함수가 반드시 이념거리가 가까운 후보를 선호한다는 근접성의 원리만을 바탕으로 해야 하는가라는 의문도 있다. 전통적인 공간이론은 유권자들이 자신과 이념이 가까운 후보를 선호한다고 주장한다. 그런데 과연 이념이 같지 않더라도 거리만 가까우면 후보자를 지지할 수 있을까라는 질문을 던져볼 수 있다. 예를 들어, 온건 진보 성향의 유권자와 각각 온건 보수와 다소 극단적인 진보 후보자가 있고, 이 유권자에게 온건 보수 후보가 더 가깝다고 가정해보자. 이 경우 전통적인 공간이론은 유권자가 온건 보수 후보자를 지지할 것으로 예측한다. 그러나 실제 투표에서 이 유권자는 자신과 이념이 다른 보수 후보보다 다소 극단적이지만 이념이 같은 진보 후보자를 선택할 수도 있다. 이러한 선택이 과히 상식을 벗어난 것으로 보이지 않는다. 그리고 이 경우 전통적인 공간이론의 예측은 실패로 끝난다.

1980년대 말부터 전통적인 공간이론에 도전한 방향이론은 이러한 문제의식에 기반을 두고 있다(Rabinowitz and Macdonald 1989; Macdonald, Listhaug and Rabinowitz 1991; Macdonald, Rabinowitz and Listhaug 1998). 방향이론이 제시하는 이념투표 현상은 다음과 같이 전개된다. 유권자는 이념적 중도로부터 자신이 좌 혹은 우에 서있는지를 기준으로 자신의 이념성향을 판단한다. 다음으로 후보자가 자신과 같은 방향에 서있는지 여부를 판단해 지지할 후보를 결정한다. 그리고 이 과정에서 유권자는 자신의 이념 방향에서 보다 강도 높은 대안을 제시하는 후보자를 더 선호한다. 이러한 이론 모형은 단지 이념거리가 가깝다는 이유로 진보 유권자가 보수 후보자를 선택해야 하는 일종의 역설적 상황을 피할 수 있게 해준다.

방향이론은 이념적 방향의 중요성 외에도 이념투표가 수반하는 정보처리의 비용 측면에서도 매력을 지니고 있다. 다운스식의 근접모형에 따른 효용계산이 가능하기 위해서는 후보자의 정확한 위치를 파악할 수 있는 정보가 필수적이다. 그리고 유권자는 비용을 기꺼이 지불하면서 정치정보를 학습해야 한다. 그러나 그만큼 부지런한 유권자가 얼마나 많을까? 오히려 정보비용의 지불에 인색한 유권자가 대다수일 것이다. 인색한 유권자들은 후보자의 구체적인 정책보다 그 정책이 어떤 이념적 성격을 지니고 얼마나 선명한지 대략적으로 파악하려 한다. 정보비용이 그렇게 많이 들지 않기 때문이다. 이러한 점에서 방향이론이 제시하는 이념 방향(direction)과 강도(intensity)에 따른 효용의 산술구조는 일정한 설득력을 지니고 있다. 특히 정당체계의 제도화가 일정 수준에 오르지 못해 정당이 표방하는 이념이 안정되지 못한 신생 민주주의국가인 한국에서 더 매력적일 수 있다. 따라서 근접모형과 방향모형의 비교는 한국 유권자들의 투표행태에 대한 이해를 좀 더 심화시킬 수 있을 것이다. 자세한 내용은 제7장에서 다루어진다.

4. 네 번째 연구 질문

이념에 관한 네 번째 연구 질문은 후보자가 세 명 이상인 다수 후보 간의 선거 경쟁에서도 다운스의 공간이론이 여전히 유효한가에 관한 것이다. 이는 다시 두 가지 연구 질문으로 나뉘어진다.

첫째, 다수 후보 선거 경쟁에서 이념투표의 효과는 과연 어떻게 나타나는가이다. 다운스의 공간이론은 후보자가 두 명이고 일차원 이념공간에서 선거 경쟁이 치러질 경우 중위 투표자(median voter)의 위치를 균형(equilibrium)으로 예측한다(Downs 1957). 후보자가 중위 투표자의 위치에 해당하는 이념의 정책을 제시하면 최소 '50% + 1'의 득표를 올려 승리한다는 것이다. 아울러 공간이론은 이념공간이 다차원일 경우에도 후보자가 두 명일 경우 각 정책 차원의 가중평균(weighted average)이 득표 최대화 지점이라고 제시한다(Enelow and Hinich 1984; Erikson and Romero 1990). 즉 다차원 이념공간이라도 수렴전략이 최대한 많은 표를 획득할 수 있는 방법이라는 것이다. 그런데 후보자가 세 명 이상일 경우에는 이러한 원칙이 적용되지 않는다. 왜냐하면 중위 투표자의 위치에 있는 후보가 바로 좌우에 위치한 다른 후보들에 의해 압착되기 때문이다. 이 경우 균형은 존재하지 않거나 반-중앙적(non-centrist)일 수밖에 없다(Cox 1987; 1990).

이러한 지적은 양당제가 주축을 이루는 가운데 제3당 후보가 정기적으로 등장했던 한국 대선에서 일정한 의미를 지니고 있다. 실제 민주화 이후 거의 모든 대선이 다수 후보 간의 경쟁으로 치러졌다. 1987년 민주화 정초 13대 대선의 경우 4자구도로 치러졌고, 1992년 14대 대선에서는 통일국민당의 정주영 후보가, 1997년 15대 대선에서는 국민신당의 이인제 후보가 제3당 후보로 출마했었다. 2000년 이후의 대선에서도 양자구도로 치러졌던 2002년 대선과 2012년 대선에서 정몽준 후보와 안철수 후보가 각각 새천년민주당의 노무현 후보와 민주통합당의 문재인 후보와 후보단일화를 이루는 과정까지 의미 있는 제3당 후보로 경쟁했었다.

이러한 경우 이념투표의 효과는 어떤 모양새를 지닐까? 여전히 유권자들은 자신에게 이념적으로 가까운 후보자를 선택할까? 한 가지 흥미로운 지적은 제3당 후보가 중도적인 입장을 보일수록 유권자가 후보자 간 이념거리를 파악하는 데 애를 먹을 수밖에 없어 이념투표의 효과가 감소하는데 반해, 제3당 후보가 극단적일 경우 유권자가 후보자 간 차이를 상대적으로 쉽게 파악해 이념투표의 영향력이 증대할 수 있다는 것이다(조성대 2003).

이를 18대 대선에서 안철수 현상에 적용하면 어떤 효과를 기대할 수 있을까? 물론 안철수 후보는 선거 직전 문재인 후보와 단일화하면서 후보직을 사퇴해 후보자 명부에 이름이 올라가지 않았다. 그러나 안철수 후보가 끝까지 완주했다는 가상적인 상황 아래 이념투표의 효과를 진단해보면 한국정치에서 제3당 후보 현상을 이해하는 데 많은 도움이 될 것이다. 무소속 안철수 후보가 새누리당의 박근혜 후보보다 이념적으로 문재인 후보에 가까웠을 거라 추측해보자. 이 추측은 이후 살펴보겠지만 실제를 반영하고 있다. 이 경우 유권자들은 박근혜 후보와 안철수 후보 간의 이념 차이보다 문재인 후보와 안철수 후보 간의 이념 차이를 구별하는 데 애를 먹을 수밖에 없다. 따라서 전자의 대결구도보다 후자의 대결구도에서 이념투표는 감소하고 이념보다 비정책 요인들의 영향이 증가할 것이라고 쉽게 추측할 수 있다. 결국 다수 후보 선거경쟁은 정책과 비정책 요인의 반비례적 효과를 잘 보여줄 것이다. 이는 제8장에서 자세히 다루어진다.

둘째, 제3당 후보의 등장과 이념투표 현상은 기존 다수 후보 간 선거 경쟁구도 외에 어떤 요인이 제3당 후보의 붐을 일으키는지에 대한 추가적인 진단을 요구한다. "민주당과 공화당 사이엔 10센트만큼의 차이도 없다"는 1968년 미국 독립당(American Independent Party)의 조지 왈라스(George Wallace)의 말처럼 흔히 제3당 후보는 기존의 정당정치를 한꺼번에 부정하면서 등장하는 경향이 있다. 제3당 후보는 기성정치에 대한 유권자들의 불만을 저항투표로 최대한 동원하려 한다. 아울러 자신을 기성정치를 대체하는 비전을 지닌 유일한 사람이고, 기존 정당체계로부터 퇴장할 수 있는 유일한 대안이라고 포장하려 한다(강원택 1998; 조성대 2000). 이를 이념투표와 연결시키면 기존의 정당체계로부터 이념적 소외감이 클수록 그리고 제3당 후보와 이념이 가까울수록 유권자가 제3당 후보를 지지할 확률은 증가할 것이라는 가설이 성립된다.

물론 안철수 후보는 2014년 3월 16일 민주당과 합당하여 '새정치민주연합'을 창당함으로써 제3당 후보로서의 위상을 떨어냈다. 그러나 2013년 11월 '국민과 함께하는 새정치 추진위원회'를 결성한 후에 2014년 2월 16일 새정치연합이라는 당명을 확정하고 17일 발기인 대회를 개최할 때까지의 주요 정치의제는 한마디로 "낡은 구태정치를 확 바꾸겠다"는 것이었다. 다시 말해 전형적인 제3당 전술을 구사했다고 볼 수 있다. 따라서 당시의 상황을 파악할 수 있는 데이터를 가지고 안철수 현상에 대해 분석하는 것은 향후 한국정치에서 발생할지 모르는 제3당 현상에 대한 진단과 함의를 동시에 얻을 수 있는 기회가 될 것이다. 이는 제9장에서 자세히 분석된다.

마지막으로 제10장 결론에서는 그간의 경험분석 내용을 정리하여 한국 정당정치의 미래에 대한 함의를 도출한다. 특히 갈등구조의 재편과 정당정치의 재편성 전망에 대해 토론할 것이다.

II. 연구의 대상과 범위

이 연구는 민주화 이후, 보다 정확하게는 2000년 이후의 한국 대선, 즉 2002년 16대 대선, 2007년 17대 대선, 그리고 2012년 18대 대선을 주요 분석대상으로 한다. 물론 제11장에서 2014년 지방선거도 추가적으로 다룬다. 주요 내용은 공간이론을 이용해 위의 대선을 경험적으로 분석하는 것이다. 우선 해당 대선의 결과를 살펴보면 다음 〈표 1-1〉과 같다. 2002년 16대 대선의 경우 새천년민주당의 노무현 후보와 한나라당의 이회창 후보 간의 실질적인 양자대결로 치러졌다. 물론 민주노동당 권영길 후보가 3.9%, 하나로연합의 이한동 후보가 0.3%의 득표율을 올렸지만 5% 미만이어서 표에서

〈표 1-1〉 2000년 이후 대선에서 주요 후보(당적)의 득표율(5% 이상 득표자만)

대통령선거	1위 득표자	2위 득표자	3위 득표자	4위 득표자
16대 대통령선거 (2002)	노무현 (새천년민주당) 48.91	이회창 (한나라당) 46.58		
17대 대통령선거 (2007)	이명박 (한나라당) 48.67	정동영 (대통합민주신당) 26.14	이회창 (무소속) 15.07	문국현 (창조한국당) 5.82
18대 대통령선거 (2012)	박근혜 (새누리당) 51.6	문재인 (민주통합당) 48.0		

는 제외했다. 이 선거에서 노무현 후보는 48.9%의 득표를 올려 46.6%를 득표한 이회창 후보에 신승했다. 2007년 17대 대선은 한나라당 이명박 후보와 대통합민주신당 정동영 후보, 충청지역을 기반으로 한 무소속 이회창 후보, 그리고 창조한국당의 문국현 후보 간의 4자 대결로 펼쳐졌다. 선거결과는 야당이었던 한나라당 이명박 후보가 48.7%를 득표해 26.1%를 득표한 대통합민주신당의 정동영 후보를 22.6%p 차이로 여유 있게 따돌리며 승리했다. 마지막으로 18대 대선은 한나라당에서 당명을 바꾼 새누리당의 박근혜 후보와 민주통합당의 문재인 후보 간의 양자대결로 치러졌다. 집권당의 후보였던 박근혜 후보가 51.6%를 득표해 48.0%를 득표한 문재인 후보를 간신히 따돌렸다. 물론 선거과정에서 문재인 후보와 무소속의 안철수 후보 간의 후보단일화가 있었다.

다음에서 각 대선의 주요 특징을 선거과정과 쟁점을 중심으로 간략하게 살펴보자. 단 민주당의 잦은 당명 변경으로 독자들의 편한 이해를 위해 앞으로 특수한 경우를 제외하고 민주당이라는 명칭으로 통일해 사용하고자 한다.

1. 2002년 16대 대선

2002년에 접어들면서 야당이었던 한나라당은 2000년 16대 총선의 승리, 집권 말기 민주당 소속의 현직 대통령에 대한 부정적 평가가 지배적인 여론,[2] 그리고 2002년 6·13 지방선거에서의 압도적인 승리 등으로 다가올 대선에서 유리한 고지에 있다고 판단하고 있었다. 따라서 집권당의 실정을 부각시키는 한편 자당의 후보인 이회창 대세론을 확산시키며 승리를 다지고자 했다. 이에 반해, 집권당이었던 민주당은 열세를 만회하고자 가능한 모든 대안을 검토하는 분위기였고 그중 하나의 대안으로 일반 유권자들에게 공천권을 확대하는 '국민참여경선'을 도입해 위기를 돌파하려 했다.

3월 9일 제주도에서 시작된 집권당인 새천년민주당의 경선에서 노무현 후보는 사람들의 예상을 뒤엎고 이른바 노풍(盧風)을 일으키며 당내 최대 세력이었던 동교계의 지원을 받은 이인제 후보를 물리쳤다. 노무현 후보는 4월 27일 서울지역 경선에서 누적 득표율 72.2%로 최종 후보로 선출되었다. 이에 맞서 한나라당 역시 4월 13일 인천경선을 시작으로 5월 9일 서울 경선까지 총 12개 지역별 경선을 개최했고 그 결과 이회창 후보가 누적 득표율 68%의 지지를 얻어 대통령 후보로 선출되었다(지병근 2011).

양당의 경선 이후 4월 30일 김영삼 전 대통령의 자택방문 사건과 6·13 지방선거에서의 패배 등의 잇단 악재로 인해 4월 초 한때 50% 중반 대까지 치솟았던 노무현 후보의 지지율은 곤두박질치기 시작해 7월초 20% 중반 대까지 떨어지는 등 불안정한 모습을 보였다. 이에 반해 이회창 후보는 11월 말까지 34%대의 안정된 지지율을 보이고 있었다. 제3당 후보로서 정몽준의 부상은 이와 때를 같이 했다. 월드컵의 성공적 개최로 인기가 치솟았던 정몽준의 지지율은 9월 말경 30.8%로 당시 31.3%의 지지율을 보였던

2) 1월 초 김대중 대통령의 국정수행에 대한 평가는 부정적 평가가 긍정적 평가를 압도하고 있었다. 『한겨레신문』의 경우 36% 대 19.1%였고 『조선일보』의 경우 49.1% 대 30.5%였다(한겨레신문 2002/1/1; 조선일보 2002/1/1).

한나라당 이회창 후보와 경합할 정도였다. 이때 새천년민주당 노무현 후보의 지지율은 16.8%에 불과했다(조선일보 2002/11/3). 정몽준은 9월 17일 대통령선거 출마를 공식 선언했고, 이어 10월 16일 국민통합21의 창당발기인대회를 거쳐 11월 5일 창당대회를 개최했다. 이러한 정몽준의 부상과 노무현의 하락은 새천년민주당 내부를 동요시켜 노무현과 정몽준 사이의 단일화를 추진하게 했다.

월드컵 열기가 식어감에 따라 정몽준 후보의 지지율은 서서히 하락하기 시작해 11월 초반 22.6% 초반대로 내려앉았다. 이에 반해 새천년민주당의 노무현 후보의 지지율은 9월 말 16.8%로 바닥을 찍은 후 다시 회복되는 추세를 보이긴 했으나 11월 초 19%대에 불과했다. 따라서 30% 중반대의 이회창 후보와 3자 대결에서 어느 누구도 승산이 없음은 자명했다. 11월 15일 양당 지도부는 단일화를 추진하기로 전격 합의했고 11월 24일 여론조사결과 노무현 후보가 단일후보로 선출되었다.[3)]

본격적인 선거운동 과정에서 부상한 쟁점은 북핵 2차 위기 발생에 따른 대북정책의 방향, 미군장갑차 사건의 악화로 인한 SOFA개정, 국정원도청사건, 행정수도이전 등이었다. 이 중 한나라당이 김대중 정부에서 국가정보원이 여야 의원 및 언론사를 대상으로 전화도청을 했다는 문건을 공개하며 점화시킨 소위 국정원도청사건은 낡은 정치라는 역공에 갇혀 큰 효과를 보지 못했다. 이에 반해, 6월 13일 미군장갑차에 의한 여중생 2명의 사망사건의 재점화는[4)] 11월 30일 광화문 촛불시위를 시작으로 선거운동 기간 내내

---

3) 후보단일화는 TV토론 후 여론조사에서 높은 지지를 받는 쪽으로 단일화하기로 합의되었다. 결선투표제가 없는 상황에서 두 후보 간의 단일화는 2차 투표에 나가기 위한 1차 투표의 성격이 짙었다. 그리고 1차 투표는 합당을 통한 당내 후보 재선출 같은 형식이 아니라 정몽준이 정당을 급조한 후 당 대 당 협상과 여론조사를 통한 최종 후보 결정이라는 방식으로 이루어졌다. 여론조사는 R&R과 월드리서치 등 2개의 여론조사 기관에서 실시했다. R&R 조사는 무효처리 되었고, 월드리서치 조사결과에서 46.8%를 얻은 노무현이 42.2%를 얻은 정몽준을 물리치고 단일후보가 되었다.

4) 당초 국민적 관심을 끌지 못했던 미군장갑차 사건은 8월 7일 미군 측이 재판이양권을 거부하면서 주목을 받기 시작했다. 이어 11월 20일 미국법정에서 배심원들에 의해 관련 미군들에게 무죄평결이 내려지자 주한미군지위협정(SOFA)의 개정을 촉구하는 전

대중 집회가 지속되어 사회적으로 큰 파장을 일으켰을 뿐만 아니라 안보 쟁점이 활성화되는 계기로 작용했다. SOFA 개정요구는 일정하게 반미적 성격을 띤 것이었고 노무현 후보와 이회창 후보는 명백한 입장을 밝히길 꺼려했다. 이회창 후보의 경우 중심 지지층인 보수층 유권자들과의 유리를 염려해야 했고 노무현 후보의 경우 급진적인 이미지를 희석해야 할 필요가 있었다. 그러나 사안의 성격 자체가 진보적이었기에 민주당의 노무현 후보에게 유리한 쟁점이었다. 마지막 쟁점은 12월 8일 노무현 후보가 행정수도를 충청권으로 이전하겠다는 공약을 제시함으로써 점화되었는데 일부 수도권 유권자들 가운데서 지지율 하락을 가져왔음에도 불구하고 충청권 유권자들의 지지를 노무현 후보쪽으로 이끌어내는 효과가 있었다(이현우 2006).

2. 2007년 17대 대선

2007년 17대 대선은 한나라당 이명박 후보의 대세론이 선거 1년 전부터 줄곧 이어져 지지도에서 경쟁 후보에 한 번도 밀리지 않으며 손쉽게 승리한 선거였다. 2006년 5·31 지방선거 이후 집권당이었던 열린우리당(후에 대통합민주신당으로 합당함)의 지지율은 20% 이상 올라간 적이 단 한 차례도 없었고 현직 대통령이었던 노무현 대통령의 국정수행 지지율도 30%를 밑돌았다. 이에 반해, 야당이었던 한나라당의 지지율은 줄곧 40%대 이상의 고공행진을 지속해 그 어느 때보다 정권교체의 분위기가 높았다(정효명·오정은 2008).

2007년 초 40%대의 지지율로 출발한 이명박 후보는 같은 당의 박근혜 후보와의 경선 기간 중 한반도 대운하, 도곡동 땅 차명소유 의혹, (주)다스 실소유 의혹, BBK 주가조작 관여 의혹 등이 쟁점화되면서 지지율이 한때 30%대 초반까지 하락하는 경험을 했다. 그러나 8월 19일 후보경선에서 박

국적인 대중집회를 불러일으켰다.

근혜 후보를 1.5%의 근소한 차이로 따돌리면서 지지율이 50%대 중반까지 치솟았다. 특히 박근혜 후보의 경선승복은 그의 지지율 상승에 큰 역할을 했던 것으로 보인다.

이후 이명박 후보는 경제 쟁점을 선점하며 캠페인을 전개해나갔다. 서울시장 재직 시절의 청계천 사업과 국정운영을 연계시키는 동시에, 현 정부의 경제운영 실패를 '잃어버린 10년'이라 규정지으며 경제대통령의 이미지를 강조했다. 이에 반해 집권 여당인 민주당은 11월 16일 BBK 전 대표인 김경준 씨의 귀국과 발맞추어 BBK 쟁점을 점화함으로써 추격하려 했다. 그러나 선거운동의 전 과정에 걸쳐 자당의 후보인 정동영의 지지율이 20%를 넘긴 적이 없을 정도로 역부족이었다.

3. 2012년 18대 대선

2012년 18대 대선은 2011년 4·27 재보선과 무상급식투표, 9·28 서울시장 재보선, 10·26 재보선에서 한나라당의 패배로 이명박 정부와 집권당의 위기에서 출발했다. 당 비상대책위원장으로 선출된 박근혜는 2012년 2월 13일 당명을 새누리당으로 변경했고 3월 20일 19대 총선 중앙선거대책위원장에 추대되어 총선을 진두지휘해 과반의석(152석)을 차지하는 성공을 거두었다. 공고화된 당내 입지는 '박근혜 대세론'으로 이어졌고 박근혜는 정몽준, 이재오, 김문수 등이 도전한 8월 19일 국민참여선거인단 투표(80%)와 여론조사(20%)의 당내 경선에서 83.97%라는 압도적인 지지 속에 대선 후보로 선출되었다. 완전국민경선제로 치러진 민주당 경선에서는 8월 25일 제주를 기점으로 순회경선이 시작되어 9월 16일 서울지역 경선까지 문재인이 56.5%의 과반 득표로 대통령 후보로 선출되었다.

본선 경쟁이 본격화하자 민주당은 집권당 심판론을 '이명박근혜 심판'으로 프레임화해 유권자들의 회고적 투표를 유도하려 했지만 큰 공명을 얻지 못했다. 오히려 두 후보자 간의 경쟁은 '노무현 대 박정희'라는 과거 대 과거의 프레임 속에서 점화되었다. 새누리당은 유권자들의 안보심리를 자극하기 위해 2007년 남북정상회담 당시 노무현 전 대통령의 NLL에 관한 발언을 'NLL 포기 선언'으로 몰아붙였다. 민주당은 독재자 박정희의 딸 박근혜로 되받았다. 이러한 상호 네거티브 공방은 유권자들을 진보와 보수로 양극화시켰다.

물론, 구체적인 정책에 대한 경쟁이 없었던 것은 아니다. 18대 대선에서는 복지 및 경제민주화 쟁점이 새롭게 등장했다. 2010년 지방선거 이후 복지 확충 및 경제적 양극화 해소에 대한 대중적 공감대에 대해 두 후보는 정책적 대안을 제시하지 않을 수 없었다(박찬욱 2013; 장승진 2013a). 그런데 두 후보 간의 입장이 차이점이 없었던 것은 아니지만 대체로 복지 및 경제민주화 영역에서 공약은 차별성이 희석되며 수렴되는 현상을 보였다. 특히 2007년 규제완화, 감세, 법치 등의 신자유주의적 입장에서 대선 후보 캠페인을 벌였으나 2012년 종래 입장에서 선회해 복지 및 경제민주화 쟁점을 선점한 박근혜 후보의 정책 전환은 놀랄 만한 것이었다. 실제 선거후 조사에서 경제민주화정책에서 더 나은 후보로 응답자의 42.3%가 박근혜를 선택해 문재인 후보의 21.5%를 두 배가량 앞지를 정도였다.

18대 대선의 또 다른 특징은 문재인 후보와 무소속 안철수 후보 간의 후보단일화였다. 이는 2002년 16대 대선에서 노무현과 정몽준 사이의 후보단일화와 흡사했다. 안철수의 제3당 후보로의 부상은 2011년 10월 26일 서울시장 재보궐선거에서 박원순 희망제작소 상임이사에게 후보직을 양보하면서 시작되었고 9월 초 한 때 1:1의 가상대결에서 한나라당의 박근혜 후보를 앞지를 정도였다(뉴시스 2011/9/7). 특히 2012년 4월 18대 총선에서 새누리당이 과반의석을 확보하자 안철수 현상은 하나의 신드롬이 되었다. 2012년 9월 16일 문재인 후보가 민주통합당의 대선 후보로 선출된 직후인 19일 안철수 후보는 대선출마를 공식 선언했다. 그러나 10월 중순까지 두 후보의 지지율이 새누리당의 박근혜 후보의 지지율에 밑돌며 답보상태에 놓이자 정권교체를 기대하는 유권자들 사이에서 후보단일화를 요구하는 움직임들이 활발하게 벌어졌다. 결국 문재인 후보는 10월 30일 안철수 후보에게 후보단일화를 제안했고 11월 6일 문재인과 안철수 후보는 양자회동을 통해 후보등록 이전까지 단일후보를 선출할 것 등을 포함한 7개항에 합의하며 본격적인 후보단일화 협상을 시작했다. 그러나 단일화 협상이 지속해서 난항을 보이자,[5] 11월 23일 안철수 후보가 백의종군을 선언하고 사퇴하면서 문재인이 단일후보로 선출되었다

III. 연구 자료와 방법

1. 데이터

이 책은 세 차례 대선을 분석하기 위해 각 선거 후에 실시된 여론조사 데이터를 활용한다. 2002년 16대 대선 자료는 한국선거학회와 한국사회과학데이터센터가 전국 유권자 1,500명을 대상으로 설문한 데이터이다. 2007년 17대 대선 자료는 서강대학교 현대정치연구소가 한국리서치에 의뢰해 전국 유권자 1,200명을 대상으로 설문한 데이터이다. 마지막으로 2012년 18대 대선 자료는 서울대 한국정치연구소가 한국리서치에 의뢰해 전국 유권자 1,200명을 대상으로 설문한 데이터이다. 각기 다른 기관이 조사한 데이터를 사용한 까닭은 해당 년도 실시된 많은 사후조사 자료 중 위의 데이터만이 이 연구가 필요한 설문들을 포함하고 있기 때문이다. 다음 〈표 1-2〉

5) 단일화 규칙 협상에 앞서 진행된 새정치공동선언의 내용을 두고 협상은 난항을 보였다. 특히 안철수 후보가 제시했던 '국회의원정수 축소' 공약과 의원정수를 유지한 채 비례대표를 확대하자는 문재인 후보의 공약 사이에 이견을 좁히지 못했다. 협상은 14일 언론에 보도된 '안철수 양보론'을 문제 삼은 안철수 후보 측이 협상 중단을 선언해 교착상태에 빠졌다. 그러다가 18일 이해찬 민주통합당 대표를 비롯한 지도부들의 총사퇴를 계기로 재개된 협상에서도 여론조사의 문항을 놓고 양측은 '적합도' 방식과 '가상대결'을 놓고 서로 물러서지 않으면서 난항을 계속했다.

〈표 1-2〉 사용되는 데이터의 주요 빈도표

(%)

비고		2002년 대선	2007년 대선	2012년 대선
투표선택	민주당 후보	48.6	14.4	48.0
	새누리당(한나라당) 후보	46.3	58.9	51.6
성	남	49.2	49.4	49.8
	여	50.8	50.6	50.2
연령	20대 이하	22.8	21.3	18.1
	30대	24.9	23.1	20.4
	40대	22.8	22.7	22.1
	50대	13.4	15.1	18.9
	60대 이상	16.0	17.8	20.5
학력	중졸 이하	22.8	15.0	15.7
	고졸	37.5	27.0	32.7
	대재 이상	39.6	57.4	51.6
소득[6]	①	11.1	12.1	6.1
	②	9.0	19.4	9.6
	③	13.9	23.4	18.2
	④	18.9	16.4	26.4
	⑤	18.7	12.0	20.0
	⑥	9.1	12.2	19.7
	⑦	10.7	-	-
	⑧	8.6	-	-
지역	서울	22.3	21.4	20.7
	인천/경기	24.6	27.0	28.8
	강원/제주	3.2	4.2	4.1
	대전/충청	10.1	10.0	9.8
	광주/전라	10.0	10.5	10.2
	대구/경북	12.2	10.6	10.4
	부산/울산/경남	17.5	16.1	16.0

는 위 데이터들의 주요 빈도표이다. 17대 대선 데이터는 민주당 정동영 후보와 한나라당 이명박 후보의 득표율을 각각 과소·과다 대표하고 있는 문제점을 지니고 있다. 세 데이터는 지역별로 약간의 편차를 보이고는 있지만 수도권(서울, 경기/인천)을 제외하고는 거의 일관된 응답자 분포를 보이고 있다. 특히 부산/울산/경남 지역의 유권자 인구 감소를 제대로 반영하고 있다. 연령별로도 50대와 60대 이상 인구의 증가추세가 적절히 반영되어 있다. 다만, 학력 구분이 단순하게 세 급간으로 구분되어 있고 대재 이상의 비율이 2007년 이후 50%를 상회해 학력수준에 따른 여러 정치적 정향의 차이를 진단하기 어렵게 만들고 있다.

세 데이터는 모두 제2부에서 공간이론의 형성과 발전에 관한 연구 질문을 경험적으로 분석하는 데 사용된다. 구체적으로 한국정치의 이념지도의 구축을 통해 이념구조의 성격을 진단하고 나아가 이념투표의 효과를 진단하는 데 사용된다. 앞서 제기한 연구 질문을 기준으로 구분하면, 첫 번째 질문과 두 번째 질문에 대한 경험분석이 그 내용을 이룬다. 책의 내용으로 구분하면, 제3장에서 제5장까지의 내용이다. 나아가 공간이론의 확장과 적용을 다루는 세 번째 연구 질문에 대한 경험분석에도 18대 대선 데이터가 그대로 사용된다. 유권자들의 정치적 세련됨이 이념투표에 미친 영향과 방향이론의 도전과 비교가 그 내용이다. 책의 구성에서 제3부의 제6장과 제7장이 이에 해당한다.

그러나 네 번째 연구 질문, 즉 제3당 후보 현상과 공간이론에 관한 경험분석은 위의 세 가지 데이터로 수행할 수가 없다. 제3당 후보에 대한 투표선

---

6) 소득수준에 대한 설문은 가계 월평균소득을 설문했으나 응답지는 설문시점에 따라 달랐다. 16대 대선에서는 '① 89만 원 이하, ② 90~119만 원, ③ 120~149만 원, ④ 159~199만 원, ⑤ 200~249만 원, ⑥ 250~299만 원, ⑦ 300~399만 원, ⑧ 400만 원 이상'이었고, 17대 대선에서는 '① 100만 원 미만, ② 100~199만 원, ③ 200~299만 원, ④ 300~399만 원, ⑤ 400~499만 원, ⑥ 500만 원 이상'이었다. 그리고 18대 대선의 설문도 17대 대선과 같은 응답지로 사용되었다. 이 책의 주요 내용이 소득수준과 후보자 선택과의 관계를 정밀 진단하는 것이 아니기에 척도를 조정하지 않고 그대로 사용했다.

택을 파악할 수 있는 설문을 지니고 있지 않기 때문이다. 다행히 2012년 2월 말 한국 갤럽에서 실시한 '한국인의 정치·사회·문화·의식조사'가 적절한 설문을 지니고 있었다. 비록 대선 10개월 전에 실시된 조사이지만 당시 안철수는 의미 있는 제3당 후보로 부상하고 있었고 이 데이터가 3인 간의 가상 대선 경쟁을 묻는 설문을 지니고 있어 경험분석이 가능하다. 이 데이터를 가지고 세 명의 복수 후보 경쟁과 공간이론에 대한 경험분석과 제3당 후보 지지의 결정 요인을 분석한다. 책의 구성에서 제3부의 제8장과 제9장이 이에 해당한다.

구체적인 데이터의 빈도표는 〈표 1-3〉에 제시되어 있다. 18대 대선 서울

〈표 1-3〉 2012년 2월 3인 후보 가상대결의 데이터 빈도표

(%)

비고		응답 빈도	비고		응답 빈도
투표 선택	박근혜	41.4	소득	99만 원 이하	2.4
	문재인	25.3		100~300만 원 이하	28.2
	안철수	12.8		300~500만 원 이하	46.3
성	남	49.6		500만 원 이상	21.7
	여	50.4	지역	서울	13.8
연령	20대 이하	18.3		인천/경기	20.7
	30대	20.4		강원/제주	8.2
	40대	21.6		대전/충청	14.3
	50대	19.2		광주/호남	14.3
	60대 이상	20.5		대구/경북	11.4
				부산/울산/경남	17.3
학력	무학	1.8	학력	대재	6.7
	초졸	6.8		전문대 졸	11.9
	중졸	8.4		대졸	21.6
	고졸	40.4		대학원 이상	2.4

대 한국정치연구소 데이터와 비교해보면 성별이나 연령별 분포에서 차이가 없다. 학력에서는 고졸 응답자가 조금 더 많은 반면 대재 이상의 학력 소지자가 조금 작게 나타났다. 지역적으로는 서울지역의 응답자가 다소 과소 대표되었고 대전/충청, 광주/호남, 대구/경북 유권자들이 다소 과다 대표되었다.

2. 연구 방법

실제 네 가지 데이터를 — 보론의 2014년 지방선거 데이터를 포함하면 다섯 개 데이터이다 — 사용해 이 책은 공간이론의 형성, 발전, 확대, 그리고 적용과 관련한 여러 연구 질문들을 경험적으로 분석해 해답을 모색한다. 이를 위해서는 한국정치의 이념지도를 구성하는 작업이 필요하다. 그동안 다차원 이념지도를 구조화하는 다양한 방법론이 제시되어 왔는데 기본적인 원리는 요인분석(factor analysis)을 이용한다(예, Enelow and Hinich 1984; Feldman and Johnston 2014; Hinich and Munger 1994; Scofiled et al. 2006; 김주찬·윤성이 2003; 안순철 2001; 조성대 2003; 2008; 현재호 2004; 2008 참조). 요인분석은 다양한 변수들이 갖는 공분산(covariance) 정도에 따라 사용된 변수들의 수보다 축소된 적은 수의 차원으로 요약해주는 기법이다. 스코필드(Schofield) 방법과 카훈-히닉(Cahoon-Hinich) 방법은 대표적으로 널리 사용되는 기법이다. 이를 구체적으로 살펴보자.

스코필드 방법(Schofield and Sened 2006)[7]은 다양한 정책 쟁점들을 요인분석(factor analysis)에 삽입해 다차원 정책 공간을 지닌 이념지도를 구축하는 방법이다. 다양한 정책에 대한 유권자들의 태도를 확인적 요인분석(confirmatory factor analysis)을 — 선험적으로 각 정책 쟁점들이 위치할

---

7) 스코필드 방법은 Schofield, Martin and Quinn(1998), Schofield, Miller and Martim(2003), Schofield and Miller(2007), Schofield, Gallego and Jeon(2011), Miller and Schofield(2003; 2007) 등에 사용되었다.

차원(dimension)을 지정해 주는 방법—통해 다차원 이념지도로 구조화한다. 그러나 한국정치의 이념구조가 어떠한 정책들로 정렬 혹은 통합되어 왔는지 그리고 그러한 이념공간이 다양한 사회적 균열과 정당체계와 어떤 관계를 지니고 있는지를 파악해야 하는 이 글의 목적을 고려할 때 선험적으로 제한을 가하지 않는 주성분분석(principal component analysis)을 이용하는 것이 더 바람직하다고 판단했다. 이는 어떤 정책들이 더 많은 공분산(covariance)을 지니며 같은 성격의 이념으로 축소되는지 살펴볼 수 있게 해준다. 요인분석을 통해 추출된 요인값(factor scores)은 다차원 이념공간상의 유권자의 위치로 활용된다.

한 가지 문제는 요인분석의 결과가 정당이나 후보자에 대한 정보를 제공해주지 않는다는 점이다. 이를 위해 스코필드 방법은 적절한 외생변수(exogenous variable)를 이용할 것을 권하고 있다. 이념지도상에서 정당이나 후보자의 이념 위치를 계량적으로 숫자화하는 것은 실제 세계에서 거의 불가능한 일이다. 따라서 대부분의 연구들은 유권자들의 주관적 평가나 혹은 그 평균값을 정당이나 후보자의 위치를 나타내주는 대리변수로 사용해왔다. 스코필드 방법 또한 유사한 접근방법을 취하는데, 외생변수를 이용해 '정당 선거구(partisan constituency)' 혹은 '후보자 선거구(candidate constituency)'를 구축한다. 외생변수는 전문가 설문(Schofield et al. 2006)이나 혹은 투표 예정 대상에 대한 설문(Schofield et al. 2011)을 이용한다. 후자의 예를 들면, 응답자들에게 각 후보에게 투표할 확률을 물어 가장 높은 후보자 별로 집단을 만든다. 그리고 그 집단의 평균값을 해당 후보자의 이념적 위치 정보로 활용하는 것이다. 이렇게 첫째와 둘째 단계를 거쳐 다차원 이념지도상의 유권자, 정당 및 후보자의 위치에 관한 정보를 추출해낸다.

그러나 스코필드 방법은 크게 두 가지 문제점을 지니고 있다. 첫째, 매개 선거에서 유권자의 정당 및 후보에 대한 평가에 영향을 미치는 정책 쟁점의 종류가 다를 수 있다는 것이다. 시민들은 서로 다른 선거에서 서로 다른 정책에 관심을 가질 수 있다. 더욱이 주어진 선거마다 어떤 쟁점이 가장 적절한가에 대한 이론적 기준 또한 없다. 따라서 정책 변수의 사용은 연구자들의 주관적 판단에 의존할 수밖에 없는 실정이다(Enelow and Hinich 1984; Hinich and Munger 1994; 조성대 2003). 하나의 이념이 지극히 안정적이며 새로운 갈등구조가 자아낸 새로운 이념이 정치적 재편성을 유도할 때까지 지속된다는 점을 고려한다면 유동적인 정책 쟁점들로부터 안정적인 이념지도를 구축하기는 쉽지 않다. 특히 한 사회가 민주화 이행기나 혹은 격변기에 처해있을 경우 정책에 대한 정보만으로 이념구조를 파악하는 것은 무척 힘들다. 둘째, 스코필드 방법은 후보자 및 정당의 위치를 내생(endogenous) 변수가 아닌 외생 변수에 의존해 파악할 수밖에 없다는 문제점을 안고 있다. 정당 및 후보자의 위치는 유권자의 위치와 동시에 파악할 수 있는 정보에 의존하는 것이 바람직하다. 그럴 때만이 유권자 스스로 자신의 위치와 후보자 및 정당의 위치 간의 이념거리를 계산하여 투표한다는 합리적 선택이론의 가정을 충족시킬 수 있기 때문이다.

카훈-히닉(Cahoon and Hinich 1976; Enelow and Hinich 1984; Hinich and Munger 1994)의 '다차원척도법'은 이러한 문제점을 해소할 수 있는 방법이다. 카훈-히닉 방법은 유권자가 후보자와 정당에 대해 얼마나 따뜻한 감정을 지니고 있는지를 측정하는 온도지수(thermometer score)를 그들이 만든 다차원척도 프로그램에 삽입하여 유권자, 후보자, 정당의 위치를 다차원 이념지도상에 복구해내는 기법이다.[8] 정당이나 후보자에 대한 선호도가

8) 구체적으로 카훈-히닉 방법의 수리적 표현은 다음과 같다.

$$T_{ik} = -\left(\sum_{d} (\Pi_{kd} - X_{id})^2 \right)^{1/r} + e_{ik}$$

여기서 T_{ik}는 투표자 i가 후보자 k에게 부여한 온도지수(k = 1, 2, 3, ⋯ , p 그리고 i = 1, 2, 3, ⋯ , n), Π_{kd}는 d번째 이데올로기 차원에서 투표자들이 인지한 후보자 k의 위치를, X_{id}는 동일차원내 유권자 i의 위치를, r은 파워(power) 함수를, 그리고 e_{ik}는 무작위 오차항을 의미한다. 이 공식의 통계 추정은 요인분석(factor analysis)과 최소제곱회귀(least square regression)를 통해 이루어지는데 이 글에서는 이차원 공간(d = 2 그리고 r = 1)을 기준으로 하였다. 측정된 공간지도의 질을 평가하는 이론적 방법은 거의 부재하다. 그러나 대체로 두 가지 통계분석의 결과로 나타난 설명되어진 분산(explained variance)의 수치, 특히 두 번째 회귀의 R^2 값이 커야 한다(자세한 내용은 Enelow and Hinich 1984 참조).

유권자와 정당 및 후보자 간 거리에 대한 정보를 내포하고 있으며 다차원척도법을 통해 이에 대한 정보를 추출한다. 구체적으로 미국(Enelow and Hinich 1984; 조성대 2003)뿐만 아니라 우크라이나(Hinich, Khnelko and Ordeshook 1998), 러시아(Myagov and Ordeshook 1998), 칠레(Dow 1998a), 터키(çarkoğlu and Hinich 2006), 대만(Lin, Chu and Hinich 1996), 한국(안순철 2001; 조성대 2008) 등 기존연구에서 많이 활용되어 왔다.

그런데 우리는 여기서 스코필드 방법과 카훈-히닉 방법의 차이점에 주목할 필요가 있다. 스코필드 방법은 다수의 정책 태도 변수를 이용해 차원을 축소해 이념지도를 구성하는 방법이다. 따라서 설문에 제시된 정책만이 분석대상에 포함되며 이념지도를 구조화하는 방법은 논리적으로 귀납적이다. 이에 반해 카훈-히닉 방법은 유권자가 정당이나 후보자에 부여하는 선호도가 정책이 자아내는 이념적 갈등을 내포하고 있다고 가정한다. 그리고 다차원척도법에 의해 이차원으로 축소되는 이념지도의 정책적 성격은 차후 구체적인 정책과의 상관관계를 통해 해석되고 추론된다. 따라서 이념지도를 구성하는 논리적 방법은 연역적이다. 스코필드 방법이 한국정치의 이념구조에 영향을 미칠 수 있는 모든 정책들을 포괄할 수 없다는 문제점을 안고 있다면, 카훈-히닉 방법은 구성된 이념지도의 정책적 성격이 다소 불명확할 수 있다는 문제점을 안고 있다. 따라서 일종의 통계적인 소음(noise)이 많이 내포될 수 있다. 그러나 두 방법을 모두 사용해 비교했을 때 그 결과가 유사하고 안정적으로 나타난다면 그 사회의 정치적 이념지도의 성격을 의미 있게 판단할 수 있을 것이다.

제2장

이념과 정치

Ⅰ. 이념의 기원

18세기 프랑스 계몽주의 철학자 드 트라시(Antoine Destutt de Tracy)가 종교나 형이상학적 선입견에서 벗어나 관념의 기원들을 합리적으로 체계화하는 인지 틀을 '이념(ideology)'이라고 정의하며 관념의 과학(science of ideas)을 제창한 이래 철학과 사회과학 영역에서는 오랫동안 이념을 어떻게 정의할 것인가에 대해 논쟁이 있어 왔다. 다음의 〈표 2-1〉은 1960년대부터 비교적 최근까지 정치학의 주요 연구물들 내에 제시된 이념에 대한 대표적인 개념 정의들을 모아놓은 것이다.

종합적으로 살펴보면, 이념은 특정 집단, 계급, 선거구민들 사이에 혹은 사회적으로 보다 광범위하게 공유되는 가치 및 신념들을 소통하게 만드는 장치임을 알 수 있다. 역사적 과거와 현재의 실재를 설명하거나 혹은 미래의 가능성에 대해 가정하거나 주장하여 현재 세계를 해석하고 미래 세계의

〈표 2-1〉 이념에 대한 다양한 정의들

- 삶과 사회 내의 존재에 대한 인간의 태도를 설명하는 사상과 신념의 일관되고 통합된 패턴. 그러한 사상과 신념에 적합한 행동에 대한 옹호(Loewenstein).
- 구성요소들이 상당히 차별화된 태도 구조로 정합적(coherent)으로 조직되어 있으며, 높은 수준의 추상성을 지니며 개념화됨. 광범위한 사건들을 인지하게끔 관리 가능한 수만큼의 차원들(dimensions)을 제공함(Campbell et al).
- (1) 누가 통치자가 되는가? 통치자는 어떻게 선택되는가?라는 질문을 다룸, (2) 반대되는 관점을 설득하고 맞서는 주장으로 구성됨, (3) 삶의 주요한 가치들에 통합적으로 영향을 줌, (4) 중요한 사회 제도들의 옹호, 개혁 혹은 철폐에 대한 프로그램을 포함함, (5) 모든 집단은 아닐지라도 부분적으로 집단들의 이해를 합리화함, (6) 어조와 내용에 있어 규범적이고 윤리적이며 도덕적임, (7) 광범위한 신념체계 내에서 맥락을 추출할 수 있고 그 체계의 구조적이고 문체적인 특질을 공유함(Lane).
- 권력의 사용을 정당화하고 역사적 사건들을 설명하고 판단하며 정치적으로 옳고 그름을 확인하고 정치와 그 밖의 영역들의 행동 간의 (인과적이고 도덕적인) 상호 연관을 제시하는 정교하고 통합적이며 일관된 신념체계들(McClosky).
- 역사에 대한 세련된 개념화 내에서 논리적으로 일관된 체계로 사회적 상황—특히 그것의 미래에 대한 전망—에 대한 인지적이고 평가적인 지각을 사회의 유지, 변화, 혹은 전환을 위한 집단적 행위의 프로그램에 연결시킴(Mullins).
- 바람직한 사회질서와 성취할 수 있는 수단에 대한 일련의 신념체계(Erikson and Tedin).

출처: Gerring(1997: 958)에서 재구성

사회적, 경제적, 정치적 이상을 성취할 수 있는 수단을 명시함으로써 현재가 나아갈 방향을 제시하는 장치이기도 하다(Jost et al. 2009). 그러나 위의 예에서 알 수 있듯이 이념은 무수히 많은 작은 개념들의 집합체로 이루어져 있음을 알 수 있다. 사회과학의 영역에서 "의미론적 난혼(semantic promiscuity)"관계에 놓여있다고 평가되기도 했다(Gerring 1997: 957). 그만큼 수많은 학문적 도전을 유도해 개념의 과잉을 초래했다는 것이다.

그런데 자세히 살펴보면, 크게 두 가지 축이 병렬적으로 이념을 구성하고 있음을 알 수 있다. 하나는 역사적 사건에 대해 옳고 그른 것에 대한 윤리적 혹은 정치적인 판단 및 실행 프로그램, 프로그램 실행에 필요한 권력의 사용에 대한 옹호 및 정당화, 그리고 그것에 대한 비판 및 저항이라는 가치함축적(value-laden) 관점으로 이념을 정의하는 것이다. 다른 하나는 논리적 구성 측면에서 일관되고 통합적이며 따라서 정합적이고, 세련되고 추상적이며, 차별화된 신념체계라는 가치중립적(value-free)인 관점에서 이념을 정의하는 것이다. 이는 방법론적으로 이념을 기술하고 분석하는 데 있어 가치함축적인 비판이론적 시각을 수용할 것인가, 아니면 가치중립적 입장에서 신념체계의 논리적 구성요소들을 따져 보다 광범위한 정의를 받아들이는가 사이의 논쟁을 불러일으킬 수 있다. 이러한 개념적 혼란은 이념이라는 개념이 정치학(보다 넓게는 사회과학)의 영역에서 어떻게 진화해왔는가를 살펴볼 때 비교적 쉽게 이해될 것이다.

드 트라시 이후 이념이 이론의 영역에서 본격적으로 다루어진 것은 19세기 중엽 마르크스와 엥겔스의 저작인 『독일 이데올로기』(1845~46)부터다. 이 저작은 '허위의식'이라는 의미로 이념을 정의한다. 이념은 특정 경제적 생산 조건에 의해 발생한 현실을 반영하는 체계화된 의식으로 계급적인 이해관계를 반영한다. 예를 들어, 한 사회의 법률, 정치, 종교, 예술, 철학 등은 그 사회의 생산관계(자본주의사회의 경우 자본 대 노동) 내에서 생산수단(예, 자본)을 통제하는 지배계급(예, 부르주아지)의 이해를 관념적으로 표현한 것에 지나지 않는다는 것이다. 여기서 지배계급은 자신의 지배권을 확보하기 위해서 자신들이 마치 보편적인 공공선을 추구하는 것처럼 위장한다. 결과적으로 지배계급이 사회구성원 전체의 대변자라는 허위의식이 생산된다는 것이다(손철성 2003: 130-41).

이러한 마르크스주의적 개념은 비판이론가들에게 폭넓게 수용되어왔다. 즉 이념은 착취적 사회관계를 은폐하여 억압적이고 위계적인 사회를 유지하기 위한 환상과 신화이거나 혹은 정반대로 지배계급의 합리화에 저항하는 혁명적 행동에 영감을 불어넣는 기반으로 사용되어 왔다. 이는 현존하는 사회체계(예, 보수적 혹은 반동적 이념)를 긍정하거나 혹은 반대하는(예, 진보적 혹은 혁명적) 정치적 정향을 반영하는 개념으로 이후 전통적인 좌-우

(left-right)의 개념으로 진화하게 된다.

20세기 초 러시아혁명의 발생(1917년)과 1930년대 소비에트체제의 공고화, 그리고 연이어 등장한 독일의 나치체제와 이탈리아의 파시스트체제는 마르크스-레닌주의에 따른 공산주의 그리고 나치즘과 파시즘의 관념적 기원들에 대한 설명들을 유도했다. 파시즘이 자유주의를 “무기력한 이념”으로 치부했던 것이나 먼로독트린을 “파시즘에 대항한 이념적 울타리”로 묘사한 것, 그리고 둘 사이의 “이념 전쟁”이 전개되고 있다는 기술들이 대표적인 예들이다(Knight 2006: 621).

제2차 세계대전 이후 도래한 냉전체제는 소비에트체제의 공산주의를 비합리적이며 전체주의적 성향을 지닌 부정적 의미로 묘사하는 반공주의의 등장을 가져왔다. 즉 마르크스주의가 만든 이념이라는 용어를 마르크스주의를 비판하는 무기로 사용했고 다니엘 벨(Daniel Bell)은 마르크스주의의 실패를 지칭하는 『이념의 종언(*The End of Ideology*)』(1960)을 선언하기도 했다. 요약하면 1960년대 초까지 이념은 마르크스주의의 영향 아래 공산주의와 파시즘과 연계되어 사용되어 왔으며 이러한 관점에서 가치가 함축된 개념이었다.

역설적이게도 ‘이념의 종언’은 정치학 분야에서 후기행태주의의 등장과 맞물리며 이념의 개념에 대한 활발한 논쟁을 불러일으켰다. 가치중립적 접근을 중요시하는 행태주의의 영향 아래 이념은 “일련의 사고와 태도들의 정렬로 그 구성요소들을 공히 제약하거나 기능적으로 상호의존하게 만드는” 신념체계로 정의되었다(Converse 1964: 206). 이후 이념은 일관성, 정합성, 안정성, 정치적 세련미 등 인지적 기능을 강조하는 수많은 하위 개념들의 집합체로 전환되었다. 일련의 행태주의자들은 의회 혹은 사법부의 표결 데이터 연구를 통해 정치 엘리트들의 행태를 유도하는 요인 중 정파성(partisanship) 이외의 차원(dimension)이 존재함을 밝혀내었다(MacRae 1952).

진보-보수 차원에서 행태의 정합적 패턴에 대한 기대는 정치 엘리트 범위를 넘어서 과연 시민들이 정치적 논쟁들을 이념 차원에서 이해하고 그에 따라 행동하는지에 대한 연구로 확장되었다. 이 과정에서 이념은 정치적 세련됨(political sophistication)과 연결되었는데, 특히 설문조사들은 유권자 대중이 진보-보수 차원에서 후보자와 정당 간의 차이를 인지할 수 있는 통제력과 안정성, 그리고 표현력을 갖추고 있는가를 탐구했다. 그 결과 이념소지자(ideologues)로 분류될 수 있는 유권자는 2~3%에 불과하고 심지어 이념소지자에 가까운 사람으로 분류될 수 있는 유권자도 9%에 불과하다고 발견하기도 했다(Converse 1964).

흥미로운 것은 행태주의의 이론적 시도가 그동안 이념에 꼬리표처럼 따라붙어 다녔던 '허위의식'이라는 표현을 떼어내게 되었다는 점이다. 정부가 하는 일에 대해 안정적이고 지적으로 계몽된 태도와 선호를 합리적으로 잘 조직한 체계로 지니고 있는 사람을 이념소지자로 규정함으로써 이념을 정의하는 핵심적 요인이 '정합성(coherence)'이라는 것에 학문적으로 합의하기에 이르렀다. 더불어 신념체계가 시간이 지나도 안정적으로 유지되어야 한다는 안정성(stability)과 경쟁하는 대안적 신념체계들 간의 차별화를 시도할 수 있어야 한다는 대조(contrast)가 추가되어 이념을 구체적으로 정의하게 되었다(Gerring 1997; Knight 2006).

II. 이념의 개념 정의

이처럼 이념을 바라보는 가치함축적 시각과 가치중립적 시각은 종종 상호 병치되거나 혹은 양립 불가능한 접근으로 판단되어왔다. 심지어 두 전통 속에서 교육받은 학자들 간의 소통도 거의 없었던 것이 사실이다. 그러나 두 접근법이 상호배타적인 것만은 아니다. 예를 들어, 다운스(Downs 1957)적인 공간이론의 전통은 비판이론적 시각과 행태주의적 시각을 하나의 모형으로 통합하고 있다. 다운스는 이념을 "바람직한 사회에 대한 언술적 이미지와 그 사회를 건설하기 위한 주요 수단"으로 정의하고 있다(Downs 1957:

96). 이러한 다운스의 개념은 사회번영이라는 목표와 그 목표를 이루기 위한 구체적인 정책이라는 두 가지 요인으로 구성된다. 그리고 이러한 개념은 내적으로 정합적인 일련의 명제들로 구성되며 인간 행동을 금지하거나 지시하는 역할을 수행한다. 다운스의 공간이론을 계승한 히닉과 멍거(Hinich and Munger 1994)는 이념을 다음과 같이 정의하고 있다.

- 이념: 인간 행동에 대해 금지와 권고를 담은 요구를 제기하는, 일련의 내적 일관성을 갖춘 진술이다. 모든 이념들은 1) (바람직한 사회에 대한) 윤리적으로 옳고 그른 것에 대한 내용; 2) 사회적 자원들이 어떻게 배분되어야 하는가에 대한 판단; 그리고 3) 권력이 적절하게 있어야할 곳에 대한 함의들을 지녀야 한다(Hinich and Munger 1994: 11, 괄호는 역자의 주).

이를 조금 자세히 살펴보자. 예를 들어, 다음의 〈표 2-2〉는 널리 알려진 정치 이념—자본주의, 공산주의, 파시즘, 뉴딜주의—들을 제시한 것이다. 조금 자세히 살펴보면, 자본주의 대 공산주의 그리고 파시즘 대 뉴딜주의 사이에서 사회가 어떻게 건설되고 운영되어야 하는지에 대한 갈등구조를 엿볼 수 있다.

우선 바람직한 사회에 있어 공산주의와 파시즘은 국가와 사회의 복지를 위한 시민적 봉사를 강조한다. 이에 반해 자본주의는 개인의 자유와 성취를 중요시 하고 있다. 뉴딜주의는 비록 둘 사이의 혼합된 형태를 띠고 있지만 근본적으로 자본주의적 사회를 바탕에 두고 있다. 사회적 자원의 배분에 있어서도 유사한 대조를 발견할 수 있다. 공산주의와 파시즘은 노동자계급의 사회적 역할과 필요에 따른 분배 혹은 국가 혹은 사회에 대한 공헌에 따른 분배를 강조한다. 이에 반해 자본주의와 뉴딜주의는 개인적 성취에 따른 분배를 강조한다. 차이점은 뉴딜주의의 경우 자조(自助)할 수 없는 사회적 낙오자를 위한 정부의 개입을 옹호하는 정도이다. 마지막으로 권력의 소재에 있어서도 공산주의의 경우 인민들이 평등한 가운데 전체 인민들의 일반의지를 대표하는 정당의 지배를 추론하고 파시즘은 군대-노동자-산업의 국가적 조합주의체제의 지배를 강조한다. 이에 반해 자본주의의 경우 시장에서 성

〈표 2-2〉 20세기의 대표적인 정치 이념들

	바람직한 사회상	사회적 자원의 배분	권력의 소재 (누가 지배하는가)
자본주의	노동을 통한 개인적 성취, 사유재산권의 보호	성과에 따른 분배	재화와 서비스, 그리고 정책에 대해 부자들이 더 많은 통제권을 지님
공산주의	사회 내의 역할에 대한 자각, 노동자계급의 형제애	필요에 따른 분배	일반의지를 대표하는 정당; 모든 이의 평등, 따라서 정치는 소멸
파시즘	민족주의, 인종적 순수성, 조국에 대한 봉사	국가의 군사·경제력에 대한 공헌에 따른 분배	군-노동-산업의 조합주의적 관점
뉴딜주의	노동을 통한 개인적 성취, 자존심, 자기 개선	성과에 따른 분배, 성과가 미달되는 사람들을 위한 금융적 안전망을 위한 혁신적 세금 구조	부자들이 불균형적 권한을 지님; 전문가와 테크노크라트들이 시장 과잉 상황을 수정

출처: Hinich and Munger(1994: 12)

공한 사람들이 재화와 서비스 그리고 정책에 대한 통제권을 행사한다. 뉴딜주의 또한 부자들의 불균형적 권한을 부정하지는 않지만 과잉된 시장 실패를 정치 엘리트들과 테크노크라트들이 시정할 수 있다는 여지를 남기고 있다.

여기서 중요한 점은 각 이념들이 '바람직한 사회상, 사회적 자원의 배분, 권력의 소재'라는 하위 항목들이 내적으로 일관되게 통합되는 '정합성'을 보인다는 점이다. 예를 들면, 자본주의의 경우 '시장에서의 자유로운 경쟁이 보장되는 사회, 자유경쟁에 따른 분배, 시장에서의 자유경쟁을 보장하는 정책을 결정하고 집행하는 통치기구'로 논리적인 일관성과 통합성을 지니고 있다. 다른 정치이념들 또한 유사한 구조로 정합성을 지니고 있다.

이러한 정합성 외에도 특정 사고 유형이 이념의 지위를 부여받기 위해서는 두 가지 측면의 일관성이 필요하다. 첫째, 동일한 사고는 시간이 지나도 동일한 행동을 정당화하고 동일한 행동 또한 같은 형태로 동일한 사고를 지속적으로 정당화해야 한다. 이러한 측면에서 '안정성'은 하나의 사고가 이념적 지위를 갖추기 위한 중요한 구성 요소이다. 둘째, 특정 사고는 '세련미'를 갖추어야 하고 내적 모순에 빠지지 말아야 한다. 이러한 두 개의 관문을 통과해 세 가지 하위 항목에 대한 내용을 지니는 사고는 이념으로의 진화에 성공하게 된다. 그리고 하나의 정설(orthodoxy)로 자리 잡게 된다.

그런데 이러한 정설은 불가피하게 반대의 이설(heterodoxy)을 생산을 유도한다. 정설이 주도하는 현재(status quo)에서 사회적 자원의 배분과 통치 구조에 동의하지 않는 시민들과 그 시민들의 태도를 정당화하는 지적인 논리를 불러일으키기 때문이다. 그리고 이러한 정설과 이설 이념들 간의 '차별화'는(예, 자본주의와 공산주의 간의 대립 혹은 진보와 보수 혹은 좌와 우의 대립) 사회적 갈등을 내포한 이념공간을 형성하게 된다(이상 Hinich and Munger 1994: 9-15 참조).

III. 이념의 차원성

정설과 이설을 구성하는 이념은 하나의 차원을 둘로 가르는 균열을 일으키는데, 각 이념의 위치를 연결하면 일차원적 이념공간이 형성된다. 즉 다수가 수용하는 정설 이념이 구체적인 정책에 대해 특정 입장을 취한다면 이설 이념은 공간상에서 자동적으로 반대편에 위치하게 되며 이 두 지점을 연결하면 하나의 이념공간이 구조화된다.

이러한 논리의 대표적인 예가 오늘날 정치영역에서 빈번하면서도 쉽게 사용되는 좌-우 혹은 진보-보수의 차원이다. 현재 우리가 사용하는 좌-우의 비유는 1789년 프랑스혁명기 의회의 좌석배열로부터 기원했다. 구체제를 지지했던 푀양파(Feuillants)는 의회의 우측에 배석했으며 구체제를 반대했던 몽타냐드(Montagnards, 산악파)는 좌측에 배석했다. 이러한 좌석배치는 이후 좌-우파라는 개념으로 진화되었는데, 우파(right wing)라는 라벨은 보수적이고 현상유지를 지지하며 본질적으로 위계적인 정치질서를 대표하게 되었고 좌파(left wing)는 진보적인 사회변화를 추구하는 평등적인 사고를 함의하게 되었다. 이러한 좌-우 구분은(미국에서는 자유-보수라는 대립쌍으로 표현되어 왔다) 1) 사회변화에 대한 저항 혹은 옹호, 2) 불평등의 수용 혹은 거부라는 내용을 함축하며 현재에도 유의미하게 사용되고 있다. 개별 국가 혹은 사회의 역사적·문화적 특수성 때문에 구체적인 내용이 다를 수 있음에도 불구하고 그 핵심 개념은 안정적으로 유지되고 있으며 이념적 사고의 틀을 제공하고 있다. 예를 들어, 미국과 유럽 여러 국가들에서 우파는 보수-체제유지-질서-개인주의-자본주의-민족주의 심지어 파시즘과 연결되고 좌파는 진보-체제변화-평등-연대-급진-그리고 사회주의 혹은 공산주의와 연관되어 사용되고 있다(Jost et al. 2009).

좌-우의 이념적 구분은 비단 학문적 영역뿐만 아니라 정치 엘리트, 정당과 활동가 및 시민단체, 그리고 미디어에 의해 생산되는 정치적 담론이나 의사결정의 과정에서도 빈번하게 사용되고 있다. 이념을 정치적 세련됨과 연계해 시민들의 태도와 행태의 비일관성을 발견하고 따라서 대부분의 시민들이 이념적 능력과 신념이 부족하다는 주장(Bishop 2005; Converse 1964)에도 불구하고 "상대적으로 덜 엄격한 조직 기구"(Knight 2006: 622)로서의 이념은 대체로 대부분의 시민들 사이에서 일관되게 발견되고 있다(Abramowitz and Saunders 2008). 아울러 일차원적 좌-우의 이념구조에 입각한 많은 연구들은 이론적 효용뿐만 아니라 경험적 적합성에 있어 뛰어난 성과를 보여 왔다.

그런데 일차원적 좌-우의 이념이 한 사회의 이념공간을 적절하게 재현할 수 있는가는 문제제기는 아주 중요하다. 한 사회의 이념을 편의상 일차원의 좌-우 이념공간으로 축약시키는 것은 문제가 많다는 것이다. 물론 다수의 이념구조가 독립적으로 존재하더라도 각 가치들이 위계구조로 연결되어 있다면 보다 추상적인 일차원적 이념공간으로 축약될 수 있을 것이다. 그러나 일련의 연구들은 시민들이 구체적인 정책에 대한 선호를 통제하면서도 위계구조로 연결되지 않는 다수의 추상적인 신념체계를 지니고 있음을 발견해왔다(Feldman 2003).

1970년대에 등장한 탈물질주의 그리고 1980년대 유럽 국가들에서 나타났다고 하는 자유지상주의-권위주의의 이념적 균열은 전통적인 경제 계급적 이해에 바탕을 둔 좌-우의 이념 차원과 독립적으로 존재하는 사회이념의 예를 보여준다.

서구 정당체계가 계급적 균열이 구조화된 것이라는 립셋·로칸(Lipset and Rokkan 1967)의 이른바 "동결테제(frozen thesis)"[9]에 이어 경제적 풍요와 번영의 시기에 시민들 사이에 가치관의 변화, 즉 탈물질주의적(post-materialist) 가치관의 등장을 반영하는 이념 균열이 1970년대에 등장했다(Inglehart 1977; 1997). 산업사회의 발달로 인한 경제적 풍요는 성장-분배와 같은 물질적 가치의 분배를 둘러싼 갈등보다 오히려 환경, 생태, 여성의 권리, 인권, 교육, 반핵 등의 삶의 질과 관련된 새로운 가치를 추구하는 집단을 등장시켜 전통적인 계급적 갈등을 이완시켰다.

자유지상주의 대 권위주의(libertarianism vs. authoritarianism) 가치의 대립 또한 새로운 사회적 이념축의 등장을 보여준다(Kitschelt 2004). 1980년대 이후 후기산업사회 민주주의 국가들에서 소득재분배를 둘러싼 전통적인 좌-우의 이념뿐만 아니라 새로운 사회적 삶의 통치구조가 등장해 정치영역에 영향을 미쳤다. 자유지상주의의 경우 삶의 양식에 대한 개인적 자율성을 강조하며 사회문화적 차이에 대한 관용과 존중, 그리고 집단적 구속력

9) 립셋과 로칸(Lipset and Rokkan 1967)의 "동결테제(frozen thesis)"는 시민혁명과 산업혁명은 근대 이후 유럽사회에 중심-주변, 교회-국가, 농촌-도시, 그리고 자본-노동의 네 가지 사회균열을 구축했고, 근대 국가, 경제 발전, 그리고 유권자들과 마주하는 정당들의 정치적 기회구조에 따라 국가별로 정당체계의 차이가 발생했다고 주장한다. 그리고 일단 사회적 균열이 정당체계를 결정짓게 되면, 심지어 균열의 대체가 발생하더라도 정당체계는 일정 기간 동결된다고 했다. 예를 들어, 산업혁명의 결과 형성된 자본 대 노동의 이념적 갈등구조는 1920년대 보통선거권의 확대와 더불어 평등과 효율, 국가와 시장, 분배와 성장 등 자본주의와 사회주의적 가치의 대립과 경쟁의 정당구조를 가져와 영국의 노동당과 보수당, 독일의 사민당과 기민/기사연립, 프랑스의 사회당과 드골주의 정당 간의 경쟁구조를 오랫동안 틀지어왔다는 것이다.

을 지니는 정치적 의사결정에 있어 개인의 자율적인 참정권을 선호한다. 반면에 권위주의의 경우 집단적으로 공유되고 있는 일정한 규범들과 규제 원칙들, 특히 한층 더 높은 사회적, 도덕적, 정치적 권위에 의해 통치되는 사회적 삶의 양식들을 선호한다. 여기서는 법과 질서, 종교적·전통적 가치와 위계질서가 강조된다.

거시적 차원에서 새로운 사회이념의 등장에 대한 이론은 미시적 수준의 연구들로 연결되었다. 유권자 수준에서 계급적 좌-우의 이념 외에 사회적 차원에서 노정되는 갈등구조가 비록 경제적 이념과 상관관계가 높을지라도 내용적으로 독립적으로 존재한다는 것이다(Layman and Carsey 2002). 한 연구는 미국사회의 이념적 갈등구조가 일차원(a single dimension) 공간에서 양극화되어 왔다고 주장했었다(Poole and Rosenthal 1997). 경제적 차원의 이념갈등은 사회문화적 차원의 이념갈등을 압축시켜버리거나 흡수해버려 미국사회를 단일차원의 이념사회로 극단화시켜 왔다는 것이다.

그러나 다른 연구들은 미국에서 정치적 갈등이 일차원으로 축소되지 않음을 보여주었다. 몇몇 연구는 미국 정치의 이념적 갈등구조가 1930년대 뉴딜시기부터 형성되어온 경제적 사회복지 차원과 1960년대에서 1990년대까지 발전되어온 문화적 차원의 이차원 구조로 발전되어 왔다고 주장했다(Shafer and Claggett 1995; 조성대 2007). 1930년대 대공황과 뉴딜로 대표되는 경제적 재분배와 사회복지 쟁점은 1950년대 말까지 계급연합의 갈등구조를 형성했고 1960년대 위대한 사회(Great Society) 프로그램의 복지정책을 거쳐 1980년대 레이거노믹스하의 신자유주의정책에 이르렀는데, 이러한 경제 쟁점이 미국사회 지배적인 갈등구조로 기능해왔음은 부인할 수 없음은 물론이다.

그런데 사회문화 쟁점 또한 1960년대 초 시민권과 인종정책, 1970년대와 80년대 범죄, 사형제, 공중안전, 여성의 지위 등에 대한 정책, 1990년대 낙태, 여성, 동성애, 공립학교에서 기도 문제, 그리고 2000년대 종교, 낙태, 동성결혼, 소수자지원, 줄기세포, 불법이민 문제 등으로 이어지며 주요한 이념갈등을 유발한 요인으로 작용했다. 특히 1990년대 이후 다양한 사회문화적 쟁점은 적절한 사회적 행위를 규정하는 미국적 가치들의 효력을 지니며 미국정치 영역에서 주요한 이념적 갈등의 하나로 표면화되었다(Stonecash, Brewer and Mariani 2003; Stonecash 2006).

보다 폭넓은 비교정치적 시각에서 20개 국가에 대한 비교연구를 수행한 한 연구는 사회적 보수주의와 경제적 보수주의는 각각 별개의 동기 구조를 지니고 있다는 점을 발견했다. 첫째 차원은 전통에 대한 존경, 개인과 국가의 안전에 대한 염려, 그리고 개인의 자율과 자주에 반하는 복종에 대한 선호로 사회적 이념 차원과 상응한다. 둘째 차원은 경제적 보상, 사회 정의와 평등에 반대되는 권력과 명망 등을 성취하고자 하는 동기들로 경제적 이념 차원과 연결된다. 그리고 두 이념은 상대적으로 독립적으로 나타났다는 것이다(Feldman 2003; Schwartz 1992 참조).

이러한 이념의 다차원성은 일차원적 좌-우의 이념척도가 시민들의 다양한 이념적 선호를 설명하기에 불충분함을 보여준다. 예를 들어, 사회적 차원에서 보수적인 시민이 경제적 차원에서는 진보적일 수 있기 때문이다. 혹은 사회적 갈등의 역사적 전개에 따라 다양한 이중개념론자(biconceptual)들이 존재할 수 있다. 심지어 대부분의 설문조사에서 제시되는 좌-우(진보-보수)의 이념 차원에 시민들이 부여하는 의미가 다 다를 수 있다. 다시 말해 시민들은 일반적 좌-우의 이념에 기초에 정치적으로 행동하더라도 구체적인 정책과 연결시키는 데 있어 이 일반이념을 달리 이해하고 해석할 수 있다는 것이다. 즉 어떤 시민들은 사회적 쟁점들을 중심으로 좌-우의 이념을 이해하는 데 반해, 다른 시민들은 경제적 쟁점들을 중심으로 좌-우의 이념을 바라보고, 또 다른 시민들은 자신의 이념적 카테고리에서 둘 다를 사용할지도 모른다는 것이다(Feldman and Johnson 2014; Zumbrunnen and Gangl 2008).

환언하면 이념의 다차원성과 이념이 내포하는 이질성은 한 사회의 이념 지도를 단순한 좌-우 혹은 보수-진보의 일차원을 넘어 최소한 이차원으로 구조화될 필요성을 제기한다.

IV. 선거정치와 이념지도의 구조화

대의제 민주주의 아래의 정치, 특히 선거에서 이념이 중요한 이유는 사회적 갈등구조를 표상하며 유권자들을 다수와 소수로 구분하기 때문이다. 특히 정치의 영역에서 다수와 소수의 구분은 정당이나 후보자들을 중심으로 이해관계의 연합이 구성됨을 의미한다. 이때 지지자들로 분류되는 사람들은 정당이나 후보자들이 제시하는 공약이 내포하는 이념 — 앞서 언급했듯이 '바람직한 사회와 그것을 성취할 수 있는 수단' — 에 동의하게 된다. 즉 선거는 사회적 구성원을 다수와 소수로 구분하는 정치적 선택으로 '바람직한 사회상, 사회적 자원의 분배, 그리고 권력의 소재지'(Hinich and Munger 1994)에 대한 유권자들의 판단을 둘러싼 정당과 후보자들 간의 경쟁의 장인 셈이다.

그런데 선거정치의 묘미는 이러한 바람직한 사회상이라는 목표와 사회적 자원의 분배를 실현할 수단인 정책 사이의 갭, 즉 목적과 수단 사이에 놓여 있는 불확실성으로부터 생겨난다(Hinich and Munger 1994: 3). 대부분의 유권자들은 정당들이 어떤 강령을 지니고 있는지 그 세부적인 내용을 잘 모른다. 정당이 제시하는 정책이 자신이 삶이나 복지에 어떤 영향을 미치는지도 잘 알지 못한다. 제시된 정책들이 신뢰할 수 있는 것들인지에 대해서도 잘 판단하지 못한다. 아울러 선거기간 동안 각 정당들이 제시하는 공약과 선거가 끝난 후 집권당이 실제 집행할 정책 사이에도 불확실성은 존재한다.

이념은 이러한 상황 아래 유권자들로 하여금 모든 정책 쟁점들을 자신의 가치관에 투영하여 평가해야하는 부담을 덜어주며 정당간의 차이를 손쉽게 판단할 수 있게 해주는 정보의 바로가기(informational shortcut)와 설득의 기재가 된다.

> 유권자들은 정당의 이념을 유용하게 사용한다. 왜냐하면 이념은 모든 쟁점들을 자신의 가치관에 연결시켜야 하는 필요성을 제거해주기 때문이다. 이념은

> 유권자로 하여금 정당 간의 차이에 집중할 수 있게 해준다. 따라서 이념은 (정당 간의) 모든 입장 차이의 샘플들로 활용될 수 있다. 이러한 바로가기로 인해 유권자는 광범위한 쟁점들에 대한 정보비용을 절약할 수 있다(Downs 1957: 98).

즉 이념은 선거에서 정당 간의 갈등구조를 적은 비용으로 파악할 수 있게 해주어 집단적 선택을 단순화시켜주는 수단인 것이다.

> 비록 유권자들이 n개 차원의 (정책)에 관심을 가진다손 치더라도 정당 간의 균열은 n개 차원이 의미하는 것보다 훨씬 단순하고 예측 가능한 선을 따라 구분된다. 이렇게 감소된 정책 차원은 정파적 갈등을 더욱 정확하게 대표하고 유권자와 정당에게 비용을 엄청나게 절감해준다. 더욱이 이러한 균열의 형태는 이념의 지적인 내용들로부터 예측 가능하다: 바람직한 것의 언술적 이미지 자체는 갈등의 차원들을 열거하지는 않는다. 단지 의미할 뿐이다(Hinich and Munger 1994: 3).

유권자들은 다양한 정책 쟁점에 서로 다른 관심을 지닐 수 있다. 그리고 대개 정당이나 후보자들은 자신의 득표를 최대화하기 위해 이러한 관심에 정책으로 응답한다. 결과적으로 수많은 정책들이 쏟아져 나온다. 이때 이념은 수많은 정책들에 대한 정당이나 후보자들의 입장을 좌-우 혹은 보수-진보의 단순한 차원으로 축소해준다. 그리고 유권자들은 이를 종합 혹은 요약 도구로 활용하여 그 입장을 평가하고 자신의 투표대상을 결정한다. 이때 이념은 도구적 합리성(instrumental rationality)을 갖는다고 볼 수 있다.

이념은 유권자뿐만 아니라 정당이나 후보자들에게도 유용한 도구를 제공한다. 정당이나 후보자들은 자신을 이념으로 무장해 유권자로부터 신뢰를 획득한다. 이념이 오랜 기간 정직하고 일관된 평판을 유지하도록 만들기 때문이다. 정당과 후보자들은 자신의 득표를 최대화하길 원하고 따라서 정책 공약을 제시할 때 유불리를 계산할 수밖에 없다. 그러나 정책마다 유불리를 따져 오락가락 하다보면 유권자들의 신뢰를 얻기 힘들어진다. 이 경우 이념은 정당이나 후보자들의 정책 입장을 안정화시켜 자신을 조직하는데 사용되며 유권자들로부터 평판을 항상적으로 유지할 수 있도록 돕는다.

마지막으로 남은 문제는 정책에 대한 태도로부터 어떻게 이념공간을 구조화할 수 있는가 하는 것이다. 예를 들어, 선거에서 쏟아지는 많은 정책들에 대한 정당과 유권자들의 입장과 태도를 이념이라고 부를 수 있는가라는 질문에 대한 답은 정책과 이념의 관계에 대한, 나아가 정책투표 혹은 이념투표의 연구에 중요한 토대가 된다. 이에 대해 다운스는 다음과 같이 말하고 있다.

> 정당은 많은 쟁점들에 대해 입장을 취한다. 그리고 개개의 입장은 좌-우 척도 상의 한 지점에 위치될 수 있다. 그리고 이 척도 상에서 정당의 순위치(net position)는 모든 정책에 대해 정당이 취한 입장의 가중평균(weighted average)이다(Downs 1957: 132-33).

즉 다운스의 입장에 따른다면, 선거에서 제시되는 n개(n = 1, 2, 3, ⋯ , n) 정책에 대한 각 정당의 입장을 각 정책의 중요성을 반영해 평균을 내고 정당 간의 입장 사이를 하나의 선으로 연결하면 선거정치의 이념공간이 형성된다는 것이다. 그런데 여기서 주의해야 할 점이 몇 가지 있다.

첫째, 모든 정책에 대한 입장의 (가중치를 부여한) 단순한 산술적 평균은 정합성이라는 기준을 만족시키기 어려울 수 있다(Hinich and Munger 1994). 앞서 언급했듯이, 이념은 내적 구성에 있어 일관성과 통합성을 갖추어야 한다. 이 경우 각 정책들 간의 위계질서(hierarchical order)가 중요하다. 한 사회의 지배적인 갈등구조를 자아내는 정책 쟁점이 있다고 가정해보자. 그런데 새롭게 제기된 정책이 동일한 성격의 이념적 갈등을 내포하고 있다면 — 예를 들어, 시민들을 비슷한 형태로 다수와 소수로 구분한다면 — 기존의 지배정책이 내포하는 이념구조에 흡수되어(co-opted) 새로운 갈등구조를 생산해내지 않는다. 이에 반해 새로운 정책이 새로운 다수와 소수를 구분하는 이념적 갈등구조를 내포하고 있다면 이는 기존의 정책이 만들어내는 이념 차원과 다른 이념 차원을 생산해낸다. 모든 정책들의 가중평균으로 정당의 이념을 표현하는 작업은 단순히 모든 정책들의 개인적 특이성(idiosyncrasy)을 산술적으로 고려하는 것이고 따라서 각 정책들이 어떻게 내적으로 위계화되어 이념으로 통합되는가를 밝힐 수 없다. 또한 계산 결과로 나타난 정당의 입장은 유권자들에게 간편한 휴리스틱(heuristic, 발견적 수단)이 될 수 있을지는 몰라도 그것이 정당을 내부적으로 조직하는 도구인 이념이라고 판단하기엔 무리가 따를 수밖에 없다.

둘째, 이념은 형식적 구성에 있어 정합성 외에도 안정성을 지니고 있어야 한다. 그러나 선거 때마다 유권자들의 관심을 끄는 쟁점들이 다를 수 있음을 고려할 때, 제시된 정책 공약의 산술적 평균으로 이념이 내포하고 있는 안정된 메시지를 추출하긴 불가능하다.

셋째, 이념은 세련미와 추상성을 지니고 있어야 한다. n개의 정책들의 평균으로 각 정당의 입장을 추출하여 정당 간의 위치를 연결하는 선을 그렸다고 가정하더라도 그것이 무엇을 의미하는지 어떠한 갈등구조를 내포하고 있는지 파악하는 것은 불가능하다. 예를 들어, 바람직한 사회상과 그것을 구현할 수 있는 수단을 단순화고 명확하게 파악하기 불가능하다. 오히려 이념은 정책들이 투사된 잠재적인(latent) 차원에 자리 잡은 추상적인 내용으로 표현되어야 한다.

환언하면, 정책을 통해 한 사회의 이념적 구성을 파악하는 작업은 단순히 각 정책의 산술적 합계를 계산함으로써 파악될 수 있는 것은 아니다. 내부적으로 일관된 논리구조를 지니고 있다 하더라도 각 정책이 위계적으로 통합되는 과정과 형태를 보여줄 수 있어야 한다. 더불어 통합의 결과물은 예측 가능한 몇 개의 차원에서 세련미와 추상성 그리고 안정성을 지닌 채 그 사회의 갈등구조를 단순하고 명확하게 보여줄 수 있어야 한다. 이와 같은 고려사항을 가지고 다음 장에서 한국사회의 이념지도를 구축해보자.

제2부

공간이론의 구조와 민주화 이후 한국의 대선

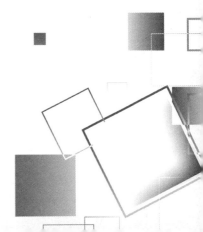

제3장

공간이론과 한국정치의 이념지도

I. 이론적 배경

한국정치의 이념구조는 역사적 특수성으로 인해 서구정치의 그것과는 일정한 차이가 있다. 현재까지 대부분의 연구물들은 다음의 몇 가지 이념적 갈등구조가 민주화 이후 한국정치를 성격지어 왔다고 주장한다.

첫째, 반공주의를 둘러싼 이념갈등이다. 해방직후 분단국가의 형성과정에서 반공주의는 국가형성에 참여할 정치세력을 제한함으로써 제한적인 자유민주주의의 이식과 이후 권위주의체제를 정당화시키는 수단으로 작용했다(최장집 1996). 분단과 한국전쟁의 경험으로 '반공이 곧 자유민주주의라는 역설'이 태동한 것이다(강정인 2009: 56-58 참조). 이후 반공주의는 1960년대에서 1980년대 중반까지의 권위주의체제하의 산업화 과정에서 성장지상주의와 결합해 자본-노동 간의 갈등을 비롯한 다양한 사회갈등을 경제성장의 직접적인 방해물로 간주함으로써 국가주도의 산업화를 정당화하는 이념으로 기능했다(현재호 2008; 강정인 2009). 민주화 이후에도 반공주의는 김영삼·김대중 정부 시절 대북정책과 통일정책을 둘러싼 남남(南南)갈등의 이념적 토대가 되었다. 특히 김대중 정부 출범 이후 대북포용정책이 본격적으로 시도되면서 대북지원을 둘러싼 사회적 갈등 및 정치권의 여야 간의 이념 경쟁을 확대시켰다(이갑윤 2011). 2012년 대선 과정과 그 이후에도 반공주의는 소위 '종북'논란과 헌법재판소의 통합진보당 해산 결정 등을 통해 여전히 정치권에 큰 영향을 미치고 있다. 한마디로 반공주의는 안보이념을 둘러싼 좌우 갈등을 형성하여 한국사회의 이념갈등을 지배적으로 규정해왔다(강원택 2003; 2005; 이내영 2011; 정진민 2003).

둘째, 전통적인 계급적 이해관계에 기인한 경제적 이념갈등이다. 분배적 평등과 생산적 효율성, 국가에 의한 시장개입의 옹호와 거부, 노동과 자본으로 양분된 자본주의와 사회주의적 가치의 대립을 의미한다. 경제적 이념구조에 대한 탐색은 서구 유형의 계급·계층적 균열구조가 한국 선거에서도 나타나 정당경쟁의 한 축으로 작용했으면 좋겠다는 학문적 바람과도 직결되어 있다. 다시 말해, 자본 대 노동의 균열이 자아내는 계급적 갈등구조가 하나의 균열구조로서 등장하거나 나아가 지역주의를 대체하는 균열구조로 발달할 수 있다면 현재 지역주의로 인해 비정상적으로 작동하는 정당정치를 바로 세울 수 있지 않을까 하는 규범적 바람이 깔려 있다.

한 연구는 해방 이후 한국사회를 지배해왔던 대표적인 이념인 반공주의가 권위주의체제하의 산업화 과정에서 국가주도의 경제성장이라는 발전주의에, 그리고 탈냉전과 신자유주의적 세계화 이후 복지주의라는 사회경제적 이념에 서서히 자리를 내어주며 지배이념으로서의 지위가 약해져왔다고 주장하기도 했다(현재호 2008: 234). 특히 1997년 외환위기에서 2008년 국제금융위기에 이르기까지 한국경제의 쇠퇴와 양극화 현상의 심화는 사회경제적 이념갈등이 확산될 것이라는 기대감을 표출하게 만들었다(이갑윤·이현우 2008). 또 다른 연구는 1997년 외환위기 이후 시장자유주의 대 복지자유주의 간의 대립이 출현했다고 지적하기도 했다(문지영 2009: 169-172 참조). 전자의 경우 재벌경제에 대한 옹호, 경제적 자유와 사유재산권의 절대

성, 정부의 시장 개입 반대 및 규제 완화, 사회복지정책 확대와 노동조합의 정치세력화에 대한 반대 등의 신자유주의적 정향을 보이는 데 반해, 후자의 경우 개발독재에 의해 왜곡된 시장질서의 민주적 통제, 복지의 확대와 분배정의 및 균형발전의 실현 등의 사회적 자유주의를 지향하며 상호 경쟁해왔다는 것이다. 특히 2008년 국제금융위기 이후 소득불균형의 심화와 중산층의 붕괴는 급기야 경제민주화 쟁점을 2012년 18대 대선의 주요 쟁점으로 등장하게 만들기도 했다(장승진 2013a). 그러나 대부분의 경험적 연구는 재벌개혁이나 복지증세 등의 다양한 경제적 쟁점에 대한 시민들의 태도가 아직 이념적 태도에 반영되고 있지 못하다고 주장하고 있다. 즉 경제정책에 대한 태도가 이념에 따라 일관되게 구분되지 않는다는 것이다(강원택 2003a; 강원택 2005; 이내영 2011).

셋째, 자유지상주의-권위주의의 이념갈등도 있다. 한편으로 법과 질서, 전통과 권위, 그리고 사회적 위계질서를 강조하는 보수적 가치와 다른 한편으로 개인의 자유와 인권, 사회적 약자에 대한 평등의식, 그리고 정치참여를 강조하는 진보적 가치 사이의 대립이 2002년 16대 대선과 2004년 17대 총선을 계기로 한국사회에도 등장했다는 주장이다(장훈 2004). 한 연구는 한국정치의 이념적 공간이 반공이념의 거부 및 자유지상주의의 강조를 한 대척점으로, 반공이데올로기 수용 및 권위의 강조를 다른 대척점으로 형성되었다고 주장하기도 했다(강원택 2005). 이 밖에 탈물질주의적 가치가 청·중년 세대, 고학력, 전문·관리직층을 중심으로 강하게 발견되고 있다는 연구도 있다(김욱 2010; 마인섭·장훈·김재한 1997; 마인섭 2004).

요약하면, 대체로 기존연구는 한국정치의 이념구조가 다차원적 성격을 지니고 있음을 인정하고 있다. 그러나 문제점이나 한계가 전혀 없는 것은 아니다. 첫째, 주관적 이념성향에 대한 설문항을 가지고 한국정치의 이념구조를 설명하는데서 생겨나는 문제가 있다. 많은 연구들은 유권자들이나 정치 엘리트들이 일차원의 진보-보수 척도에서(예, 0. 진보 ~ 10. 보수) 자신의 입장을 주관적으로 평가한 자료를 이용해 한국정치의 이념구조를 설명해왔다. 이미 주관적 이념평가의 사용이 갖는 한계는 앞서 지적된 바 있다.

대표적으로 진보-보수라는 개념이 구체적으로 의미하는 바가 분명치 않고 응답자들의 입장을 상호 비교할 수 있는 준거가 부재하며 유권자들의 후보자들의 이념평가에 스며들어 있는 자의성 — 예, 좋아하는 정치인을 훨씬 가깝게 느끼는 투사효과(projection effect) — 을 배제하지 못한다는 점 등이 지적되었다. 비록 주관적인 이념성향이 단순하고 명료하긴 하지만 앞 장(제2장)에서 제시했던 이념의 정의에 정확하게 부합하지 않는다. 따라서 구체적인 정치, 경제, 사회문화 등의 정책 영역에서 발생하는 갈등을 이용해 정합적이고 안정적이며 추상적이고 차별성을 지닌 이념을 추출해 낼 필요가 있다.

대안으로 제시된 한 방법은 구체적인 정책들에 대한 유권자들의 태도의 합계를 이념 지표로 활용하는 것이다(이갑윤·이현우 2008). 그러나 이 척도는 이념의 속성 중 하나인 안정성을 위반할 가능성이 크다. 즉 정책에 대한 개인의 태도는 단기적이거나 쉽게 변할 수 있기 때문이다. 이 경우 정책을 선택함에 있어 어떤 정책이 안정성을 지니고 있는지 그리고 잠재적인 이념 정향과 어떤 관계에 있는지 주의해서 고려해야 한다(이내영 2011). 기존연구가 활용하는 또 다른 방법은 주관적 이념성향과 유의미한 상관관계를 지니는 정책을 선택하는 것이다(정진민 2003; 이내영 2011; 박경미·한정택·이지호 2012).이러한 방법은 주관적 이념성향의 정책적 함의를 관찰하게 해준다는 의미가 있다. 그러나 역으로 이념의 다차원성이나 다차원 공간 속의 정책의 정합적 배열을 밝혀내지 못한다는 한계가 있다.[10]

---

10) 이내영(2011: 259)은 "자기이념평가에 의존해서 국민들의 주관적 이념성향을 측정하는 방법론의 한계를 인정하면서도 본 논문은 주요 관심이 국민과 국회의원 이념성향의 시계열적인 변화이기 때문에 여론조사의 자기이념평가 문항을 통해 이념성향을 측정하였다"고 밝히고 있다. 박경미·한정택·이지호(2012)의 연구는 또 다른 각도에서 살펴볼 필요가 있다. 그들은 이념의 심리적 인지 처리과정에 주목한다. 진보-보수를 인식하는 기준에 따라 응답자들을 정치, 경제, 사회적 이미지 집단으로 나누고 다양한 정책 쟁점들에 대한 태도에서 어떤 이념적 차이가 발견되는지를 분석하고 있다. 그러나 이념의 인지과정에 대한 심리적 접근이라는 공헌에도 불구하고 결국 이념의 차이를 주관적 이념성향을 통해 밝히고자 했다는 측면에서 기존연구의 한계를 벗어나지 못하고 있다.

둘째, 이념의 다차원성을 활용한 기존연구들에도 문제점이 없지 않다. 대표적으로 형식적 구성에서 정합성(일관성과 통합성)을 고려하지 못하고 있다는 점이다. 대부분의 연구들은 엘리트 차원이든 일반 유권자 차원이든 다양한 정책을 병렬적으로 나열한 다음 주관적인 판단에 의해 정책의 범주를 제시하고 이를 통해 유권자들, 정당 지지자들, 정치 엘리트들의 응답의 평균값을 통해 유권자와 정당의 이념 위치를 측정한다. 예를 들어, 다음의 〈표 3-1〉은 국회의원 설문 자료를 토대로 한국정치의 이념구조를 네 가지 범주로 구분한 연구가 이념 차원 구성에 사용한 정책들을 제시한 것이다. 이 연구는 각 범주를 구성하는 정책에 대한 국회의원들의 응답의 소속 정당별 산술적 평균을 정책에 대한 정당의 입장으로 계산한다. 만약 여기에 똑같은 정책 항목을 유권자에게 설문한다면, 유권자와 정당 간의 거리를 계산할 수 있다. 얼핏 보면 앞장에서 설명했던 다운스의 이념 정의에 맞는 계산방식인 듯 보인다.

그러나 이러한 분류방법은 이념 차원의 성격규정(범주)과 그에 대응하는

〈표 3-1〉 한국정치의 이념구조 구성의 한 예

이념 차원	정책
반공이데올로기의 폐기 대 유지	a. 대북 지원 문제(중단 ↔ 확대) b. 대미 관계(우호관계 강화 ↔ 관계 전면 재검토) c. 국가보안법 존폐(현행대로 유지 ↔ 전면 폐지)
좌-우 차원	a. 재벌개혁(규제 전면 해제 ↔ 재벌 규제 더욱 강화 b. 집단소송제의 도입(도입 반대 ↔ 도입 찬성, 대상 확대) c. 복지정책(축소해야 ↔ 대폭 증액해야) d. 고교 평준화(고교평준화 전면 폐지 ↔ 현행 평준화 유지)
자유주의 대 권위 차원	a. 호주제도 존폐(현행대로 유지 ↔ 완전히 폐지) b. 사형제(현행대로 유지, 존속 ↔ 전면 폐지)
탈근대 대 근대 차원	a. 환경정책(환경보호 위해 기업 규제를 최소화해야 ↔ 기업규제를 강화해야)

출처: 강원택(2005: 198-199)

하위 정책들의 선택에 있어 연구자의 주관적 판단에 전적으로 의존하고 있다는 문제점을 지닌다. 왜 한국정치의 이념공간이 4차원으로 구성되는지 그리고 왜 특정 정책(예, 고교평준화정책)이 특정 이념 차원(예, 좌-우 차원)을 구성하는지에 대해 설명하지 않은 채 선험적 가정에 의존해 정책과 이념 차원을 분류하고 있다. 범주 규정의 자의성이라는 문제점 외에도 하위정책들과 상위 이념 차원들이 어떠한 위계질서를 지니며 단순하고 추상적인 이념 차원으로 통합되고 있는지에 대한 설명도 없다. 예를 들어, 자유주의 대 권위 차원의 이념적 갈등이 반공 이념을 둘러싼 사회적 갈등과 같은 성격을 지닌다면, 반공 이념의 지배적 성격으로 인해 그 정치적 효과가 반공 이념에 흡수될 가능성이 있고, 따라서 독립적인 정치적 효과를 지니지 못할 수도 있다. 즉 어떤 위계질서 속에서 각 하위정책들이 상위 이념 범주로 통합되어 가는지 그리고 상위 이념 범주들이 더 단순하고 명확한 최종 이념 차원으로 통합되어 나가는지를 방법론적으로 고려해야 한다는 것이다.

이념의 차원성을 구조화하는 과정에서 연구자의 주관적 자의성을 피하기 위해 다양한 방법론이 제시되어 왔는데 대표적인 것이 요인분석(factor analysis)이다. 요인분석은 다양한 하위정책들이 갖는 공분산(covariance) 정도에 따라 적은 수의 차원으로 요약해주는 기법이다. 다음 절부터 제1장에서 설명했던 스코필드(Schofield) 방법과 카훈-히닉(Cahoon-Hinich) 방법을 통해 경험적으로 살펴보기로 하자.

Ⅱ. 스코필드 방법과 한국정치의 이념구조

1. 정책 태도의 이념적 변화

〈표 3-2〉는 2000년 이후 치러진 세 차례 대선의 사후조사에 사용된 정책

〈표 3-2〉 2000년 이후 대통령선거 사후조사에서 이용된 정책평가에 대한 설문

정책 쟁점		2002	2007	2012
안보쟁점	북한에 대한 지원은 가능한 한 많이 해야 한다	○		
	대북지원(1. 전면 중단 ~ 4. 더욱 확대)		○	
	대북 지원을 확대해야 한다			○
	미국과 우호를 깨더라도 SOFA 개정이 필요하다	○		
	미국과의 외교관계(1. 현재보다 강화 ~ 3. 현재보다 독립적)		○	
	한미 동맹관계를 더욱 강화해야 한다			○
	국가보안법은 폐지되어야 한다	○		
	국가보안법을 폐지해야 한다			○
경제쟁점	세금을 더 내더라도 복지수준을 높여야 한다	○		
	경제수준에 비해 복지 예산이 과도하므로 축소해야 한다*		○	
	경제성장보다는 복지에 더욱 힘을 기울여야 한다			○
	기업활동에 정부는 간섭하지 말아야 한다	○		
	재벌에 대한 규제를 전면적으로 풀어야 한다*		○	
	비정규직 노동자 문제는 기업에게 자율적으로 맡겨야 한다			○
	철도 등 공기업 민영화를 추진해야 한다			○
	고소득자들이 현재보다 세금을 더 많이 내게 해야 한다			○
	한미 FTA를 재협상해야 한다			○
사회쟁점	대학의 기여입학은 필요하다	○		
	교육 원칙(1. 경쟁을 통한 학업능력 향상, 2. 교육기회 평등화)		○	
	학교에서 처벌이 허용되어야 한다			○
	사형제 폐지(1. 현행 유지 ~ 3. 전면적 폐지)		○	
	사형제를 폐지해야 한다			○
	개발에 의한 경제적 이익보다 환경보전이 필요하다	○		
	경제성장 대 환경보호(1. 경제성장 우선, 2. 환경보호 우선)		○	
	국회의원 여성할당제는 필요하다	○		
	집회 및 시위의 자유는 최대한 보장되어야 한다			○
	종교 등 개인의 신념에 따른 대체 복무제를 허용해야 한다			○

2002년 설문 응답지: 1. 전적인 찬성 ~ 4. 절대 반대. 2007 설문(*): 1. 절대 반대 ~ 5. 전적인 찬성
2012년 설문: 1. 매우 찬성 ~ 4. 매우 반대

에 관한 설문 항들이다. 사후조사를 주관한 기관이 다른 관계로 유권자들에 제시된 설문항들에 일정한 차이가 있다. 그럼에도 불구하고 제시된 정책들은 안보, 경제, 그리고 사회 영역으로 구분될 수 있다. 안보 영역에서 비록 설문이 조금씩 다르지만 대체로 대북지원, 한미동맹, 그리고 국가보안법에 관한 설문들이 주어졌다. 경제 영역에서는 (세금, 예산, 경제성장 대비) 복지확대, 기업에 대한 규제 및 재벌 개혁(2002년과 2007년), 비정규직 문제, 공기업 민영화, 고소득자 증세, 한미-FTA 재협상(이상 2012년) 등이 제시되

〈표 3-3〉 정책에 대한 응답자들의 평균값(표준편차)

정책 쟁점		2002년	2007년	2012년
안보 쟁점	대북지원	0.49(0.31)	0.51(0.25)	0.59(0.27)
	SOFA개정	0.24(0.30)	-	-
	한미동맹	-	0.55(0.42)	0.65(0.22)
	국가보안법폐지	0.46(0.32)	-	0.56(0.27)
경제 쟁점	복지확대	0.43(0.32)	0.40(0.32)	0.47(0.27)
	국가의 기업활동 개입	0.49(0.29)	-	-
	재벌규제	-	0.61(0.31)	-
	비정규직 해법 기업 자율	-	-	0.44(0.27)
	공기업 민영화	-	-	0.44(0.29)
	고소득자 증세	-	-	0.18(0.23)
	한미FTA 재협상	-	-	0.37(0.23)
사회 쟁점	성장 대 환경	0.29(0.27)	0.62(0.48)	-
	국회의원 여성할당제	0.36(0.29)	-	-
	기여입학제	0.33(0.32)	-	-
	교육중점: 평등 대 경쟁	-	0.37(0.48)	-
	학교 체벌	-	-	0.62(0.24)
	사형제 폐지	-	0.65(0.36)	0.69(0.29)
	대체복무제	-	-	0.63(0.28)
	집회 및 시위 자유	-	-	0.37(0.23)

어 있다. 마지막으로 사회 영역에서는 교육 문제(기여입학제 2002년, 교육 원칙 2007년, 학교 내 체벌 2012년), 사형제(2007년과 2012년), 경제성장 대 환경보호(2002년과 2007년), 국회의원 여성할당제(2002년), 집회 및 시위 자유와 대체복무제(2012년) 등의 쟁점들이 열거되어 있다.

다음 〈표 3-3〉은 정책들에 대한 응답자 평균값이다. 모든 변수들은 응답이 모두 진보적 평가에서 보수적 평가로 전개되도록 다시 코딩되었다. 그리고 결과 값을 쉽게 비교하기 위해 모든 변수가 최솟값 0과 최댓값 1을 갖도록 변수 값을 변환했다. 따라서 0.5를 기준으로 0에 가까울수록 진보적이며 1에 가까울수록 보수적이다.

이제 결과를 하나씩 자세히 살펴보자. 우선 안보정책에서 2012년의 한국 사회는 2002년에 비해 상당히 보수화되었음을 알 수 있다. 직접적인 비교가 가능한 설문 결과만으로 재구성된 〈도표 3-1〉을 보면, 대북지원정책에서 10년 동안 온건진보에서 온건보수로 유권자들의 판단이 옮겨갔음을 알 수 있다. 한미동맹이나 국가보안법정책의 경우 보수화는 더욱 두드러진다. 비록 2002년 데이터에서 직접적으로 비교가 가능한 설문이 없지만 한미동맹 정책의 경우 2002년 '미군장갑차 사건'으로 '주둔군지위 협정(SOFA)'의 개

〈도표 3-1〉 안보정책에 대한 유권자들의 태도의 변화

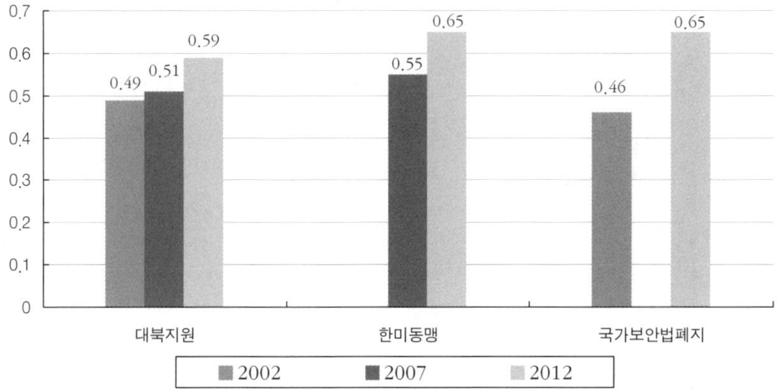

정에 대한 국민적 목소리가 높았음을 감안할 때 2012년의 보수적 변화가 더욱 눈에 띈다. 국가보안법 쟁점도 대북지원정책에 비해 10년간 더 많이 보수화되었다. 대북지원정책이 10년간 0.10p의 보수화를 보인데 반해 국가보안법 쟁점은 약 0.20p의 보수화를 보이고 있다. 한마디로 안보 영역에서 '우향우' 혹은 '우클릭'이 두드러졌다 하겠다.

이에 반해 경제정책에서 한국사회는 대체로 진보적인 변화를 보이는 듯하다. 복지확대 쟁점에서 일정하게 보수화의 흐름을 보이고 있지만 그 폭이 최대 0.07p에 불과하고 여전히 중도인 0.5점 이하로 온건 진보의 태도를 보인다. 더군다나 설문이 내용이 미세하게 달라 연도별 변화에 큰 의미를 부여하는 것은 적절하지 않은 듯하다. 무엇보다 흥미로운 점은 2012년의 경제정책영역에서 유권자들의 평균적인 태도가 안보정책에 비해 상대적으로 진보적인 양상을 보이고 있다는 것이다. 비정규직 문제나 공기업 민영화 문제, 복지나 고소득자 증세 문제에 있어 유권자들은 일관되게 진보적인 태도를 견지하고 있다. 복지나 경제민주화 영역에서 유권자들의 바람을 일정하게 드러내고 있다.

사회정책은 일정한 패턴을 보이지 않고 있다. 2002년 성장보다는 환경을

〈도표 3-2〉 경제정책에 대한 유권자들의 태도 변화

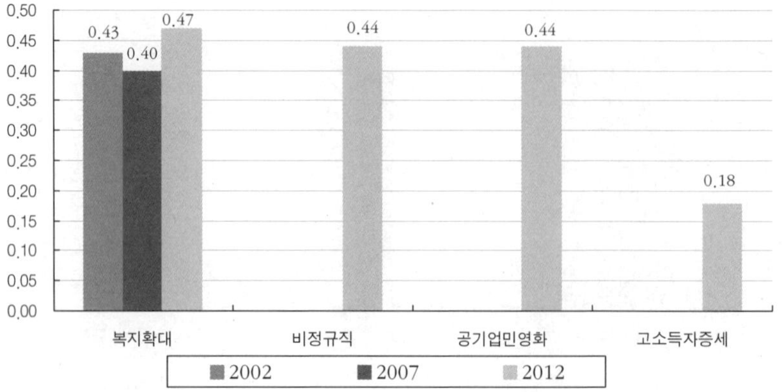

〈도표 3-3〉 사회정책에 대한 유권자들의 태도 변화

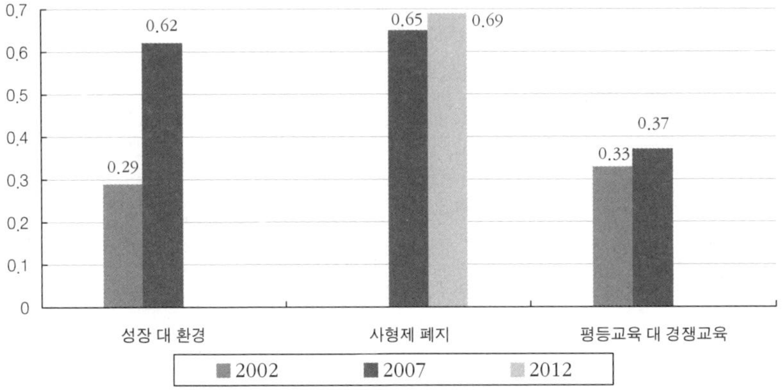

중요시하는 듯해 보이지만 2007년의 응답에서는 상당히 보수화되었다. 경제성장이 가장 중요한 쟁점으로 부각되었던 당시 분위기를 고려할 때 어색하지 않다. 다만 환경정책에 관한 유권자들의 인식의 급격한 변화는 아직 탈물질주의가 안정적인 이념체계로 자리 잡고 있지 않음을 의미한다. 사형제폐지에서도 상당히 보수적인 태도가 발견된다. 그러나 교육 문제에 있어서는 평등성을 강조하는 진보적인 태도를 보인다. 조금 자세히 들여다보면, 사회질서를 유지하는 국가의 책임을 강조하는 정책에서는 평균적으로 보수적인 태도를 보인다. 이를 테면, 학교 체벌을 인정하거나(0.62점), 대체복무제를 거부하거나(0.63), 사형제를 유지해야 한다(0.69)는 입장들이 대표적이다. 이에 반해 사회정책이지만 경제적 성격을 띠는 교육정책의 경우 평등지향적인 특징을(0.3점대) 보이고 있다.

2. 요인분석 결과

다음의 〈표 3-4〉는 요인분석 결과이다.[11] 요인분석은 어떤 요인이 잠재적으로 존재한다고 가정하고 실제 변수들을 사용하여 잠재적인 요인과 0.3 이상의 높은 상관관계를 지니는 변수들을 묶어 분류하여 차원을 줄이는 데 사용하는 방법이다. 유사한 성격의 변수들을 한 데 분류해 변수들의 공통적인 성격으로 그 요인의 성격을 규정하면 된다. 좀 더 쉽게 설명해보자. 〈표 3-4〉의 2012년 대선 결과를 살펴보자. 수평차원과는 대북지원(0.63), 한미동맹(0.31), 국가보안법 폐지(0.72). 복지확대(0.38), 한미FTA 재협상(0.42). 사형제 폐지(0.52). 대체복무제(0.32) 및 집회 및 시위의 자유(0.47)정책이 0.3 이상의 상관관계를 지니며 적재되어 있다. 수직차원과는 비정규직 문제(0.58), 공기업 민영화(0.58), 고소득자 증세(0.46). 한미FTA 재협상(0.47). 사형제 폐지(-0.33). 대체복무제(-0.49) 및 집회 및 시위의 자유(0.42)가 0.3 이상의 상관관계를 지니며 적재되어 있다.

이제 남은 일은 각 잠재적인 차원에 적재되어 있는 변수들의 공통된 특징을 잡아내어 그 차원의 성격을 규정하는 일이다. 예들 들어, 2012년의 경우 수평차원에는 안보 관련 변수들이 아주 높은 상관관계를 지니고 있고 또 변수들이 경제나 사회에 대한 국가의 역할을 대체로 강조하는 특징을 지니고 있다. 따라서 정치-안보이념 차원으로 정의할 수 있을 것이다. 수직차원에 적재된 변수들의 경우 주로 경제적 성격을 띠는 변수들이고 특히 경제민주화 관련 변수들의 상관관계가 상대적으로 높다. 따라서 수직차원은 사회

11) 요인분석은 이차원 공간으로 제한되어 실행되었다. 그런데 이차원 공간으로 제한을 두지 않았을 때, 2002년의 경우 고유값이 '1'을 넘는 행렬을 기준으로 삼차원 해법이 결과로 제시되었고, 총 분산은 49.8%가 설명되었다. 그러나 적재된 요인들의 행렬이 뚜렷하게 구분하는 이념적 패턴을 보여주지 않았다. 2007년의 경우 제한을 가하지 않았을 때도 이차원 해법이 제시되었다. 마지막으로 2012년의 경우 4차원 해법이 제시되었고, 총 설명된 총 분산은 48.9%에 불과했다. 그리고 정책이 성격별로 묶이는 패턴도 발견되지 않았다. 아울러 표준형성 적절성의 측도(kmo)를 고려했을 때, 이차원 해법의 설명력이 상당히 높지 않음을 알 수 있다. 이러한 결과는 정책을 표상하는 이념이 한국정치과정에서 아직 명확하게 형성되지 않았음을 의미할 수도 있다. 그럼에도 불구하고 이차원 해법이 나름대로 정책에 따른 이념들을 일정하게 구분해주고 있다고 판단했는데, 이후 제4장과 제5장에서 살펴보겠지만, 요인값들로 계산된 이념거리 변수가 유권자들의 정치적 선택을 유의미하게 설명해주기 때문이다.

〈표 3-4〉 2000년 이후 대통령선거에서 정책 균열에 대한 요인분석 결과

정책 쟁점		2002년 대선		2007년 대선		2012년 대선	
		수평 차원	수직 차원	수평 차원	수직 차원	수평 차원	수직 차원
안보 쟁점	대북지원	0.56		0.51		0.63	
	한미동맹	0.45	0.41	0.61		0.31	
	국가보안법폐지	0.60	0.30			0.72	
경제 쟁점	복지확대	0.55		0.48	0.64	0.38	
	국가의 기업활동 개입		0.54				
	재벌규제			0.53	0.40		
	비정규직 해법 기업 자율						0.58
	공기업 민영화						0.58
	고소득자 증세						0.46
	한미FTA 재협상					0.42	0.47
사회 쟁점	성장 대 환경	0.44		0.61			
	국회의원 여성할당제	0.54					
	기여입학제		0.67				
	교육중점: 평등 대 경쟁			0.38	-0.49		
	학교 체벌						
	사형제 폐지			-0.42	0.37	0.52	-0.33
	집회 및 시위 자유					0.47	0.42
	대체복무제					0.32	-0.49
설명된 분산(%)		22.4	14.0	26.6	14.3	16.6	13.7
KMO 측도		0.66		0.69		0.67	

경제이념 차원으로 정의할 수 있을 것이다.

이제 분석 결과를 전체적으로 살펴보자. 설명된 분산 비율을 고려하면 대체로 수평축에 적재된 정책 쟁점들이 각 대선의 경쟁구도에서 주요한 이념적 갈등구조로 작용했고 수직축에 적재된 쟁점들은 시기에 따라 일정한

차이는 있지만 수평축의 갈등구조보다 규모면에서 작음을 알 수 있다. 분석 결과는 대체로 세 가지로 요약된다.

첫째, 안보 쟁점들은 대체로 수평차원에 일관되게 적재되어 있다. 대선 시기와 관계없이 대북지원, 한미동맹, 그리고 국가보안법은 현저한 크기의 상관계수를 가지며 수평차원에 적재되어 있다. 2002년 한미동맹(SOFA 개정) 변수의 경우 수직차원과도 일정한 상관관계(0.41)를 지니지만 수평차원과의 상관관계(0.45)가 더 커서 수평차원과 더 밀접한 관계를 지니고 있다고 판단할 수 있다. 아울러 수평차원의 설명된 분산 정도와 변수들의 요인계수의 크기로 가늠해볼 때, 수평차원이 해방 이후 한국정치의 지배적인 이념으로 작용해온 남북 및 대미 관계 중심의 안보이념을 강하게 내포하고 있음을 알 수 있다.

둘째, 경제 쟁점들은 대체로 2000년대 중반까지 혼재된 양상을 보이다가 2012년에 들어서 수직차원을 중심으로 정렬되어가는 형태를 띠고 있다. 복지확대 변수의 경우 2002년에는 수평차원에 적재되었다가 2007년에는 수직차원에 더 강하게 적재되었었고, 다시 2012년에는 수직차원과 더 큰 상관관계를 지니고 있다. 2002년의 국가의 기업활동 개입 변수는 수직차원에 적재되어 있었으나 2007년 재벌규제 변수는 수평차원과 더 큰 상관관계를 지니고 있다. 이러한 지그재그 형태에도 불구하고 2012년에 들어 경제 쟁점들은 특히 경제민주화 쟁점들을 중심으로 대체로 수직차원과 강한 상관관계를 지니는 것으로 나타났다. 특히 고소득자 증세, 비정규직 문제, 공기업 민영화 변수들의 효과가 주목할 만하다. 한미FTA 쟁점도 비록 수평차원과 일정한 상관관계를 지니고 있지만 역시 수직차원에 더 강하게 적재되어 있다. 환언하면, 2000년대 이후 경제정책을 둘러싼 이념적 갈등구조가 점차 안보이념이 자아내는 지배적인 갈등구조로부터 독립되어 수직차원에서 서서히 발전해나가고 있음을 알 수 있다.

셋째, 사회 쟁점들의 요인분석 결과는 일관된 패턴을 보이지 않는다. 우선, 국회의원 여성할당제(2002년)와 성장 대 환경(2002년과 2007년) 변수는 수직차원과의 관계는 거의 없으며 수평차원에 강하게 적재되어 있다. 사형제 폐지(2007년과 2012년) 그리고 집회 및 시위 자유(2012년) 변수는 비록 수직차원과도 유의미한 상관관계를 지니지만 수평차원에 더 강하게 적재되어 있다. 이에 반해 기여입학제(2002년), 평등 대 경쟁 교육(2007년), 대체복무제(2012년) 변수는 수직차원과 상대적으로 더 큰 상관관계를 지니고 있다. 물론 이 변수 또한 수평차원과도 유의미한 상관관계를 지니고 있다. 사회 쟁점들이 이렇게 일관된 이념구조로 정렬되지 않은 이유는 사용된 변수의 성격들이 다양하기 때문으로 보인다. 예를 들어, 기여입학제나 평등 대 경쟁 교육 변수의 경우 일관되게 수직차원에 적재되고 있는데, 쟁점의 성격상 자유-권위나 탈물질적 가치를 표상한다기보다 사회적 평등 대 경쟁이라는 계급적 이념과 맞닿아있어 경제적 이념과 궤를 같이한다고 해석할 수 있다. 반면, 국회의원 여성할당제나 집회 및 시위의 자유 변수는 그 정치적 성격으로 인해 안보이념과 같은 행렬을 보인다고도 해석할 수 있다.

이러한 쟁점들을 제외하면 환경, 학교 체벌, 사형제 폐지, 대체복무제 등 순수한 탈물질주의 혹은 자유-권위주의를 표상하는 쟁점들이 남는데, 이차원 공간에 적재되지 않거나(학교 체벌), 혹은 수평과 수직차원에 혼재되어 있다. 물론 이것이 자유-권위 혹은 탈물질적 가치가 선거와 민주주의에 영향을 미칠 정도의 쟁점으로 발달되었다는 기존연구(강원택 2005; 김욱 2010; 2012; 마인섭 2003; 어수영 2004)를 부정하는 것은 아니다. 다만 자유-권위 혹은 탈물질주의적 가치가 아직까지는 일관된 정렬체계와 함께 하나의 독립적인 이념으로 표상되지 않고 있음을 말해주고 있다.

환언하면, 이차원 공간으로 축소된 한국정치의 이념공간의 성격은 수평차원의 경우 그동안 한국정치의 갈등구조를 지배해온 안보 쟁점과 그 밖의 정치적 쟁점들을 적재해 정치안보이념 차원을 형성하고 있으며, 수평차원은 2000년대 이후 점차 갈등의 규모가 확장추세인 계급적 이해에 기초한 사회경제이념 차원을 표상하고 있다고 정리할 수 있을 것이다.

3. 정당 및 사회적 균열구조와의 관계

다음의 〈도표 3-4〉는 요인분석을 통해 복구된 이차원 정책 공간에서 응답자와 주요 정당 및 후보자의 위치를 나타낸 것이다. 앞에서 설명했듯이 정책 변수를 사용한 요인분석으로는 정당 및 후보자의 위치를 파악할 수 없다. 이에 스코필드 방법은 또 다른 외생변수를 사용해 '정당 혹은 후보자 선거구'를 설정하고 그것의 평균값을 정당 및 후보자의 위치라고 가정한다. 스코필드는 전문가 설문 혹은 각 정당에 대한 투표 의도를 외생변수로 사용했지만, 이 책의 데이터에는 그러한 질문이 없어 다른 외생변수를 사용했다. 2007년과 2012년 데이터는 각 정당이나 후보자에 대한 온도지수(thermometer score)를 측정하는 설문을 지니고 있는데 이를 활용했다. 2012년의 예를 들면, 온도지수가 '새누리당〉민주당' 그리고 '새누리당〉통합진보당'의 순으로 나타날 경우 새누리당 선거구로 조작해 그 요인점수의 평균값을 새누리당의 위치로 정의했다. 다른 정당 및 후보자의 위치도 같은 방법으로 측정했다. 다만, 2002년 데이터에는 이러한 설문도 없어 정당지지 변수를 정당 선거구를 구성했고 "우리나라가 직면한 문제를 가장 잘 해결할 수 있는 대통령 후보는 누구입니까?"라는 설문에 대해 '이회창' 혹은 '노무현'으로 응답한 사람들로 후보자 선거구를 구성했다.

이제 이념지도상의 정당 간 경쟁구조를 살펴보자. 선거시기와 관계없이 새누리당(한나라당)은 이념지도에서 우-상에 위치하고 있고, 민주당은 좌-하에 위치해 있다. 이념적인 보수-진보의 대립 양상을 수평차원과 수직차원 모두에서 보이고 있다. 아울러 각 정당의 후보자 또한 소속당의 근처에 위치해 있다. 통합진보당(민주노동당)의 위치는 상대적으로 극단적인 진보성향을 보이고 있는데 노동자 계급의 이해관계를 대변하는 계급정당으로서의 위상을 잘 표현해주고 있다. 환언하면, 한국정치의 정당체계는 이념지도의 좌-하와 우-상을 따라(추계선 참조) 정렬되어 있다고 하겠다.

각 이념 차원에서 정당 간의 상대적 거리를 살펴보면 대체로 사회경제이념보다 정치안보이념이 한국 정당정치를 더 지배적으로 규정해왔음을 알 수

〈도표 3-4〉 한국정치의 이념공간과 정당체계

1) 2002년 대선

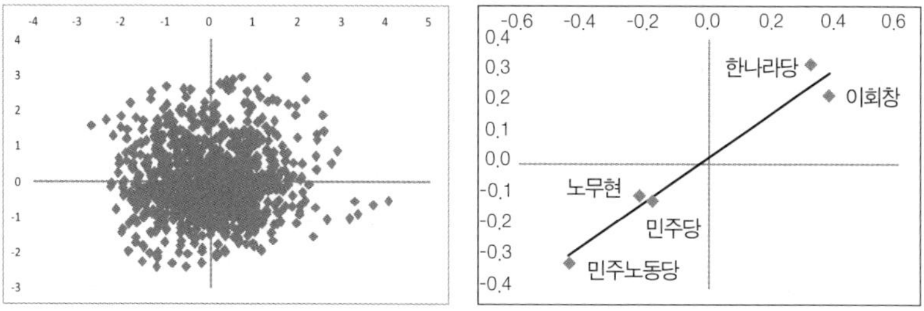

2) 2007년 대선

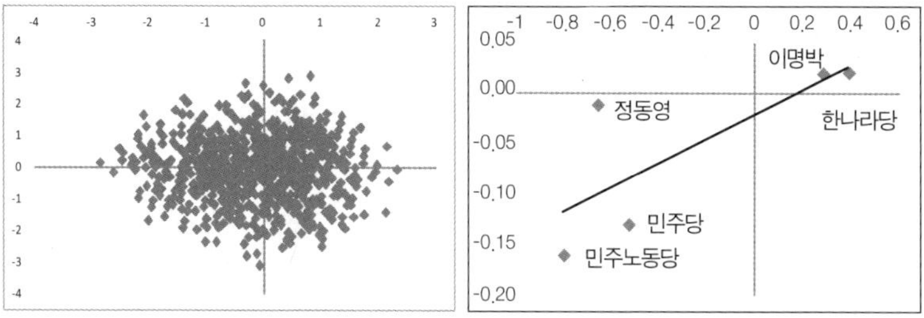

3) 2012년 대선

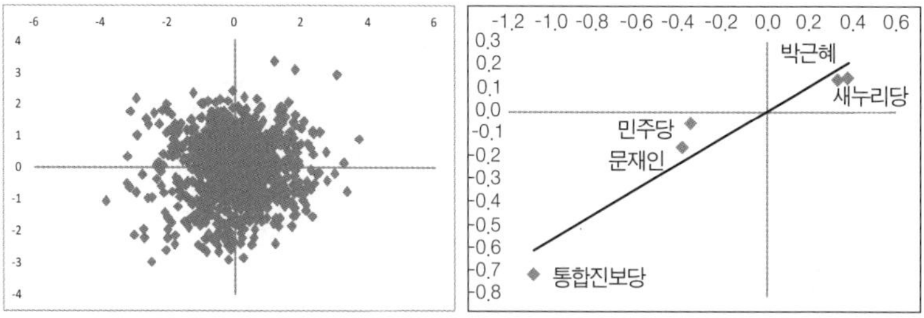

있다. 새누리당(한나라당)과 민주당의 상대적 거리만 살펴보면, 수평차원에서 상대적 거리는 각각 0.50(2002년), 0.92(2007년), 0.73(2007년)인데 반해, 수직축의 경우 0.44(2002년), 0.15(2007년), 0.20(2012년)에 불과하다. 통합진보당(민주노동당)의 위치를 고려했을 때도 마찬가지이다.12) 이는 두 가지를 의미한다. 첫째, 수평차원의 정치안보이념축에서 정당 간의 갈등이

훨씬 크다는 것이다. 둘째, 유권자들이 정치안보이념을 이용해 정당 간의 차이를 훨씬 쉽게 인지한다는 것이다. 결국 이념지도는 수평차원에서 민주화 이후 지금까지의 한국의 정당과 선거 정치가 안보와 정치개혁 쟁점을 중심으로 이념적으로 구조화되어 왔음을 보여주고 있다.

이에 반해 사회경제이념은 아직 정당체계를 가로지를 만큼 의미 있는 갈등구조로 나타나지 않았다고 볼 수 있다. 2007년 대선에선 사회경제이념으로 후보자를 구별하기가 어려울 정도였다. 아울러 2012년 대선에서 경제민주화나 복지 문제가 주요 쟁점으로 등장하기는 했지만 유권자들이 이념적으로 정당이나 후보자들을 구분하기 쉽지 않았다.

이제 이념지도와 한국정치의 대표적인 균열구조인 지역주의 및 그 밖의 잠재적인 사회적 균열 요인 사이의 관계를 살펴보자. 〈표 3-5〉는 이념지도상의 응답자의 위치와 지역 및 응답자의 사회경제적 지위를 나타내는 변수

〈표 3-5〉 이념공간과 균열구조: 유권자 요인점수와의 이변량 상관관계

		2002년 대선		2007년 대선		2012년 대선	
		수평차원	수직차원	수평차원	수직차원	수평차원	수직차원
출신 지역	영남	0.11*	-0.05	0.07*	0.01	0.11*	0.03
	호남	-0.14*	-0.03	-0.13*	-0.03	-0.20*	-0.09*
성		-0.001	-0.02	-0.07*	-0.13*	0.04	0.06
연령		0.15*	0.14*	0.34*	0.03	0.19*	0.09*
학력		-0.16*	0.01	-0.19*	0.14*	-0.18*	-0.10*
소득		-0.01	0.07*	-0.05	0.12*	-0.06	-0.10*

* p〈0.05, + p〈0.10

12) 아래의 분산분석 결과도 대체로 각 정당의 위치가 상호 차별적임을 보여준다.

F값(신뢰도)	2002	2007	2012
수평차원	35.57(p〈0.05)	125.23(p〈0.05)	89.88(p〈0.05)
수직차원	14.95(p〈0.05)	2.53(p〈0.10)	13.50(p〈0.05)

간의 이변량 상관관계를 보여준다. 결과는 대체로 기존연구가 밝히고 있는 관계를 보여주고 있다.

유권자의 성은 2007년 대선에서 남성이 여성보다 정치안보와 사회경제이념에서 진보적인 성향을 보이는 것으로 나타났다. 그러나 2002년이나 2012년에는 이념지도와는 그 유의미한 관계를 보이지 않는다. 따라서 한국정치의 이념적 갈등구조의 배경에 성적 차이가 자리 잡고 있다고 보기는 힘들 것 같다. 그러나 응답자의 연령은 2007년 수직차원과의 관계를 제외하고 수평차원의 정치안보이념과 수직차원의 사회경제이념 모두와 통계적인 유의미성과 더불어 나이가 많을수록 보수적인 관계를 보이고 있다. 세대균열이 2002년 이후 이념적 갈등을 수반하며 선거정치에 영향을 미쳐왔음을 엿볼 수 있다.[13] 단 상관계수의 크기를 고려해본다면, 한국사회의 세대 간 이념의 차이는 사회경제이념보다는 아직 정치안보이념과 더 강한 조응관계를 지니고 있어 보인다.

응답자는 정치안보이념에서 고학력일수록 진보적인 태도를 보이고 있다. 그러나 사회경제이념과는 무관하거나(2002년), 고학력일수록 보수적이거나(2007년), 고학력일수록 진보적인(2012년) 등 전혀 일정하지 않은 패턴을 보이고 있다. 응답자의 소득수준은 정치안보이념과는 통계적으로 유의미한 관계를 보이지 않는다. 응답자의 소득수준이 수평차원과 유의미한 관계를 지니지 않는 것은 정치안보이념에 대한 유권자의 평가가 그들의 경제적 계층과 관련이 없음을 의미하는 것이다. 이에 반해 사회경제이념과는 시기에

13) 그간 한국 학계에서 세대 균열에 대한 연구는 만하임(Mannhein)의 세대 개념에 대한 이해와 재정의 그리고 적용의 순서를 거쳐 왔다. 주로 사회학계에서 개념에 대한 이론적 논의를 진행해왔고(대표적으로 박재흥 2003; 전상진 2004 참조), 정치학회에서는 변수의 조작과 선거정치학에의 적용이 주를 이루어왔다(대표적으로 이갑윤 2011; 정진민 1992; 1994; 정진민·황아란 1999; 황아란 2009). 특히 많은 연구들은 한국사회의 세대에 대해 다양한 조작 방법들을 선보였는데 분류방법에의 다양성에도 불구하고 대부분의 연구는 젊은 세대의 진보성과 진보정당에 대한 투표 경향과 노년세대의 보수성과 보수정당에 대한 투표 경향을 일관되게 발견해왔다. 다만 이 책의 목적이 세대효과를 검증하는 데 있지 않기에 세대 구분보다는 연령을 그대로 사용했다.

따라 상반된 관계를 보이고 있다. 2002년과 2007년 사례에서는 저소득일수록 진보적인 태도를 보이나 2012년에는 오히려 보수적인 태도를 보이고 있고 모두 통계적으로도 유의미하다. 이에 대한 토론은 다음 절의 카훈-히닉 방법에 의한 이념지도에 대한 분석에서 함께 제시될 것이다.

응답자의 이념과 출신지와의 관계는 지역주의의 이념적 성격을 진단하게 한다. 구체적인 결과를 살펴보기에 앞서 지역주의의 문제에 대해 잠시 살펴보자. 대부분의 기존연구는 지역주의가 민주화 이후 한국정치의 지배적인 균열구조임을 인정해왔다(박찬욱 2005; 이갑윤 1998; 조기숙 2000; 조성대 2008; 최준영·조진만 2005). 그러나 지역주의에 대한 정의를 두고 논란이 없었던 것은 아니다. 즉 지역주의를 특정 지역에 대한 심리적인 거부감을 표현하는 지역감정으로 정의할 것인가(나간채 1991; 이남영 1998) 아니면 계급·계층적 성격을 지닌 이념으로 볼 것인가(김만흠 1994; 최장집 2003) 간의 문제는 여전히 해소되지 않고 있다. 그럼에도 불구하고 지역주의는 1970년대 이후 호남배제의 정치경제적 발전과정에 집단적 수혜자로서의 보수적인 영남과 집단적 피해자로서의 호남을 낳았고 반공주의와 결합해 지역의 정치적 편향성을 최대로 동원하는 허위의식으로서 기능했다고 볼 수 있다(최장집 2003).

이는 경험적으로 유권자의 출신지를 나타내는 지역주의가 〈도표 3-4〉의 이념공간에서 수평차원의 정치안보이념과 강한 상관관계를 지니길 기대하게 한다. 이제 결과를 살펴보자. 우선 영남과 호남 변수는 이념지도의 수평차원과는 모두 통계적으로 유의미한 상관관계를 지니고 있다. 즉 정치안보이념에서 영남 유권자들은 상대적으로 보수적인 태도를 지니고 있고 호남 유권자들은 상대적으로 진보적인 태도를 일관되게 지니고 있다. 아울러 상관계수의 크기도 큰 변화 없이 일정해 지역의 이념적 정체성이 상당히 안정적인 구조임을 알 수 있다. 그러나 지역 변수는 수직차원의 사회경제이념과는 통계적으로 유의미한 관계를 갖고 있지 않다. 물론 2012년 호남 변수가 수직차원과 유의미한 관계를 지니나 수평차원과 갖는 관계의 절반정도에 지나지 않는다. 따라서 지역주의가 사회경제이념과 갖는 관계가 거의 없거나 아주 약하다는 것을 알 수 있다.

환언하면, 안보이념을 둘러싼 사회적 갈등과 지역주의가 자아내는 사회적 갈등은 거의 같은 구조를 지니고 있다고 할 수 있다는 것이다. 지역주의가 민주화 이후 지배적인 균열구조로 작용해 왔음을 감안할 때 정치 및 안보정책이 자아내는 이념적 갈등구조는 언제든지 지역주의에 의해 흡수(co-opt)되거나 이용당할 수 있음을 의미하기도 한다. 이에 반해 사회경제정책의 경우 지역주의로부터 상당히 절연되어 있을 가능성이 농후하다. 이는 이후 결론에서 한국 정당체계의 재편성과 관련한 논의에서 자세히 다루기로 한다.

III. 카훈-히닉 방법과 한국정치의 이념구조

1. 이념지도의 구성과 정당체계

제1장에서 소개한 카훈-히닉의 다차원척도법을 한국 선거에 보다 유용하게 적용하기 위해서 한 가지 선험적으로 고려해야 하는 가정이 있다. 카훈-히닉 방법을 통해 구축되는 이념지도는 원칙적으로 원점(0, 0)을 중심으로 360도 회전가능하다. 따라서 중요한 이론적 전제가 주어진다면 이념지도를 회전시켜 그 가정을 충족시킬 수 있다. 따라서 이념지도의 수평차원을 지역주의와 병렬적인 관계를 갖도록 조정하고 수평차원과 수직차원의 이념적 함의를 연구한다면 한국정치에서 지역주의, 정책, 정당체계의 상호관계를 체계적으로 진단할 수 있다. 특히 어떤 이념적 대안이 수직차원에 전개되어 지역주의 갈등구조와 독립적인 성격을 지니는지 파악하게 해줄 것이다.

이는 방법론적으로 응답자의 출신지를 나타내는 설문을 호남(-1), 기타(0), 영남(1)으로 조작하고, 다차원척도법에 의해 복구된 이념지도를 원점을 중심으로 1°씩 회전시켜 지역 변수와 가장 큰 상관관계를 지니는 행렬을 이념지도의 수평차원으로 고정하고 정당 및 후보자들의 위치를 조정하는 작업으로 나타난다. 즉 이념지도가 호남출신과 영남출신의 유권자를 수평차원에서 좌우로 가장 큰 대칭구조를 지니게 함으로써 지역주의를 수평차원에서 통제해주는 효과를 지닌다(조성대 2008 참조). 아쉽게도 한국사회과학데이터센터의 2002년 대선 데이터는 정당 및 정치인들에 대한 응답자의 선호도를 파악할 수 있는 온도지수 설문이 없다. 따라서 분석은 2007년과 2012년 대선에 국한되어 진행되었다.[14)]

카훈-히닉 방법은 유권자가 정당이나 후보들에 부여한 선호도를 요인분석에 기초해 이차원 공간에 정당과 후보자의 상대적인 위치를 결정하는 작업으로 그 차제로는 정책적 함의를 지니지 않는다. 따라서 이념지도 내의 정당 및 후보자들 간의 경쟁과 갈등구조를 파악하기 위해선 다양한 정책쟁점이나 균열구조를 자아낼 수 있는 변수들로 이념공간의 성격에 대해 사후적으로 해석해주어야 한다. 이 과정에서 앞서 스코필드의 방법에 의해 구조화된 한국정치의 이념지도와 직접적인 비교가 가능할 것이다.

다음의 〈표 3-6〉은 이념지도 분석에 포함된 주요 정치인 및 정당에 대한 응답자의 선호도로 사용된 온도지수(thermometer score)의 평균값이다. 2007년 대선 조사에서는 10점 만점의 척도로 2012년에는 100점 만점의 척도로 측정되었다. 대선 후보들과 정당에 대한 선호에 대한 설문 결과는 실제 대선 결과와 무척이나 닮아 있다. 2007년 대선의 경우 한나라당의 이명

---

14) 먼저 2007년의 17대 대선과 2012년의 18대 대선의 공간지도의 복구를 위해 17대 대선의 경우 한나라당과 이명박 후보, 민주당과 정동영 후보, 민주노동당과 권영길 후보, 국민중심당과 이회창 후보, 창조한국당과 문국현 후보에 부여된 선호도(10점 만점)를 카훈-히닉의 다차원척도법 분석에 삽입했다. 18대 대선의 경우 새누리당과 박근혜 후보, 민주당과 문재인 후보, 무소속의 안철수 후보, 통합진보당과 이정희 후보, 그리고 진보정의당에 대한 선호도(100점 만점)를 삽입했다. 다차원척도법이 사용하는 요인분석에 필요한 적절한 분산값을 확보하기 위해 모든 후보자들이나 모든 정당들에게 같은 선호도를 부여한 응답은 모두 결측값으로 처리했다. 그리하여 17대 대선의 경우 총 1,200명의 응답자 중 973명이 선택되었으며, 18대 대선의 경우 총 1,200명의 응답자 중 1,056명이 선택되었다.

〈표 3-6〉 2007년과 2012년 대선에서 주요 정치인 및 정당에 대한 선호도(표준편차)

2007년 대선		2012년 대선	
정치인 및 정당	온도지수 평균	정치인 및 정당	온도지수 평균
이명박	6.34(2.86)	이명박	41.75(23.01)
정동영	4.07(2.61)	박근혜	63.01(21.72)
이회창	4.57(2.54)	문재인	56.85(18.94)
문국현	5.10(2.41)	안철수	51.25(24.15)
권영길	3.58(2.39)	이정희	22.99(23.01)
한나라당	5.99(2.70)	새누리당	52.98(22.60)
민주당	3.54(2.48)	민주당	50.68(17.63)
국민중심당	3.40(2.11)	통합진보당	33.67(20.34)
창조한국당	4.12(2.30)	진보정의당	27.76(19.65)
민주노동당	3.71(2.38)	-	-
N	973	N	1,045

박 후보가 6.34점으로 민주당의 정동영 후보의 4.07점을 여유 있게 따돌리고 있다. 한나라당의 5.99점과 민주당의 3.54점 간의 차이도 각 당의 후보 간 차이와 유사하다. 즉 2007년 대선의 경쟁구도는 이명박 후보와 한나라당에게 상당히 유리한 구도였음을 능히 짐작할 수 있다. 2012년 대선의 결과를 살펴보자. 새누리당의 박근혜 후보는 63.01점을 획득해 민주당의 문재인 후보의 56.85점을 근소하게 앞지르고 있다. 새누리당 선호도인 52.98점과 민주당 선호도인 50.68 사이도 2.3점의 차이에 불과하다. 2012년 대선이 박빙으로 진행되었음을 쉽게 알 수 있다.

다음의 〈도표 3-5〉는 다차원척도법을 이용해 이차원 공간지도에 응답자와 정당 및 후보자의 위치를 복구해낸 결과이다. 구축된 이념지도의 타당성에 대한 검증은 크게 두 가지 방법에 의존한다. 하나는 요인분석이 설명하는 이차원 공간지도의 분산의 정도이고 다른 하나는 유권자, 후보자, 그리고 정당의 위치를 계산하는 회귀분석의 설명력(R^2)이다. 이에 따라 17대 대선과 18대 대선의 결과를 살펴보면, 요인분석 결과 설명된 분산정도는 각각 80.8%와 81.0%로 한국의 정치지형이 이차원 공간에서 적절하게 설명되고 있음을 알 수 있다. 그런데 수평차원의 설명된 분산값이 수직차원의 그것에 비해 월등히 크게 나타나고 있는데, 이는 수평차원에서 펼쳐지는 이념적 갈등구조가 훨씬 지배적임을 의미한다. 더불어 회귀분석의 R^2값이 각각 0.97과 0.96으로 다차원척도법의 일반적 기준인 0.90을 훨씬 상회해 공간지도가 각 선거의 경쟁구조를 잘 설명하고 있다고 판단할 수 있다.15)

복구된 이념지도는 수평차원과 수직차원을 따라 정렬된 정당과 후보자들

〈도표 3-5〉 2007년 대선과 2012년 대선의 공간지도

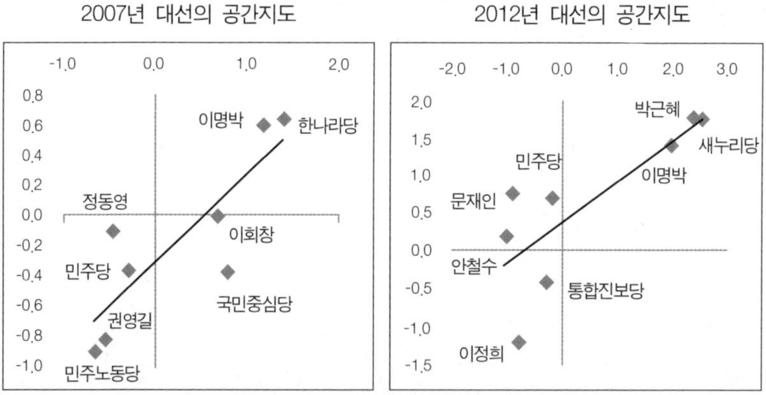

2007년 대선: 설명된 분산(수평차원: 65.2%, 수직차원: 15.6%). N=973, R-square=0.97
2012년 대선: 설명된 분산(수평차원: 58.4%, 수직차원: 22.6%). N=1056, R-square=0.96

---

15) 카훈-히닉의 다차원척도법은 일반적인 요인분석과 달리 기준 항(reference category)을 중심으로 다른 정치인 및 정당의 상대적인 거리를 이차원 공간에 나타내는 기법이다. 이론적으로 기준 항은 그 어떤 후보나 정당이 되어도 무방하다(Cahoon and Hinich 1976 참조). 복구된 공간지도의 설명력은 도표에 제시했듯이 다차원척도법의 2번째 회귀분석의 R^2의 값을 통해 평가하기에 이 글에서는 가장 높은 R^2값을 제공하는 후보나 정당을 기준 항으로 삼았다(예, 2002년 정동영과 2012년 진보정의당).

의 상대적 위치를 통해 한국정치의 이념지형을 추론할 수 있게 해준다. 우선 정당체계부터 살펴보자. 두 차례 대선 시기 모두 새누리당(한나라당)은 우-상에 위치해 있고, 민주당은 좌-중에 위치해 있다. 통합진보당(민주노동당)은 수평차원에서 민주당과 큰 차이가 없으나 수직차원에서 상대적으로 급진적인 경향을 보이고 있다. 이러한 결과는 앞서 스코필드 방법에 의해 표현된 〈도표 3-4〉와 큰 차이가 없다. 〈도표 3-4〉의 2012년 결과에서 통합진보당(민주노동당)의 위치가 수평차원에서 민주당과 문재인 후보보다 진보적으로 나타난 데 반해, 〈도표 3-5〉는 거의 차이가 없다는 점이 약간 다를 뿐이다. 환언하면, 카훈-히닉 방법에 의해 구조화된 한국정치의 이념지도는 좌-하로부터 우-상(도표 상의 추계선 참조)으로 흐르는 구획선을 따라 정당과 후보자들을 정렬시키면서 선거의 경쟁구도를 설명하고 있다.

2. 이념지도의 성격과 균열구조

무엇보다 우리의 관심은 이념지도가 어떤 정책적 함의를 지니고 있으며 어떤 사회적 갈등구조를 내포하고 있는가에 있다. 결과를 이념지도의 수평과 수직차원상의 유권자의 위치와 다양한 정책 변수들과의 상관관계를 제시한 〈표 3-7〉을 통해 살펴보자. 첫째, 대북지원, 한미동맹, 국가보안법폐지의 안보 쟁점들은 이념지도의 수평차원과 수직차원 모두와 통계적으로 유의미한 상관관계를 지니고 있으나 수평차원과 상대적으로 더 강하게 연관되어 있다. 이는 〈표 3-4〉의 스코필드 방법에 의한 요인분석 결과와 대동소이하다. 즉 이념지도의 수평차원은 안보이념이 자아내는 갈등구조를 표상하고 있다는 것이다.

둘째, 경제 쟁점들의 경우 수평차원과 수직차원 모두와 상관관계를 갖고 있으나 최근으로 올수록 수직차원으로 집중되는 패턴을 보인다. 2007년 대선의 복지확대나 재벌규제 쟁점은 수평차원과 수직차원 모두와 통계적으로 유의미한 상관관계를 지니고 있으나 복지확대는 수평차원과 재벌규제는 수

〈표 3-7〉 카훈-히닉의 이념지도와 정책 쟁점들의 상관관계

		2007년 대선		2012년 대선	
		수평차원	수직차원	수평차원	수직차원
안보 쟁점	대북지원	0.22*	0.18*	0.16*	0.07*
	한미동맹	0.26*	0.21*	0.19*	0.07*
	국가보안법 폐지	-	-	0.19*	0.08*
경제 쟁점	복지확대	0.15*	0.12*	0.04	0.05
	재벌규제	0.15*	0.21*	-	-
	비정규직 해법 기업자율	-	-	0.13*	0.10*
	공기업 민영화	-	-	0.01	0.06+
	고소득자 증세	-	-	-0.04	0.07*
	한미FTA 재협상	-	-	0.16*	0.13*
사회 쟁점	성장 대 환경	0.18*	0.22*	-	-
	교육원칙: 평등 대 경쟁	0.14*	0.08*	-	-
	학교체벌	-	-	0.04	-0.03
	사형제폐지	0.13*	0.20*	0.06*	-0.02
	집회 및 시위 자유	-	-	0.19*	0.13*
	대체복무제	-	-	0.02	-0.05

* $p<0.05$, + $p<0.10$

직차원과 상대적으로 더 큰 상관관계를 갖고 있다. 2012년 대선에서 비정규직 문제나 한미FTA 재협상 문제는 양 차원 모두와 통계적으로 유의미한 상관관계를 지니고 있으나 수평차원에 약간 더 기울어져 있다. 그런데, 공기업 민영화나 고소득자 증세 문제는 수평차원과는 전혀 관계가 없고 수직차원과만 통계적으로 유의미한 상관관계를 지니고 있다. 이는 앞서 〈표 3-4〉의 스코필드 요인분석 결과와 유사하다. 즉 사회경제이념이 민주화 이후 초기에는 정치안보이념과 뒤섞여 전개되다가 최근 들어 서서히 독립적인 성격

을 띠면서 지역주의나 안보이념과 차별적이 갈등구조로 성장하고 있다고 볼 수 있을 것이다.

셋째, 사회 쟁점의 경우 통계적으로 유의미한 상관관계를 지닌 변수들이 꽤 있으나 어느 한쪽 차원에 편중되어 있지 않고 수평차원과 수직차원과 모두 상관관계를 지니고 있는 경우가 대부분이라 일관된 패턴을 추론하기가 좀 어렵다. 이는 환경, 교육, 사형제 등이 내포하고 있는 탈물질 대 근대 혹은 자유 대 권위 등의 이념체계들이 하나의 독립적인 갈등구조를 형성하고 있다기보다 아직 안보나 경제이념의 하위 이념으로 잠재화되어 있다고 추론하게 만든다. 아예 이념지도와 전혀 조응하지 않거나(예, 학교체벌, 대체복무제 쟁점) 혹은 2007년과 2012년의 효과가 정반대(예, 사형제폐지)로 나타나는 등 변수들의 일관되지 않는 효과도 이러한 추론에 힘을 싣는다.

한국정치에 대한 카훈-히닉의 이념지도의 성격을 종합하면 앞서 스코필드의 이념지도의 성격과 대체로 유사하다. 첫째, 수평차원은 비록 복지 쟁점이나 교육 쟁점이 발생시키는 국가의 역할을 일정하게 내포하고 있음을 부정할 수는 없겠지만, 상관계수의 크기나 한국정치에 대한 역사적·이론적 경험을 고려할 때 안보이념이 강하게 표상되고 있다고 볼 수 있을 것이다. 즉 수평차원은 스코필드 이념지도와 마찬가지로 정치안보이념을 표상한다고 해석에도 무방할 것이다. 둘째, 수직차원의 경우 안보 쟁점의 영향을 무시할 수는 없지만 경제정책에 기초한 계급·계층적 이해관계가 점차 독립적인 갈등구조를 형성하며 등장하고 있다고 정리할 수 있겠다.

한 가지 유의해야 할 것은 스코필드의 이념지도와 달리 카훈-히닉의 이념지도는 지역주의 갈등구조를 수평차원에 통제한 상태에서 구축된 것이라는 점이다. 따라서 스코필드의 이념지도와는 성격이 약간 다를 수밖에 없다. 이러한 시도는 어떤 정책적 이념이 지역주의와 무관한 갈등구조를 지니는지를 탐색하고자 하는 의도때문이었다. 다시 말해 지역주의가 수평차원에 통제되었기 때문에 수평차원에 적재되는 정책적 갈등구조는 지역주의에 포획될 수 있는 여지를 지니는 데 반해 수직차원에 전개되는 갈등은 지역주의 동원전략에 맞서 갈등을 대체(displacement)할 수 있는 가능성을 지니고 있다고 볼 수 있다. 이 또한 결론에서 자세히 토론하기로 하자.

그렇다면 카훈-히닉 방법에 의해 구현된 한국정치의 이념지도는 어떤 균열구조를 반영하고 있을까? 〈표 3-8〉을 통해 살펴보자. 카훈-히닉의 이념지도의 수평차원이 영호남 변수와 최대의 상관관계를 지니게끔 구축되었음을 고려할 때, 수평차원에서의 유권자의 이념 위치가 영호남 변수와 유의미한 상관관계를 지니고 있음은 당연한 결과이다. 그런데 수직차원은 영호남 변수와 통계적인 관계가 없다. 즉 수직차원의 경우 지역주의와 무관한 독립적인 갈등구조를 지니고 있음을 시사하고 있다.

응답자의 연령, 학력, 그리고 소득 수준은 공간지도의 응답자 분포와 일정한 관계를 지니고 있다. 특히 연령은 공간지도의 수평차원과 수직차원 모두 통계적으로 유의미한 상관관계를 지니고 있다. 저연령일수록 공간지도의 좌-하에 그리고 고연령일수록 공간지도의 우-상에 위치하는데 이는 한국사회의 세대균열을 일정하게 반영하는 것으로 보인다. 학력 변수의 경우 수평차원과 수직차원에서 고학력일수록 고소득일수록 진보적인 태도를 보이고 있다. 단 2012년 수직차원은 예외이다.

소득 변수 또한 마찬가지이다. 고소득일수록 진보적이지만 2012년 수직차원은 통계적으로 무관하다. 앞서 〈표 3-5〉의 스코필드 이념지도에서 소

〈표 3-8〉 카훈-히닉의 이념지도와 유권자의 사회경제적 배경과의 상관관계

	2007년 대선		2012년 대선	
	수평차원	수직차원	수평차원	수직차원
영호남(3점 척도)	0.19*	0.03	0.17*	0.05
성	0.05	-0.18	0.01	0.01
연령	0.21*	0.28*	0.27*	0.07*
학력	-0.19*	-0.20*	-0.22*	-0.02
소득	-0.07*	-0.14*	-0.16*	-0.01

* p〈0.05, + p〈0.10

득 변수는 수평차원과는 관계가 없고 수직차원에서는 효과가 일관된 패턴으로 나타나지 않았음을 고려할 때, 이러한 결과는 한국정치의 이념지도의 수평차원에 비해 수직차원의 이념갈등이 일관된 사회집단을 매개하지 않고 있음을 보여준다. 특히 두 이념지도의 수직차원이 모두 사회경제이념을 내포하고 있다는 측면에서 두 이념지도의 수직차원에서 응답자의 위치와 소득변수와의 관계는 면밀한 조사와 연구를 요구한다. 특히 최근 뜨거운 쟁점으로 등장한 계급배반투표 현상(예, 강원택 2013; 한귀영 2012 참조)과 관련하여 연구될 필요가 있다. 아울러 소득과 이념이 선형적 관계를 갖는지 혹은 비선형적 관계(예, 컵 모양)를 갖는지도 보다 면밀한 관찰과 분석을 통해 밝혀질 필요가 있다.

그러나 스코필드와 카훈-히닉의 두 이념지도상의 수직차원에서 소득 변수의 효과는 이러한 문제제기에 합리적인 설명을 제공하기 어렵게 만든다. 더 면밀한 연구와 설득력 있는 설명이 필요하다. 그러나 그것은 본 연구의 목표 범위를 벗어나는 것이어서 단지 문제를 제기하는 것에 만족하고자 한다.

IV. 소결

이 장에서는 스코필드와 카훈-히닉의 방법을 통해 한국정치의 이념지도의 성격을 살펴보았다. 한국정치의 이념적 갈등구조가 정치안보이념을 중심으로 전개되는 가운데 수직차원이 일정하게 사회경제이념을 띠며 정치안보이념과 독립적인 갈등구조를 형성하고 있음을 살펴보았다. 아울러 지역주의 균열구조가 정치안보이념과 병렬적인 관계를 지니고 있음도 발견했다. 이념지도의 수직차원이 표상하고 있는 사회경제이념이 지역주의와 독립적이라는 점은 지역주의라는 갈등구조의 대체라는 측면에서 주목할 만하다.

체제변화(regime change)는 갈등구조의 전환으로부터 비롯되는데 완전한 정치적 재편성은 새로운 균열이 일으키는 사회적 갈등이 현재의 지배균열과 완전하게 양립 불가능한 상태에서 새로운 다수와 소수를 구분할 만큼 전사회적으로 확산될 때 가능하다(Schattschneider 1960). 이러한 관점에서 이념지도의 수직차원과 유의미한 관계를 지니는 경제 및 사회정책분야의 쟁점들은 한국 정당정치의 재구성을 가져올 수 있는 잠재력을 지니고 있다고 볼 수 있을 것이다.

제4장

결정적 공간이론과 한국의 대선

Ⅰ. 일차원 이념공간과 결정적 공간이론

1. 이론적 배경

제2장에서 우리는 이념을 "좋은 사회에 대한 언술적 이미지와 그러한 사회를 건설하는 주요한 수단"(Downs 1957: 96), 혹은 "1) (바람직한 사회에 대한) 윤리적으로 옳고 그른 것에 대한 내용; 2) 사회적 자원들이 어떻게 배분되어야 하는가에 대한 판단, 그리고 3) 권력이 적절하게 있어야할 곳에 대한 함의"(Hinich and Munger 1994: 11)로 정의했었다. 선거정치에서 이념은 두 가지 점에서 효용성을 지닌다.

첫째, 이념은 후보자들에 의해 제기된 다양한 쟁점들에 대한 정보 수집의 비용을 절약할 수 있는 수단을 제공한다. 이념은 "후보자가 선택하는 명시적인 일련의 정책들에 대해 내적으로 일관된 예상과 예측을 의미하는 사고의 조직적 원칙"(Downs 1957: 98)이기에 권력을 획득할 경우 후보자가 실행한 정책에 대한 단서를 제공한다.

둘째, 쟁점에 대한 후보자들의 입장을 예측함으로써 유권자들로 하여금 자신의 관점과 후보자의 입장을 비교해 동의 혹은 반대할 수 있게 한다. 즉 선거에 있어서 도구적 합리성을 지닌다는 것이다. 그리고 이는 투표선택을 연구하는 합리적 선택이론을 생성시켰다.

투표행태에 대한 합리적 선택이론은 유권자들이 효용을 최대화하려는 존재(utility maximizer)라는 가정에서 출발한다. 그리고 유권자들이 자신의 효용을 증진시키는 방향으로 정당 혹은 후보자들의 이념과 정책을 평가하고 투표할 정당이나 후보를 선택한다는 투표선택의 모형을 제시한다. 이러한 유권자의 합리성에 대한 믿음은 방법론적으로 투표의 공간모형(spatial model)의 개발로 이어졌다. 이 접근법은 우선 개별 선거에서 후보자들의 선택에 영향을 미치는 쟁점의 종류는 다르다 할지라도 정책 선호의 영향은 진보-보수의 이념 태도와 후보(정당) 선택 간의 관계를 통해 측정될 수 있다고 본다.[16)]

다운스(Downs 1957)에 의하면, 최대 효용을 추구하는 유권자는 정당 혹은 후보자의 정책 혹은 이념이 자신과 얼마나 가까운지를 계산한다. 후보자와의 이념거리가 가까울수록 유권자의 효용은 증가한다. 유권자는 이념거리가 수반하는 효용을 모든 후보자들에게 적용해 최종적으로 이념거리가 가장 가까운 정당 혹은 후보자에게 투표한다는 것이다. 그런데, 일차원의 이념 선상에서 두 명의 후보자가 경쟁한다고 가정한다면, 최대 득표를 할 수 있는 지점은 중위 투표자(median voter)의 지점이 된다.

다음의 〈도표 4-1〉의 간단한 예를 통해 살펴보자. 좌에서 우로 0점부터 10점까지 진보에서 보수로 이어지는 일차원 이념공간이 있다고 가정하자.

---

16) 미국 정치의 이념 차원은 일반적으로 자유주의(liberalism) 대 보수주의(conservatism)의 경쟁구도를 보인다. 그러나 이 책에서는 보다 이념의 보다 일반적인 대립쌍인 진보주의 대 보수주의로 대체해서 사용하기로 한다.

〈도표 4-1〉 일차원 이념공간의 선거구도

후보자				L					R		
유권자	V_0	V_1	V_2	V_3	V_4	V_5	V_6	V_7	V_8	V_9	V_{10}
이념	0	1	2	3	4	5	6	7	8	9	10
	진보 〈------					중도					------〉 보수

* 이념 = {0, 1, ⋯ , 9, 10}. 유권자(V_i), i = {0, 1, ⋯ , 9, 10}. 후보자 = L, R

손쉬운 이해를 위해서 유권자(V_i)는 총 11명이 0점부터 10점까지 각 지점에 한 명씩 서있다고 가정하자. 이때 유권자의 효용은 자신의 위치에서 가장 크고 자신의 위치에서 멀어질수록 좌우 대칭으로 감소하는 단일정점(single peakedness)의 단봉형 직선을 그린다고 가정하자. 두 후보자, L과 R이 과반의 규칙(majoritarian rule) 아래 경쟁하는데 L은 이념공간에서 3점에 그리고 R은 8점에서 선거운동을 전개하며 선거기간 동안 정책을 이동시킬 수 없다고 가정하자. 마지막으로 모든 유권자가 투표를 한다고 가정해보자.

유권자 V_i의 효용이 자신과 두 후보자 사이의 단순 이념거리로 계산된다고 하자. 그러면 V_i는 후보자 L과 R에 대해 다음의 〈공식 4-1〉의 효용 함수를 갖는다. 효용 함수 앞에 음수(-)가 붙은 것은 유권자와 후보자 간의 이념거리가 멀수록 효용이 감소하기 때문에 이를 수식으로 반영한 것이다.

$$U(V_i/L) = -|V_i - L|, \quad U(V_i/R) = -|V_i - R| \qquad \text{〈공식 4-1〉}$$

V_i의 효용을 이념거리만으로 계산해보자. 후보자 L과 R에 대한 유권자 V_i의 효용은 〈표 4-1〉의 두 번째와 세 번째 열에 제시되어 있다. 그런데 후보자 L과 R 중 한 명을 선택해야 하는 유권자의 입장에서 판단해보면, 유권자는 자신에게 더 많은 효용을 가져다주는 후보자를 선택하는 것이 합리적이다. 이를 후보자 L에 대한 후보선택의 효용 함수로 표현하면 다음과 같다.

$$U(V_i) = U(V_i/L) - U(V_i/R) = -|V_i - L| - (-|V_i - R|) \qquad \langle 공식\ 4\text{-}2 \rangle$$

만약 〈공식 4-2〉가 0보다 큰 양수 값을 가진다면, 유권자 V_i는 후보자 L을 선택하며, 반대일 경우 후보자 R을 선택하게 된다. 따라서 〈도표 4-1〉의 조건들을 〈공식 4-2〉에 대입하여 투표선택의 효용을 계산하면, 〈표 4-1〉의 네 번째 열에 제시되어 있듯이, 후보자 L에게 투표하는 유권자는 {V_0, V_1, V_2, V_3, V_4, V_5,}이며, R에게 투표하는 유권자는 {V_6, V_7, V_8, V_9, V_{10}}으로 L이 6 대 5로 승리한다.

이제 후보자 L과 R이 자신의 정책을 변경할 수 있다고 가정해보자. 오직 이념거리만이 유권자의 효용을 구성하고 있는 상황에서 L과 R은 자신의 정책을 중도화하는 것이 득표최대화에 도움이 될 것임을 곧 알게 된다. 예를 들어, L이 3점 위치에 그대로 머물러 있고, R이 5점 위치로 이동했다고 가정해보자. 선거운동 기간 중의 이러한 입장 변화가 유권자 V_i의 투표선택의

〈표 4-1〉 L과 R에 대한 유권자의 효용

	L에 대한 효용	R에 대한 효용	투표선택의 효용 ($L-R$)	R이 5점으로 이동시 투표선택의 효용
V_0	-|0 - 3| = -3	-|0 - 8| = -8	-3 - (-8) = 5	-3 - (-5) = 2
V_1	-|1 - 3| = -2	-|1 - 8| = -7	-2 - (-7) = 5	-2 - (-4) = 2
V_2	-|2 - 3| = -1	-|2 - 8| = -6	-1 - (-6) = 5	-1 - (-3) = 2
V_3	-|3 - 3| = 0	-|3 - 8| = -5	0 - (-5) = 5	0 - (-2) = 2
V_4	-|4 - 3| = -1	-|4 - 8| = -4	-1 - (-4) = 3	-1 - (-1) = 0
V_5	-|5 - 3| = -2	-|5 - 8| = -3	-2 - (-3) = 1	-2 - 0 = -2
V_6	-|6 - 3| = -3	-|6 - 8| = -2	-3 - (-2) = -1	-3 - (-1) = -2
V_7	-|7 - 3| = -4	-|7 - 8| = -1	-4 - (-1) = -3	-4 - (-2) = -2
V_8	-|8 - 3| = -5	-|8 - 8| = 0	-5 - (-0) = 5	-5 - (-3) = -2
V_9	-|9 - 3| = -6	-|9 - 8| = -1	-6 - (-1) = 5	-6 - (-4) = -2
V_{10}	-|10 - 3| = -7	-|10 - 8| = -2	-7 - (-2) = 5	-7 - (-5) = -2

효용함수에 반영되었다고 가정하자. 그리고 양 후보에 대한 효용이 같은 경우는 — 예, 〈표 4-1〉에서 V_4 — 기권한다고 가정하자. 이 경우 *R*을 선택하는 유권자는 $\{V_5, V_6, V_7, V_8, V_9, V_{10}\}$이며, *L*을 선택하는 유권자는 $\{V_0, V_1, V_2, V_3\}$으로 *R*이 6 대 4로 역전하게 된다.

이와 같은 과정이 끊임없이 반복된다면, 결국 유권자의 분포 상에서 중간 위치, 즉 중위 투표자(median voter)의 위치가 후보자에게 가장 많은 득표를 가져다주게 된다. 이러한 원리를 정리하면 다음의 블랙(Black 1958)의 '중위 투표자 정리'가 성립된다.

- 중위 투표자 정리: 후보자가 두 명이고 투표자들의 수가 홀수이며, 정책 공간이 일차원이고, 투표자들이 단봉형의 선호를 가지고 있다면, 각 투표자들이 선호하는 대안 중에서 '중위'에 위치한 대안이 최종적으로 선택되는 윈세트(winset)가 된다.

2. 경험분석의 예

지난 2007년의 17대 대선과 2012년의 18대 대선의 사례를 들어 결정적 공간이론의 유의미성을 파악해보자.[17] 예를 들어, 서울대 한국정치연구소가 실시한 선거 후 여론조사에서 일반적으로 주관적인 이념성향이라고 불리는 유권자와 후보자의 이념성향에 대한 설문은 다음의 〈예 4-1〉과 같다. 17대 대선에 대한 설문도 대동소이했다.

이와 같은 설문항을 이용해 17대 대선과 18대 대선에서 투표자와 유권자의 이념거리와 후보선택 간의 관계를 살펴보자. 우선 유권자와 후보자들의 이념위치를 파악해보면, 〈표 4-2〉에 제시되어 있다. 17대 대선에서 유권자

17) 16대 대선의 경우 후보자의 이념위치에 대한 설문이 없어 분석대상에서 제외했다.

〈예 4-1〉 유권자와 후보자 및 정당의 이념에 대해 유권자의 주관적 판단을 묻는 설문

문) 정치에서 사람들은 보통 진보와 보수를 구분합니다. 0부터 10 중에서 귀하께서는 다음의 정당, 정치인들 및 선생님 자신이 어디에 속한다고 생각하십니까? 0은 매우 진보를 나타내며, 10은 매우 보수를 나타냅니다.

	매우 진보	중도 〈-----〉									매우 보수
5) 박근혜	⓪	①	②	③	④	⑤	⑥	⑦	⑧	⑨	⑩
6) 문재인	⓪	①	②	③	④	⑤	⑥	⑦	⑧	⑨	⑩
9) 본인	⓪	①	②	③	④	⑤	⑥	⑦	⑧	⑨	⑩

출처: 서울대 한국정치연구소 18대 대선 설문

의 위치는 5.32점으로 중도(5점)에서 아주 약간 오른쪽으로 기울어 있다. 한나라당의 이명박 후보는 6.03점으로 보수적으로 인식되었고 민주당의 정동영 후보는 4.23점으로 다소 진보적으로 인식되었었다. 18대 대선에서도 유권자들의 이념위치는 5.24점으로 17대 대선과 거의 같다. 단 새누리당의 박근혜 후보는 6.93점으로 같은 당 17대 대선 후보였던 이명박에 비해 더 보수적으로 인식되었고, 민주당의 문재인 후보 또한 3.76점으로 같은 당 17대 대선 후보였던 정동영보다 보다 진보적으로 인식되었다.

과연 실제 선거에서 투표자는 결정적 공간이론이 예측하는 대로 후보자를 선택할까? 〈표 4-3〉은 응답자와 두 후보 간의 거리를 계산하여 앞의 〈공식 4-2〉에 적용하여 교차분석한 결과이다.

17대 대선의 경우 이명박 후보와 더 가까운 응답자는 39.9%였다. 그중 91.4%가 이명박 후보에 투표해 공간이론의 가설을 검증하고 있다. 두 후보자와의 이념거리가 같은 21%의 응답자 중 76.3%가 역시 이명박 후보를 선택했다. 한편, 정동영 후보와 더 가까운 39.0%의 응답자 중 70.4%가 오히려 이명박 후보에 투표해 공간이론의 가설에 반대되는 패턴을 보이고 있다.

이에 반해 18대 대선의 결과는 상대적으로 선명하다. 박근혜 후보와의

〈표 4-2〉 18대 대선에서 후보자의 이념 위치(표준편차)

대선		이념 위치
17대 대선(2007년)	유권자	5.32(2.16)
	이명박	6.03(2.42)
	정동영	4.23(2.04)
18대 대선(2012년)	유권자	5.24(1.85)
	박근혜	6.93(1.96)
	문재인	3.76(1.77)

〈표 4-3〉 17대 대선과 18 대선 투표자와 후보자 간 이념거리에 따른 투표선택

17대 대선	이명박	정동영	합계
이명박 거리 〈 정동영 거리	**278(91.4)**	26(8.6)	**304(39.9)**
이명박 거리 = 정동영 거리	**122(76.3)**	38(23.8)	**160(21.0)**
이명박 거리 〉 정동영 거리	**209(70.4)**	88(29.6)	**297(39.0)**
합계	**609(80.0)**	152(20.0)	**761(100.0)**
카이제곱 검증	43.56(p〈0.001)		

18대 대선	박근혜	문재인	합계
박근혜 거리 〈 문재인 거리	**269(77.1)**	80(22.9)	**349(35.7)**
박근혜 거리 = 문재인 거리	**107(57.2)**	80(42.8)	**187(19.1)**
박근혜 거리 〉 문재인 거리	134(30.4)	**307(69.6)**	**441(45.1)**
합계	510(52.2)	467(47.8)	977(100.0)
카이제곱 검증	169.76(p〈0.001)		

거리가 더 가까운 응답자는 35.7%였다. 그 반대로 문재인 후보와의 거리가 더 가까운 응답자는 45.1%으로 박근혜 후보에 비해 약 8.4%p 더 많았다. 두 후보 간의 거리가 같은 응답자는 19.1%였다. 투표 선택의 결과를 보면

박근혜 후보와 거리가 더 가까운 응답자의 77.1%가 박근혜 후보를 선택했다. 이에 반해 문재인 후보와의 거리가 더 가까운 응답자의 69.6%가 문재인 후보를 선택했다. 그리고 박근혜 후보와 문재인 후보와의 거리가 같은 응답자의 57.2%가 박근혜 후보를 선택했다.

분석 결과를 정리하면 다음과 같다. 첫째, 17대 대선에서 명확하게 발견되지 않았던 이념과 후보선택 간의 관계가 18대 대선에서는 상대적으로 선명하게 나타났다. 17대 대선의 경우 이념거리가 이명박에게 가까울수록 그를 선택할 확률이 증가함을 보였지만 정동영 후보와의 이념거리는 공간이론의 기대와 정반대의 패턴을 보였다. 전체 응답자의 48.0%만이 결정적 공간이론에 부합하는 선택을 했다. 이에 반해 18대 대선의 교차분석 결과는 공간이론 자체의 유용성을 더욱 향상시킨 패턴을 보여주고 있다. 전체 응답자의 59.0%가 결정적 공간이론이 예측하는 방향대로 후보를 선택했다.

둘째, 그럼에도 불구하고 분석 결과가 결정적 공간이론을 크게 만족시키지 못하고 있다. 즉 특정 후보와의 거리가 가깝지만 그(녀)를 선택하지 않은 응답자와 두 후보 간의 거리가 같은 응답자의 투표행태는 결정적 공간이론으로 설명할 수 없다. 특히 두 후보 간의 거리가 같은 경우 결정적 공간이론은 기권을 예측할 수밖에 없으나 현실은 그렇지 않다. 두 후보자와 이념거리가 같다고 판단하는 유권자들이 많지 않을 뿐 아니라 설령 있다고 할지라도 기권하지 않고 다른 이유를 들어 선택할 가능성이 높기 때문이다. 이는 결국 유권자와 후보자 간의 이념거리만이 후보선택을 이끈다는 결정적 시각을 넘어서야할 필요성을 제기한다. 즉 이념거리가 후보선택을 전적으로 결정하는 것은 아니고 단지 후보선택의 확률을 증가시킬 뿐이며, 이념이나 정책 외의 기타 비정책 요인들(non-policy factors) 또한 유권자의 선택에 영향을 미칠 수 있음을 인정하게 만든다. 이는 다음 장에서 자세히 살펴보기로 하자.

셋째, 〈표 4-3〉의 결과가 결정론적 공간이론이 기대하는 결과를 강하게 제시하지 못하는 이유는 아마도 주관적 이념성향 설문 때문일 가능성이 크다. 앞서 제3장에서 설명했듯이 주관적 이념성향은 유권자의 이념을 나타내거나 그들의 투표선택을 예측하는 데 있어서 여러모로 한계가 많을 수밖에 없다. 또한 주관적 이념이 어떤 정책적 갈등을 의미하는지 불분명하다. 따라서 이념투표에 대한 분석은 구체적인 정책적 함의를 지님과 동시에 유권자와 후보자의 위치를 파악할 수 있는 이념지도를 통해 분석되어야 한다. 더불어 일차원적 개념을 넘어서는 다차원 이념지도의 분석이 필요함도 물론이다. 이를 다음 절에서 살펴보자.

II. 다차원 이념공간과 결정적 공간이론

1. 이론적 배경

현실 세계에서 중위 투표자 정리를 만족시키는 사례를 찾아보기 쉽지 않다. 이념공간이 일차원일 경우 이론적으로나마 성립되던 중위 투표자 정리는 다차원 이념공간에서 역시 성립되지 않는다. 이를 간단한 예를 통해 살펴보자. 〈도표 4-2〉는 각각 0점부터 8점까지의 이념적 성격을 갖는 경제복지와 사회문화로 이루어진 이차원의 정책 공간에서 세 명의 투표자, V_1, V_2, V_3의 정책 선호를 나타내고 있다. 우선 V_1, V_2, V_3의 두 정책에 대한 선호는 각각 (4, 7), (1, 4), (7, 2)이다. 앞서 〈도표 4-1〉의 사례와 마찬가지로 투표자는 좌우 대칭의 단일정점의 선호 체계를 지니고 있다고 가정하자. 투표자들이 경제복지정책과 사회문화정책을 똑같이 중요하게 생각한다고 가정하자. 그리고 후보자 L과 R이 자신의 정책을 차례로 제시해 투표자의 선택을 받는 게임이 진행된다고 가정해보자. 이 경우 최종적인 결과는 어떤 정책일까?

우선 이차원 정책 공간에서 투표자들의 선호가 분리된다고 가정해보자. 투표자들이 먼저 경제복지정책을 선택하고 그 뒤에 사회문화정책을 선택하는 게임을 생각해보자. 세 명의 투표자들은 0점부터 8점까지의 다양한 경제

〈도표 4-2〉 이차원 정책 공간과 분리된 선호 아래의 정책 경쟁

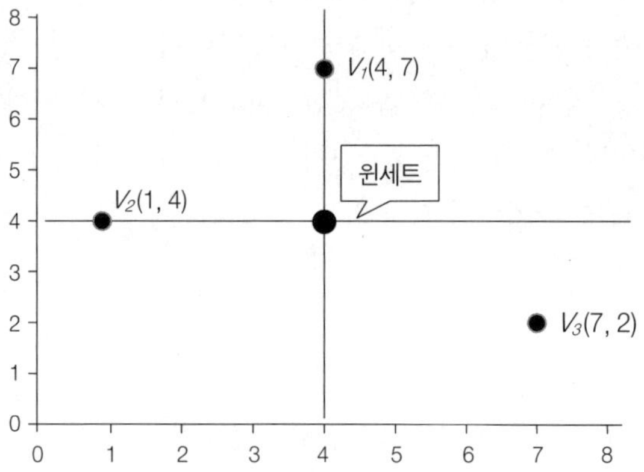

X축: 경제복지, Y축: 사회문화

복지정책에 대해 자신에게 가장 큰 효용을 부여하는 대안을 선택한다. 후보자 *L*과 *R*의 정책 제안과 상관없이 게임의 결과는 다음과 같다. 먼저, 경제복지 차원에서 중위 투표자인 V_1이 선호하는 정책인 4점의 정책이 최종적으로 선택되게 된다. 다음으로 사회문화정책은 중위 투표자인 V_2가 선호하는 정책인 4점의 정책이 최종적으로 선택된다. 결국 최종적인 정책 결과물인 (4, 4)가 윈세트(winset)가 된다. 이 예는 다차원의 정책 공간에서도 선택 대상을 각각 따로 결정한다면 각 선택 공간이 일차원 공간으로 전환되기에 중위 투표자 정리가 성립된다는 사실을 보여준다.

다음으로 투표자의 선호가 분리되지 않는 경우를 생각해보자. 다시 말해 세 명의 투표자 V_1, V_2, V_3가 경제복지정책과 사회문화정책이 동시에 선택해야 한다고 가정해보자. 이 경우 투표자들은 경제복지정책과 사회문화정책이 결합된 총 81개의 정책 패키지(p = {(0, 0), (0, 1), ··· (8, 7), (8, 8)} 중 하나를 선택해야 한다. 어떤 정책 패키지가 최종 결과물일까?

문제를 쉽게 풀기 위해 먼저 〈도표 4-3〉에서와 같이 V_1, V_2, V_3을 연결하는 삼각형을 그려보자. 이 삼각형 내의 공간은 세 명의 투표자가 만장일치

〈도표 4-3〉 이차원 정책 공간에서 선호가 분리되지 않을 경우 정책 경쟁

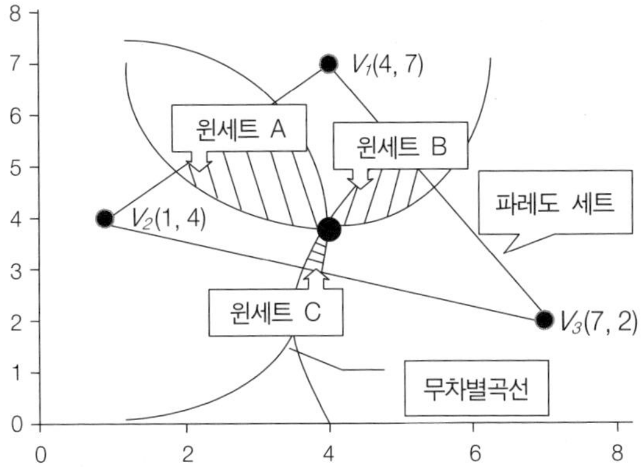

X축: 경제복지, Y축: 사회문화

로 합의가 가능한 정책 경계가 된다. 왜냐하면, 이 삼각형을 벗어나는 그 어떤 점의 정책도 세 명의 투표자가 합의하기 어렵기 때문이다. 이 영역을 파레토 세트(Pareto set)라 한다. 이제 V_1, V_2, V_3을 중심으로 이차원 공간에서 투표자의 효용을 나타내는 무차별 곡선(indifference curve)을 그려보자. 무차별 곡선은 대개 원모양을 띠는데 같은 선상에 있으면 효용의 크기가 같음을 의미한다.[18] 무차별 곡선을 이 게임에 적용하면 〈도표 4-3〉처럼

18) 물론 후보자들이 각각의 정책에 부여하는 중요성이 다를 수 있다. 이 경우 무차별 곡선(indifference curve)이 원(circle)의 모양이 아니라 다양한 타원(oval)의 모양이 될 수 있다. 예를 들어, V_1은 경제복지정책을 사회문화정책보다 중요하게 생각한다고 가정해보자. 이 경우 〈도표 4-3〉처럼 V_1의 무차별 곡선은 경제복지 차원의 간격이 좁은 형태의 타원을 그린다. 반면 V_2는 사회문화정책을 경제복지정책보다 훨씬 중요하게 생각할 수 있다. 이 경우 무차별곡선은 정반대로 사회복지 차원의 간격이 좁은 형태의 타원을 그리게 된다. 아울러 후보자의 선호가 분리되지 않을 경우 무차별 곡선은 긍정적 상보성(positive complementarity) 혹은 부정적 상보성(negative complementarity)의 형태를 띨 수도 있다. 자세한 내용은 Hinich and Munger(1994: 53-61) 참조.

된다.

이제 게임을 진행해보자. 가령 후보자 *R*이 각 정책의 중위 투표자 지점인 (4, 4)의 정책을 P_1을 제시했다고 가정해보자. 이는 앞서 세 명의 투표자가 각 차원의 정책을 따로따로 선택했을 때의 윈세트였다. 그러나 이는 각 투표자 V_1, V_2, V_3의 이상점으로부터 중위점 (4, 4)까지 무차별 곡선을 그었을 때, 교집합으로 등장하는 세 영역—〈도표 4-3〉에서 빗금친 영역인 A, B, C—어느 지점의 정책 패키지와의 경쟁에서도 패배하게 된다. 이때 영역 A, B, C는 P_1에 대한 윈세트가 된다. 영역 A는 V_1와 V_2가 P_1대신 선택할 수 있는 정책 영역이고, 영역 B는 V_1와 V_3가 P_1대신 선택할 수 있는 정책 영역이며, 영역 C는 V_2와 V_2가 P_1대신 선택할 수 있는 정책 영역이기 때문이다.

예를 들어, 후보자 *R*이 제안한 $P_1(4, 4)$에 대한 투표자의 효용을 고려해보자. 이 경우 단순거리로 계산한 V_1, V_2, V_3의 P_1에 대한 효용은 〈표 4-4〉에 제시되어 있듯이 각각 -3, -3, $-\sqrt{13}$이 된다. 가령 후보자 *L*이 윈세트 영역 A내의 정책인 $P_2(2, 5)$를 대안으로 제시했다고 가정해보자. 이 경우 V_1, V_2, V_3의 P_2에 대한 효용은 각각 $-\sqrt{8}$, $-\sqrt{2}$, $-\sqrt{34}$이 된다. 따라서 *R*의 P_1과 *L*의 P_2 사이의 경쟁에서 V_1의 상대적 효용은 ($-3 〈 -\sqrt{8}$)이고 V_2의 상대적 효용은 ($-3 〈 -\sqrt{2}$)이어 *L*을 지지하게 되고 V_3의 상대적 효용은 ($-\sqrt{13} 〉 -\sqrt{34}$)이어 *R*을 지지하게 된다. 결과적으로 *L*이 제시한 P_2가 최종 정책으로 채택된다.

정책 결정과정에서 후보자가 자신의 입장을 바꿔 다른 대안을 제시할 수 있다고 가정해보자. 정책 공간에서 윈세트는 *L*의 위치인 P_2를 중심으로 다시 조정되게 된다. 이는 P_2가 현재의 정책(status quo)이기 때문이다. 후보자 *R*이 원래 자신의 입장인 P_1에서 조정된 윈세트 내의 한 지점인 (4, 5)로 이동해 $P_3(4, 5)$를 정책 대안으로 제시했다고 가정해보자. 이제 *L*과 *R* 사이의 게임은 P_2와 P_3 간의 경쟁이 된다. 앞에서 이미 밝혔듯이 V_1, V_2, V_3의 P_2에 대한 효용은 각각 $-\sqrt{8}$, $-\sqrt{2}$, $-\sqrt{34}$이다. 그리고 P_3에 대한 V_1, V_2, V_3의 효용은 각각 -2, $\sqrt{10}$, $-\sqrt{18}$이 된다. 따라서 *R*이 제시한 P_3가 V_1과 V_3의 지지를 얻어 최종 정책으로 결정된다.

〈표 4-4〉 이차원 공간의 정책에 대한 후보자 효용

	$P_1(R)$에 대한 효용	$P_2(L)$에 대한 효용	$P_3(R)$에 대한 효용
V_1	$-\|(4-4)^2 + (7-4)^2\|^{1/2} = -3$	$-\|(4-2)^2 + (7-5)^2\|^{1/2} = -\sqrt{8}$	$-\|(4-4)^2 + (7-5)^2\|^{1/2} = -2$
V_2	$-\|(1-4)^2 + (4-4)^2\|^{1/2} = -3$	$-\|(1-2)^2 + (4-5)^2\|^{1/2} = -\sqrt{2}$	$-\|(1-4)^2 + (4-5)^2\|^{1/2} = -\sqrt{10}$
V_3	$-\|(7-4)^2 + (2-4)^2\|^{1/2} = -\sqrt{13}$	$-\|(7-2)^2 + (2-5)^2\|^{1/2} = -\sqrt{34}$	$-\|(7-4)^2 + (2-5)^2\|^{1/2} = -\sqrt{18}$

그런데 만약 두 후보 *L*과 *R*이 자신의 승리를 위해 상대방보다 유리한 정책 대안을 끊임없이 제시한다고 생각해보자. 아마도 승자 지점이 무한히 번복되어 최종적인 정책이 생산되지 못할 것이다. 결국 우리는 이 게임에서 콩도세 승자(Condorcei winner)[19]를 찾지 못하게 된다.

이처럼 정책 공간이 이차원 이상의 다차원 공간이고 두 명의 후보자가 경쟁할 경우 중위 투표자 정리는 성립하지 않으며 다음의 맥컬비(McKelvy 1979)의 혼돈 정리(Chaos Theorem)가 성립하게 된다.

- 혼돈 정리: 다차원 공간에서 후보자의 이상점이 방사상으로 대칭인 경우를 제외하면, 과반 법칙 아래 안정된 윈세트는 존재하지 않는다. 그리고 콩도세 승자가 존재하지 않는 혼돈이 발생한다.

결정적 공간이론을 다차원 공간으로 확장시킨 예를 살펴보자. 다차원 정

19) 콩도세 승자는 경쟁에 참여한 후보자들이 몇 명일지라도 특정 후보가 다른 후보들과 1:1의 대결에서 모두 승리하는 경우 최종 승자가 되는 게임의 규칙이다. 예를 들어, 후보자가 A, B, C, D 네 명이 있다고 가정하자. 이 경우 만약 후보 A가 각각 1:1의 대결에서 후보 B, C, D에 모두 승리할 경우 A가 최종 승자가 된다. 콩도세 절차는 과반의 규칙 아래 승자를 결정하는 가장 정교한 규칙으로 알려져 있다(Shepssle and Boncheck 1997).

책 공간에서 투표자 i의 후보자 L에 대한 효용함수는 다음의 〈공식 4-3〉과 같이 복수의 정책에 대한 투표자와 후보자 간의 거리로 표현된다.

$$U(V_i/L) = -\sum_{j=1}^{m}\beta_j|V_{ij} - L_j| \qquad \text{〈공식 4-3〉}$$

여기서 *U(Vi/L)*는 후보자 L에 관한 투표자 i의 효용을 나타내며, *Vij*는 투표자 i의 정책 j에 관한 이상점을, *Lj*는 후보자 L의 쟁점 j에 관한 입장을, 그리고 *βj*는 j쟁점이 투표자 i의 효용에 갖는 중요성(weight)을 의미한다. 두 후보자 L과 R이 있다고 가정해보자. 그러면 투표자 *Vi*의 L과 R에 대한 상대적 효용은 *U(Vi) = U(Vi/L) - U(Vi/R)*로 표현된다. 여기에서 투표자 *Vi*의 선택은 전적으로 정책 쟁점에 관한 후보자들의 입장과 투표자 i 간의 이념거리에 의해 결정된다. 다시 말해, 결정적 공간이론에서는 *U(Vi)*가 0보다 클 경우 L후보를 그리고 0보다 작을 경우 R후보를 100%의 확률을 가지고 선택하게 된다.

2. 스코필드 이념지도를 이용한 경험분석

앞서 제3장에서 우리는 스코필드 방법을 이용해 2002년의 16대 대선부터 2012년 18대 대선까지 한국정치의 이념지도를 구성하고 살펴보았었다. 이차원 공간으로 축소된 한국정치의 이념공간의 성격을 요약하면 수평차원은 그동안 한국정치의 갈등구조를 지배해온 안보 쟁점과 그 밖의 정치적 쟁점들을 적재해 정치안보이념을 표상하고 수직차원은 2000년대 이후 점차 갈등의 규모가 확장 추세인 계층적 이해에 기초한 사회경제이념을 표상하고 있었다.

구조화된 이념지도는 유권자와 주요 정당 및 후보자들의 위치에 대한 정보를 제공한다. 따라서 유권자와 후보자 간의 이념거리를 측정해 다차원 공

〈표 4-5〉 18대 대선 후보자의 이념 위치

	16대 대선			17대 대선			18대 대선		
	중위 유권자	이회창	노무현	중위 유권자	이명박	정동영	중위 유권자	박근혜	문재인
정치안보 이념	0.00	0.38	-0.22	0.09	0.29	-0.66	-0.06	0.33	-0.40
사회경제 이념	-0.07	0.22	-0.12	0.05	0.02	-0.01	0.07	0.14	-0.15

간에서 결정적 공간이론의 유의미성을 검증해볼 수 있을 것이다. 이미 이념 지도상의 유권자와 정당 및 후보자들의 위치는 제3장에 제시되어 있어 참고하고, 편의상 〈표 4-5〉에서 이차원 이념공간에서 주요 후보자들의 위치만 다시 살펴보자. 이미 살펴보았듯이 새누리당(한나라당) 후보들은 이념지도의 우-상에 위치해 있고 민주당 후보들은 이념지도의 좌-하에 위치해 있다. 아울러 후보자 간 거리를 고려하면, 수평차원의 정치안보이념이 정당 간 경쟁구도를 주요하게 결정짓는 갈등구조를 형성하고 있다.

표에 제시된 각 대선에서의 중위 유권자의 이념적 위치를 고려한다면, 16대 대선에서 민주당의 노무현 후보가, 17대 대선에서 한나라당의 이명박 후보가 중위 유권자에 상대적으로 더 가깝게 위치해 있음을 알 수 있다. 18대 대선의 경우 두 후보의 중위 유권자와의 거리가 거의 비슷하지만 박근혜 후보가 아주 근소하게 중위 유권자에 가깝게 위치해 있다.

이제 유권자와 후보자의 위치를 파악했으니, 유권자와 후보자 간의 거리와 투표선택 간의 관계를 살펴볼 차례이다. 〈표 4-6〉은 응답자와 후보자 간의 상대적 거리와 응답자들의 후보선택 간의 교차분석 결과이다. 유권자와 후보자 간의 이념거리는 이차원 공간상에서 단순거리를 이념 차원별로 따로 계산했다. 이는 각 이념 차원이 응답자의 후보선택에 미친 상대적인 영향력을 검증하게 해준다.

16대 대선부터 살펴보자. 16대 대선에서 정치안보이념 차원에서 민주당의 노무현 후보와 상대적으로 가까운 응답자의 비율은 53.1%였다. 이중 63.9%가 노무현 후보를 선택했다. 이에 반해 한나라당의 이회창 후보와 가까운 46.9%의 유권자 가운데 63.4%가 이회창 후보를 선택해 이념거리가 가까운 후보를 선택한다는 공간이론의 명제를 일정하게 검증하고 있다. 사회경제이념 차원에서도 이념거리의 분류는 응답자의 53.5%가 노무현 후보와 더 가깝게 느끼고 있었고 46.5%는 이회창 후보와 더 가깝다고 판단하고 있었다. 그런데 이념거리와 후보선택 사이의 관계는 정치안보이념 차원보다 덜 명확하다. 노무현 후보와 가깝게 느끼는 응답자의 58.2%가 노무현 후보를 선택했고 이회창 후보와 가깝게 느끼는 응답자의 56.9%가 이회창 후보를 선택하고 있다.

16대 대선에서의 효과에 비해 17대 대선에서 이념의 효과는 감소한 것으로 나타났다. 정치안보이념 차원에서 이명박 후보와 가까운 65.5%의 응답자 중 89.0%가 이명박 후보를 선택해 공간이론에 부응하고 있다. 그러나 정동영 후보와 가까운 33.5%의 응답자 중 60.1%가 역시 이명박 후보를 선택했다. 물론 이러한 결과는 앞의 〈표 4-3〉의 일차원의 주관적 이념거리 분석에서 나타난 70.4%보다 완화된 결과이긴 하다. 사회경제이념 차원의 결과는 더욱 불명확하다. 이명박 후보와 가까운 53.5%의 응답자 중 79.9%가 이명박 후보를 선택했고 정동영 후보와 가까운 47.5%의 응답자 중 거의 같은 규모인 78.6%가 정동영 후보가 아니라 이명박 후보를 선택했다.

18대 대선에서 후보선택에 대한 이념의 영향력은 16대 대선과 유사하게 발견된다. 정치안보이념 차원에서 박근혜 후보와 가까운 50.4%의 응답자 중 68.4%가 박근혜 후보를 선택했고 문재인 후보와 가까운 49.2%의 응답자 중 65.4%가 문재인 후보를 선택했다. 물론 적중률에 있어서 정치안보이념 차원보다는 약하지만, 사회경제이념 차원에서도 비슷한 패턴이 발견된다. 박근혜 후보와 가까운 53.5%의 응답자 중 56.1%가 박근혜 후보를 선택했고 문재인 후보와 가까운 46.5%의 응답자 중 53.2%가 문재인 후보를 선택해 사회경제이념의 효과가 일정하게 있었음을 보여주고 있다.

다음으로 다차원 공간에서 응답자들이 두 가지 이념을 한꺼번에 고려해

〈표 4-6〉 이념거리와 후보자 선택 1: 차원 분리

(%)

16대 대선		이회창	노무현	합계
정치안보 이념	이회창 거리 〈 노무현 거리	**279(63.4)**	161(36.6)	440(46.9)
	이회창 거리 〉 노무현 거리	180(36.1)	**319(63.9)**	499(53.1)
사회경제 이념	이회창 거리 〈 노무현 거리	**248(56.9)**	188(43.1)	436(46.5)
	이회창 거리 〉 노무현 거리	210(41.8)	**292(58.2)**	502(53.5)
합계		459/8(48.9)	480(51.1)	939/8(100.0)
카이제곱 검증		정치안보이념 차원: 69.93(p〈0.001), 사회경제이념 차원: 21.15(p〈0.001)		

17대 대선		이명박	정동영	합계
정치안보 이념	이명박 거리 〈 정동영 거리	**421(89.0)**	52(11.0)	473(65.5)
	이명박 거리 〉 정동영 거리	**143(60.1)**	95(39.9)	238(33.5)
사회경제 이념	이명박 거리 〈 정동영 거리	**298(79.9)**	75(20.1)	373(52.5)
	이명박 거리 〉 정동영 거리	**265(78.6)**	72(21.4)	337(47.5)
합계		564/3(79.3)	147(20.7)	711/0(100.0)
카이제곱 검증		정치안보이념 차원: 80.76(p〈0.001), 사회경제이념 차원: 0.17(p〈0.374)		

18대 대선		박근혜	문재인	합계
정치안보 이념	박근혜 거리 〈 문재인 거리	**361(68.4)**	167(31.6)	528(50.4)
	박근혜 거리 〉 문재인 거리	177(34.6)	**334(65.4)**	511(49.2)
사회경제 이념	박근혜 거리 〈 문재인 거리	**312(56.1)**	244(43.9)	556(53.5)
	박근혜 거리 〉 문재인 거리	226(46.8)	**257(53.2)**	483(46.5)
합계		538(51.8)	501(48.2)	1039(100.0)
카이제곱 검증		정치안보이념 차원: 118.35(p〈0.001), 사회경제이념 차원: 122.72(p〈0.001)		

투표선택에 임했을 경우를 살펴보자. 이는 실제 투표행태에 훨씬 가깝다. 실세계에서 유권자들은 각 정책의 이념 차원을 따로 고려해 자신의 표를 행사하지 않기 때문이다. 주어진 한 차례 기회에 유권자들은 종합과 요약의 기재를 활용해 후보자를 선택한다. 이때 중요한 것은 각 이념의 중요성(weight)이나 이 글에서 활용하는 데이터는 그에 대한 정보를 지니고 있지 않다. 따라서 편의상 정치안보이념과 사회경제이념의 중요성이 동일하다고 가정하고 공간상에서 유권자와 후보자 간의 상대적인 이념거리를 측정해 분류했다. 즉 공간지도의 수평축과 수직축이 1:1의 비율로 이념거리 계산에 반영되었다. 〈표 4-7〉에 제시되어 있는 결과를 살펴보자.

첫째, 후보자와의 상대적인 이념거리에 따른 구분은 나름대로 높은 비율로 응답자들의 실제 후보자 선택을 예측하고 있다. 16대 대선에서 노무현 후보와 이념거리가 더 가까운 응답자 중 63.8%가 노무현 후보를 선택하고, 이회창 후보와 더 가까운 응답자 중 64.4%가 이회창 후보를 선택하고 있다. 17대 대선의 경우 이명박 후보와 더 가까운 응답자들의 89.3%가 이명박 후보를 선택했으나, 정동영 후보와 더 가까운 응답자들의 39.5%만이 정동영 후보를 선택하고 있다. 마지막으로 18대 대선의 경우 박근혜 후보와의 이념거리가 더 가까운 응답자의 68.3%가 박근혜 후보를 선택하고, 문재인 후보와의 이념거리가 더 가까운 응답자의 66.1%가 문재인 후보를 선택하고 있다. 이는 이념지도를 구성한 정책들이 실제 후보선택에 유의미한 효과를 미쳤음을 의미한다. 물론 17대 대선에서 정동영 후보선택에 미친 효과가 자못 이론의 예측력을 감소시키고 있지만, 응답자와 후보자 간 상대적 이념거리의 투표선택 예측률은 세 선거모두에서 60%대 이상이다. 교차분석의 카이제곱 검증결과도 이러한 이념거리와 후보선택 사이에 상호연관성에 통계적인 유의미성을 부여하고 있다.

둘째, 그럼에도 불구하고 교차분석 결과는 다운스의 결정적 공간이론을 100% 만족시키지 못하고 있다. 복구된 공간지도상에서 후보자와의 상대적인 이념거리가 가까움에도 불구하고 그 후보자를 선택하지 않은 응답자들이 존재하기 때문이다. 16대 대선의 경우 36.2%, 17대 대선의 경우 27.7%,

〈표 4-7〉 이념거리와 후보선택 2

(%)

16대 대선	이회창	노무현	합계	카이제곱
이회창 거리 〈 노무현 거리	273(64.4)	151(35.6)	424(45.2)	73.94 (p〈0.001)
이회창 거리 〉 노무현 거리	186(36.2)	328(63.8)	514(54.8)	
합계	459(48.9)	479(51.1)	931(100.0)	

17대 대선	이명박	정동영	합계	카이제곱
이명박 거리 〈 정동영 거리	417(89.3)	50(10.3)	467(65.8)	81.16 (p〈0.001)
이명박 거리 〉 정동영 거리	147(60.5)	96(39.5)	243(34.2)	
합계	564(79.4)	146(20.6)	710(100.0)	

18대 대선	박근혜	문재인	합계	카이제곱
박근혜 거리 〈 문재인 거리	370(68.3)	172(31.7)	542(52.2)	122.72 (p〈0.001)
박근혜 거리 〉 문재인 거리	168(33.9)	328(66.1)	496(47.8)	
합계	538(51.8)	500(48.2)	1,038(100.0)	

그리고 18대 대선의 경우 32.8%의 응답자들이 공간이론이 예측하는 방향대로 후보선택을 하지 않았다. 즉 이념에 의존해 후보를 선택하지 않는 유권자들이 존재하다는 것이다.

III. 소결

지금까지 2000년대 이후 대선에 관한 사후 여론조사 데이터를 활용해 다운스의 결정적 공간이론을 경험적으로 검증해보았다. 일차원 이념척도에서 유권자가 자신 및 후보자들에게 주관적으로 부여한 이념 위치를 이용해 조작한 이념거리 그리고 스코필드 방법으로 구조화한 이차원 이념지도에서 추출한 정보를 바탕으로 조작한 이념거리가 세 차례 선거에서 유권자의 후보 선택과 갖는 관계는 다음과 같이 요약될 수 있다.

첫째, 주관적 이념성향을 이용한 공간분석은 17대 대선의 경우 48.0% 그리고 18대 대선의 경우 59.0%의 적중률을 보였다. 물론 이는 두 후보자 간의 이념거리가 같은 응답자의 후보선택을 포함하지 않은 계산이다. 이를 감안한다면, 위의 적중률은 이념거리가 가까운 경우 후보를 선택한다는 다운스의 이론의 유효성을 일정하게나마 검증하고 있다. 그럼에도 불구하고 일차원의 주관적 이념성향은 비단 앞서 언급한 단점 외에도 측정의 단순함으로 인해 유권자의 후보선택을 잘 예측하지 못한다.

둘째, 스코필드 방법으로 구조화된 이차원 이념지도로부터 추출된 이념거리와 후보선택 간의 관계는 세 번의 선거 모두에서 60%대 이상 일치해 일차원의 주관적 이념성향보다 상당히 높은 적중률을 보였다. 즉 다차원 이념지도가 한국 대선의 이념투표 현상을 더 잘 설명한다는 것이다.

셋째, 그럼에도 불구하고 본문의 경험분석 결과는 다운스의 결정적 공간이론이 일정하게 한계를 지니고 있음을 보여준다. 즉 이념만으로 후보선택을 예측할 수 없는 유권자가 존재한다는 것이다. 이들은 다른 요인들에 기초해 표의 향방을 결정했을 가능성이 높다. 따라서 이념거리가 후보자 선택을 100%로 설명한다는 결정론적 시각에서 벗어나 이념은 단지 후보를 선택할 확률을 증가시킨다는 확률론적 시작으로 전환해야 할 필요성을 시사한다. 이를 다음 장에서 자세히 살펴보도록 하자.

제5장

확률적 공간이론과 한국의 대선

Ⅰ. 이론적 배경

앞 장에서 우리는 다운스의 결정적 공간이론이 유권자의 선택을 완전하게 설명하지 못한다는 것을 경험적으로 살펴보았다. 무엇보다도 결정적 공간이론은 유권자들의 투표선택에 영향을 미칠 수 있는 다른 요인들의 효과를 고려하지 않고 있다. 유권자의 정당일체감, 국가의 경제상태에 대한 평가, 후보자의 자질에 대한 평가, 선거 쟁점, 지역 연고 등 다양한 비정책 요인(non-policy factors)들이 특정 후보자 선택과 관계가 있을 수 있음을 고려하지 않고 있다. 후보자들은 "그들이 선거운동기간 중 택하는 정책들과 관련되지 않는 인간적 자질과 다른 특성들에 의해" 평가될 수도 있기 때문이다(Enelow and Hinich 1982: 115).

1970년대 초부터 공간이론가들은 결정적 모형에 대한 새로운 대안으로 확률적 모형들(probabilistic models)을 개발하기 시작했다(대표적으로

Enelow and Hinich 1984; Erikson and Romero 1990; Hinich and Munger 1994 참조). 확률적 모형의 주요한 특징은 유권자의 투표산술의 효용함수에—〈공식 4-3〉 참조—무작위 요소(random element)를 불확실성(uncertainty) 항목으로 추가하거나 실제 변수로 삽입했다는 점이다. 우선 초기 인로우와 히닉의 모형(Enelow and Hinich 1984, 이하 E-H 모형)부터 살펴보자. 후보자 L에 대해 갖는 유권자 효용을 유클리드식 단순 이념거리에 기초해 함수로 표현하면 다음의 〈공식 5-1〉과 같다.

$$U(V_i/L) = -\sum_{j=1}^{m}\beta_j|V_{ij} - L_{ij}| + u_i \qquad \text{〈공식 5-1〉}$$

〈공식 5-1〉이 제4장의 〈공식 4-1〉이나 〈공식 4-3〉과 다른 점은 다음과 같다. 첫째, E-H 모형은 후보자들의 정책 입장에 대한 불확실성을 무작위 요소로 삽입했다. 즉 $L_{ij} = L_j + \epsilon_{ij}$로 표현될 수 있다. 앞서 〈공식 4-1〉에서 후보자의 위치는 유권자 모두가 알고 있는 위치로 정책 j에 대해서는 L_j였다. 그런데 〈공식 5-1〉에는 유권자 각각이 인지하는 후보자의 정책 입장이 다를 수 있음을 나타낸 오차항 ϵ_{ij}가 추가되어 있다. 실제 유권자들이 후보자들의 진짜 정책 입장을 파악하기는 쉽지 않다. 선거마다 무수히 쏟아져 나오는 공약을 일일이 파악해 후보자의 정책을 정확하게 파악하고 또 지지후보와 경쟁후보 간의 정책 차이를 계산해 내는 일은 꽤나 어려운 정보처리 과정을 요구한다. 유권자마다 정보처리의 수준차가 나는 것은 자연스러울 수밖에 없다. 따라서 유권자마다 후보의 정책을 다르게 평가할 수 있으며 정책거리의 계산에 반영하는 후보자의 정책은 결국 유권자가 주관적으로 생각하는 후보자의 정책일 수밖에 없다.

그동안 후보자의 위치를 파악하는 문제에 대해 오랜 논쟁이 있어 왔다. 한쪽에서는 정당이나 후보자가 "서로 다른 투표자들에게 다른 대상들"일 수밖에 없기에 결국 주관적인 후보자 위치에 대한 개별 유권자의 판단을 사용하는 것이 유일하게 옹호될 수 있는 처방이라고 주장한다(Gilljam 1997:

23). 그러나 다른 쪽에서는 주관적인 후보자 위치를 사용하는 문제는 자신이 좋아하는 후보를 더 가까이에 있다고 판단하는 "투사효과(projection effect)"(Page and Brody 1972)로부터 자유롭지 못하다고 주장한다. 아울러 공간이론이 "투표자들은 정치적인 공간에 대한 공통의 관점을 지녀야 한다"는 가정에 기초해 있고 따라서 후보자들의 위치는 유권자들마다 다르지 않고 똑같은 값을 지니어야 한다는 지적도 있다(Macdonald, Rabinotwiz and Listhaug 1997: 14).

이 책의 경험분석도 자연스럽게 후자의 견해를 따르고 있다. 스코필드 방법과 카훈-히닉 방법에 의해 구조화된 한국정치의 이념지도가 유권자 각각이 인지하는 후보자와 정당의 위치의 평균값이나 후보자 혹은 정당의 '선거구'로 정의된 일련의 유권자 집단의 평균값을 후보자나 정당의 위치로 활용하기 때문이다. 따라서 후보자의 위치에 따른 불확실성은 이 책의 경험분석에 반영되지 않았음을 밝혀둔다.

둘째, E-H 모형은 비정책 요인의 효과를 무작위 분포를 지닌 오차항(error term)인 u_i로 삽입했다. 효용함수에 오차항으로 표현되는 불확실성은 투표자와 후보자 사이의 이념거리만으로 설명되지 않는 다른 요인들의 효과를 의미하는 것이다. 오차항의 효과를 고려했을 때 이념거리가 투표자의 선택에 미치는 영향은 확률적 성격을 띠게 된다. 다시 말해, 무작위 요인을 불확실성을 나타내는 측정으로 활용함으로써 확률적 공간경쟁 모형은 모든 후보자들이 '0%' 이상의 득표율을 가질 수 있게 했다.

그러나 개념적 수준에서 E-H 모형은 비정책 요인들의 효과를 무작위로 분포되는 오차항에 의존하고 있을 뿐이다. 이는 비정책 요인들의 효과를 독립적으로 측정하지 못한다는 한계를 지닌다. 예를 들면, 이념거리 외의 다른 요인들이 실제 변수로 삽입되지 않는 한 후보자들의 정책 입장들로부터 동일한 거리에 있는 후보자는 각 후보선택에 있어 동일한 확률을 지니게 된다(Adams 2001). 아울러 E-H 모형이 균형(equilibrium) 분석을 단순화시키는 장점을 지니고 있다할지라도 유권자들이 후보자의 개인적 자질에 관한 평가, 현직 대통령의 업적에 대한 회고적 평가, 정당일체감, 심지어 학연·

혈연·지연 등의 정책 외의 다양한 요인들에 근거해서 한 표를 행사한다는 경험적 실제와는 거리가 있을 수밖에 없다. 따라서 비정책 요인들을 추가하여 효용함수를 설정하는 것은 무척 중요하다.

에릭슨과 로메로(Erikson and Romero 1990, 이하 E-R 모형)는 E-H 모형에 실제 비정책 요인들을 추가했는데, 유권자 효용 함수를 표현하면 다음의 〈공식 5-2〉와 같다.

$$U(V_i/L) = \sum_{l=1}^{n}\delta_l Q_l - \sum_{j=1}^{m}\beta_j|V_{ij} - L_{ij}| + u_i \qquad \text{〈공식 5-2〉}$$

여기서 Q_l는 후보자의 개인적 자질, 회고적 평가, 그리고 정당일체감 등의 비정책 요인들을 실제 변수화한 것이며 δ_l은 그 요인들의 상대적 중요성을 의미한다. 따라서 *U(vi) = U(Vi/L) - U(Vi/R)*으로 표현되는 *L*과 *R*에 대한 유권자의 상대적 효용은 다음의 〈공식 5-3〉으로 표현된다. 단, 이 글에서 후보자의 정책 입장에 대해 유권자가 주관적 인지한 값을 사용하지 않기 때문에 *Lij*이나 *Rij*가 아닌 단순한 *Lj*와 *Rj*를 사용한 효용 함수임을 밝혀 둔다.

$$U(V_i) = \sum_{l=1}^{n}\delta_l(Q_L - Q_R)_l - \sum_{j=1}^{m}\beta_j[|V_{ij} - L_j| - |V_{ij} - R_j|] + u_i$$

$$= \alpha' Z_i + \beta' X_i + u_i \qquad \text{〈공식 5-3〉}$$

여기서 *Xi*는 두 후보자와의 상대적인 정책거리를 나타내는 벡터이고, *Zi*는 비정책 요인들을 나타내는 벡터이며, α'와 β'는 회귀계수의 벡터이다. 〈공식 5-3〉에서 유권자 V_i가 후보자 *L*을 선택할 확률은 다음의 〈공식 5-4〉와 같다.

$$\text{Prob}[U(V_i) = 1] = \Pr(L) = \text{Prob}[u_i > -(\alpha' Z_i + \beta' X_i)] \qquad \text{〈공식 5-4〉}$$

E-R 모형에 따르면 정책 균형점은 모든 정책 쟁점들의 각 쟁점차원의 중요성이 고려된 평균점의 교차지점(intersected weighted mean)에서 형성된다. 다시 말해, 다차원 이념공간에서도 두 후보 간 경쟁일 경우 수렴전략이 득표 최대화 전략이 된다는 것이다. 이는 물론 후보자가 두 명일 때에만 의미가 있다. 이제 이러한 확률적 공간이론을 다차원 이념공간에서 경험적으로 분석해보자.

II. 확률적 공간이론의 경험분석

1. 분석 방법 및 비정책 요인 변수들

이미 제3장에서 살펴보았듯이 스코필드 방법과 카훈-히닉 방법은 다양한 정책에 대한 평가를 축소시켜 이차원 이념공간에서 유권자와 후보자의 위치를 밝혀준다. 특히 제3장의 〈도표 3-4〉와 〈도표 3-5〉는 스코필드 방법과 카훈-히닉 방법을 이용해 각 대선의 정책 경쟁을 이차원 이념공간으로 축소시켜 당시 유권자와 후보자들의 위치를 제시해주었다. 이를 〈공식 5-1〉과 〈공식 5-2〉에서 제시한 확률적 효용함수에 적용해 이념거리가 투표자의 후보선택에 유의미한 영향력을 행사하는지를 16대~18대 대통령선거를 사례로 검증해보자. 물론 종속변수는 응답자의 후보자 선택이다. 결과 해석에 일관성을 기하기 위해 한나라당-새누리당 후보를 선택할 확률을 예측하는 회귀분석모형을 설계했다. 종속변수가 이변량인 관계로 로지스틱 회귀를 사용했다.

유권자와 후보자 간의 상대적인 이념거리는 제4장과 마찬가지로 후보자의 위치와 각 응답자의 위치를 유클리드식 단순 거리로 계산했다. 분석의 편의와 이념지도상 구체적 정책의 효과를 감안해 정치안보이념 차원과 사회경제이념 차원에서 각각 후보자와의 상대적인 거리를 [민주당 후보와의 거리-새누리당(한나라당) 후보와의 거리]로 계산했다. 따라서 이념거리 변수는 후보선택과 양(+)의 관계를 지닐 것이다. 이념거리와 후보자 선택사이의 로지스틱 회귀는 E-H 모형인 〈공식 5-1〉에 대한 통계적 검증을 제시한다.

다음으로 E-R 모형에 대한 통계적 검증을 제시하기 위해 실질적인 비정책 요인들을 추가했는데 변수들의 조작화는 다음과 같다. 첫 번째 독립변수는 정당일체감 변수이다. 주지하다시피 정당일체감 변수는 초기 미국 선거연구에서 파생된 개념이다(Campbell et al. 1960). 정당일체감은 이념적 일관성과 쟁점에 대한 인지력이 부족한 유권자들이 투표선택에 의존하는 대표적인 요인으로 정당이란 집단에 갖는 심리적인 일체감이다(Converse 1964; Converse and Markus 1979 참조). 물론 정당일체감이 회고적 평가의 "현재까지의 누적 기록(running tally)"이라는 수정주의적 관점(Fiorina 1981)도 존재한다. 문제는 정당일체감을 어떻게 측정할 것인가는 것인데 미국의 경우 심리적인 애착(psychological attachment)의 정도로 설문하는 것이 일반적이나 한국의 경우 대부분이 정당지지 정도를 측정해왔으며 선거마다 일관된 설문을 사용하지도 않았다.

예를 들어, 이 글이 사용하는 데이터에서 정당일체감으로 사용될 수 있는 설문을 살펴보자. 16대 대선의 경우 '응답자가 가장 선호하는 정당'을 '① 한나라당, ② 새천년민주당, … ⑥ 기타'로 물었을 뿐이다. 17대 대선의 경우 통합민주당, 한나라당, 민주노동당 등의 정당들에 대해 10점 만점의 온도지수(thermomter score)가 설문되었을 뿐이다. 18대 대선의 경우 비교적 미국 대선 연구(*ANES: American Election Studies*)와 유사하게 가깝게 느끼는 정당을 복수의 질문을 통해 측정했는데 다음과 같다.

> (문 32) 선생님께서는 우리나라에 있는 정당 중 가깝게 느끼는 정당이 있습니까?
> (문 32-1) 그렇다면, 그 정당은 어느 정당입니까?
> (문 32-2) 그래도 다른 정당에 비해 조금이라도 더 가깝게 느끼는 정당이 있습니까?
> (문 32-3) 그렇다면, 그 정당은 어느 정당입니까?

따라서 정당일체감의 이론적 정의와 경험적 조작화 사이에 일정한 차이를 인정하면서 변수를 사용할 수밖에 없음을 고백해야 할 것 같다. 향후 정당일체감 변수의 유용성 및 조작화 등에 관한 활발한 논의가 필요하다는 지적은 남겨두고자 한다. 다만 그 작업은 이 책의 주제와 연구 범위를 벗어난 일이다. 어쨌든 정당일체감 변수는 16대 대선의 경우 각각 한나라당과 새천년민주당으로 응답한 자료로 각각 한나라당과 새천년민주당에 대한 이변량 변수로 조작했다. 17대 대선의 경우 온도지수가 '한나라당 〉 통합민주당 & 한나라당 〉 민주노동당'인 경우 한나라일체감으로 조작했고, '통합민주당 〉 한나라당 & 통합민주당 〉 민주노동당'인 경우 민주당일체감으로 조작했다. 18대 대선의 경우 새누리당일체감은 (문 32-1)에 새누리당으로 응답한 경우 2점을 부여했고, (문 32-3)에 새누리당으로 응답한 경우 1을 부여했으며, 나머지에 0을 부여 조작해 0~2점을 갖는 3점 척도의 변수로 조작했다. 민주당일체감 역시 (문 32-1)과 (문 32-3)에 민주통합당으로 응답한 경우 새누리당일체감과 똑같은 방식으로 조작했다. 모든 정당일체감 변수는 회귀분석에서 한나라당/새누리당일체감의 경우 종속변수와 양(+)의 관계를 그리고 민주당일체감의 경우 종속변수와 음(-)의 관계를 지닐 것으로 예상된다.

회귀분석에 앞서 정당일체감과 후보선택사이의 관계를 18대 대선을 사례로 〈표 5-1〉의 교차분석을 통해 살펴보자. 결과는 민주당일체감이 강한 21.6%의 응답자 중 약 96.9%가 문재인 후보를 그리고 새누리당일체감이 강한 33.5%의 응답자 중 약 95.2%가 박근혜 후보를 선택했음을 보여주고 있다. 정당일체감의 강도와 후보선택 간에는 통계적으로 유의미하며 강한 상관관계가 발견된다.

두 번째로 유권자의 회고적 평가와 전망적 평가 변수를 사용했다. 현직 대통령의 국정수행 혹은 경제상태에 대한 회고적 평가 대 전망적 평가는 행정부의 업적에 대한 "보상-처벌 가설"(Key 1966; Fiorina 1981), "사회경제(sociotropic) 투표 가설"(Kinder and Kiewiet 1981)과[20] "은행가 대 농민(bankers vs. peasants) 가설"(MacKuen, Erikson and Stimson 1992) 등

〈표 5-1〉 18대 대선에서 정당일체감과 후보선택 사이의 관계

비고		문재인	박근혜	합계	카이제곱
민주당 일체감	0	204(27.8)	529(72.2)	733(69.2)	398.00 (p〈0.001)
	1	85(86.7)	13(13.3)	98(9.2)	
	2	222(96.9)	7(3.1)	229(21.6)	
새누리당 일체감	0	487(76.7)	149(23.3)	635(59.9)	515.37 (p〈0.001)
	1	7(10.1)	62(89.9)	69(6.5)	
	2	17(4.8)	339(95.2)	356(33.5)	
합계		511(48.2)	549(51.8)	1,060(100.0)	

의 경제투표 가설[21] 등으로 요약된다. 문제는 회고적 평가를 어떻게 변수로 조작하는지 인데 이 글이 사용하고 있는 데이터는 역시 일관된 설문을 사용하고 있지 않다. 16대 대선 데이터의 경우 '김대중 정부의 국정수행 정도를' 5점 척도(1. 아주 잘하고 있다, … , 5. 아주 못하고 있다)로 설문했을 뿐이며, 전망적 평가에 대한 설문은 아예 없다. 다행히 17대 대선과 18대 대선은 국가경제에 대한 회고적 평가와 전망적 평가를 5점 척도로 설문하고 있다. 이 변수들은 국정수행이나 국가 경제상태에 대한 평가가 긍정적일수록 여당 후보를 지지할 확률이 높다는 가설 구조를 지닌다. 따라서 회고적 및 전망적 평가 변수는 16대 17대 대선의 후보선택 변수와는 양(+)의 관계를 그리고 18대 대선의 후보선택 변수와는 음(-)의 관계를 지닐 것으로 예상된다. 역시 회귀분석에 앞서 18대 대선을 사례로 교차분석 결과를 〈표 5-2〉를 통해 살펴보자.

---

20) 킨더와 키위트(Kinder and Kiewiet 1981)는 투표자들이 개인적 경제상황(pocketbook)보다 사회경제상황(sociotropic)을 고려하여 투표한다고 주장했다.

21) 매쿠엔 외(MacKuen et al. 1992)는 투표자들은 단순히 수동적으로 과거 정보에 의존하기보다(peasants) 그들의 주관적 경제예측에 필요한 미래에 관한 새로운 공보를 고려한다(bankers)고 주장했다.

〈표 5-2〉 18대 대선에서 국가경제 상태에 대한 평가와 후보선택

비고		문재인	박근혜	합계	카이제곱
회고적 평가	매우 좋아졌다	1(16.7)	5(83.3)	6(0.6)	13.11 $(p<0.011)$
	다소 좋아졌다	40(44.4)	50(55.6)	90(8.5)	
	변화 없다	120(47.2)	134(52.8)	254(23.9)	
	다소 나빠졌다	252(46.2)	294(53.8)	546(51.5)	
	매우 나빠졌다	99(60.0)	66(40.0)	165(15.6)	
	합계	512(48.3)	549(51.7)	1,061(100.0)	
전망적 평가	매우 좋아질 것이다	7(28.0)	18(72.0)	25(2.4)	89.06 $(p<0.001)$
	다소 좋아질 것이다	208(36.4)	364(63.6)	572(54.1)	
	변화 없을 것이다	196(61.3)	124(38.8)	320(30.2)	
	다소 나빠질 것이다	90(69.2)	40(30.8)	130(12.3)	
	매우 나빠질 것이다	10(90.0)	1(9.1)	11(1.0)	
	합계	511(48.3)	547(51.7)	1,058(100.0)	

결과는 보면, 지난 5년 동안의 국가경제가 좋아졌다고 판단하는 9.1%의 응답자 중 57.3%가 박근혜 후보를 선택한 반면, 나빠졌다고 판단하는 67.1%의 응답자 중 49.4%만이 문재인 후보를 선택했음을 알 수 있다. 특히 국가경제가 다소 나빠졌다고 응답한 유권자의 53.8%가 오히려 박근혜 후보를 선택했다. 비록 카이제곱 검증은 통계적으로 유의미하지만($p<0.011$) 국가경제에 대한 회고적 평가가 집권당 후보에게 처벌의 효과가 있다는 회고적 투표 이론을 아주 명쾌하게 검증하고 있진 못하다. 이에 반해 향후 5년 후 국가경제가 좋아질 것이라고 평가한 56.5%의 응답자 중 64.0%가 박근혜 후보를 선택한 반면, 나빠질 것이라고 평가한 13.3%의 응답자 중 70.9%가 문재인 후보를 선택해 회고적 평가 변수보다는 더 강한 상관관계를 보이고 있다.

세 번째 비정책 요인으로 출신지가 각각 영남과 호남인 응답자들을 가변

〈표 5-3〉 18대 대선에서 유권자 출신지와 후보선택 사이의 관계

비고	문재인	박근혜	합계	카이제곱
영남	99(30.9)	221(69.1)	320(30.2)	150.88 (p〈0.001)
그 외 지역	235(44.3)	295(55.7)	530(50.0)	
호남	177(84.3)	33(15.7)	210(19.8)	
합계	511(48.2)	549(51.8)	1,060(100.0)	

수로 만들어 추가했다. 이는 전통적인 지역주의의 효과를 간접적으로나마 살펴보게 해준다. 역시 회귀분석에 앞서 18대 대선을 사례로 교차분석 결과를 〈표 5-3〉을 통해 살펴보자. 30.2%의 영남 출신 응답자 중 69.1%가 박근혜 후보를 선택한 반면, 19.8%의 호남 출신 응답자의 84.3%가 문재인 후보를 지지했다. 그 외 지역에서는 박근혜 후보가 55.7%의 지지를 받아 선전했음도 알 수 있다. 강한 지역주의가 18대 대선에서도 작용했음을 느낄 수 있는 대목이다.

이 외에 유권자의 성(1. 남, 2. 여), 연령(1. 20대 이하, … , 5. 60대 이상), 교육 수준(1. 중졸, … , 3. 대재 이상), 소득수준[22]을 역시 비정책 요인의 통제변수로 추가했다. 이로써 공간이론의 확률적 모형이 일단락되었는데 한 가지 유념할 것은 이 글에서 사용된 변수들이 비정책 요인들 모두를 대표하지는 않는다는 점이다. 다만 이 글에서는 투표행태에 대한 전통적인 연구들이 주요 변수라고 밝혀온 정당일체감, 국가 경제에 대한 회고적·전망

22) 소득수준에 대한 설문은 가계 월평균소득을 설문했으나 응답지는 설문시점에 따라 달랐다. 16대 대선에서는 '① 89만 원 이하, ② 90~119만 원, ③ 120~149만 원, ④ 159~199만 원, ⑤ 200~249만 원, ⑥ 250~299만 원, ⑦ 300~399만 원, ⑧ 400만 원 이상'이었고, 17대 대선에서는 '① 100만 원 미만, ② 100~199만 원, ③ 200~299만 원, ④ 300~399만 원, ⑤ 400~499만 원, ⑥ 500만 원 이상'이었다. 그리고 18대 대선의 설문도 17대 대선과 같은 응답지로 사용되었다. 이 책의 주요 내용이 소득수준과 후보자 선택과의 관계를 정밀 진단하는 것이 아니기에 척도를 조정하지 않고 그대로 사용했다.

적 평가, 그리고 영호남 지역을 대표적인 비정책 변수로 사용했다. 다양한 요인들이 다양한 이유로 사용될 수 있다는 점을 밝혀둔다.

2. 스코필드 이념지도를 이용한 경험분석 결과

1) E-H 모형분석 결과

다음의 〈표 5-4〉는 스코필드의 요인분석을 통해 복구된 이념지도로부터 추출된 이념거리 변수만을 사용해 로지스틱 회귀분석을 실행한 결과이다. 앞서 설명했던 초기 확률적 공간모형(E-H 모형)의 통계적 검증 결과이다.

분석모형의 설명력을 검토하면, 먼저 각 모형은 최소 65% 이상의 적중률(correctly classified)을 보이고 있다. 그런데 모형의 설명력을 나타내는 Pseudo-R^2의 경우 비록 각 대선마다 안정된 수치를 보이고 있지만 대체로 10%를 조금 밑돌거나 상회하고 있다. 이념거리 변수는 설명력이 약 10%밖에 되지 않는다는 것이다. 미국 대통령선거의 경우 상대적인 이념거리가 대체로 30% 이상의 설명력을 지니는데 반해(조성대 2003 참조), 한국 선거에서 10% 정도의 설명력밖에 지니지 않고 있다는 사실은 그만큼 정책이 표상하는 이념이 투표자의 후보선택에 미치는 영향력이 작음을 시사하고 있다.

그럼에도 불구하고 이념거리 변수는 대체로 투표자들의 후보선택을 통계적으로 유의미하게 설명하고 있다. 16대 대선의 경우 이회창과 노무현 후보와의 상대적인 이념거리는 정치안보이념 차원과 사회경제이념 차원 모두에서 후보선택과 통계적으로 유의미한 관계를 보인다. 즉 정치안보이념과 사회경제이념 모두에서 이회창 후보와 이념거리가 더 가까울수록 이회창 후보를 선택할 확률이 증가함을 보여준다. 이러한 현상은 18대 대선에서도 거의 동일하게 발견된다. 다만 17대 대선에서는 사회경제이념의 효과는 발견되지 않았다. 아울러 회귀계수나 표준회귀계수의 크기도 비슷해 선거시기와 관계없이 이념거리가 후보선택에 안정적인 효과를 지니고 있음을 보여준다.

한 가지 특징은 정치안보이념 변수의 회귀계수가 사회경제이념 변수의

〈표 5-4〉 이념지도상 이념거리와 대선 후보선택: E-H 모형

비고	16대 대선 (이회창/노무현)		17대 대선 (이명박/정동영)		18대 대선 (박근혜/문재인)	
	회귀계수	표준 β	회귀계수	표준 β	회귀계수	표준 β
정치안보이념	1.18(0.13)**	0.32	1.04(0.11)**	0.44	1.19(0.11)**	0.38
사회경제이념	1.06(0.23)**	0.16	0.89(1.81)	0.03	1.04(0.26)**	0.15
상수	0.01(0.07)**	–	1.25(0.10)**	–	0.05(0.07)**	–
적중률	64.7		79.4		67.4	
Pseudo R^2	0.08		0.13		0.10	
N	931		714		1,025	

괄호 안의 숫자는 표준오차, ** p〈0.01, * p〈0.05, 표준회귀계수는 완전 표준화방법(bstdXY)을 사용했음

회귀계수보다 크다는 점이다. 회귀모형 내 사용된 변수의 효과를 비교할 수 있게 한 표준회귀계수의 규모로 보면, 세 차례 대선에서 정치안보이념 변수의 표준회귀계수는 사회경제이념 변수의 그것보다 최소 두 배 이상 크다. 즉 정치안보 이념이 자아내는 갈등구조가 한국의 대통령선거를 보다 강하게 규정짓고 있는데 반해 사회경제적 갈등구조는 덜 발달했거나 혹은 유권자들의 선택에 그리 큰 영향을 발휘하지 못했다는 것이다(강원택 2011; 조성대 2008 참조).[23)]

예를 들어, 제4장의 〈표 4-5〉에서 민주당과 새누리(한나라)당 두 후보자 간의 이념거리가 사회경제이념 차원보다 정치안보이념 차원에서 훨씬 컸음을 상기하자. 반복해 보면, 16대 대선에서 18대 대선까지 정치안보이념 차

23) 강원택(2011)은 해방 이후 새로운 국민국가 건설 과정에서 생성된 체제 정체성을 둘러싼 반공 이념이 오늘날 지배적인 정치적 균열을 형성해온 가운데 서구 정치에서 보편적인 자본과 노동 간의 갈등은 냉전하의 반공 이념, 억압적 권위주의 체제 등으로 인해 상대적으로 미약한 형태로 존재하게 되었다고 논거하고 있다.

원에서 두 후보자 간의 거리는 각각 0.60, 0.95, 0.73이었었다. 이에 반해 사회경제이념 차원에서 두 후보자 간의 거리는 각각 0.34, 0.03, 0.29에 불과했다. 특히 17대 대선에서 이명박 후보와 정동영 후보 사이의 사회경제이념의 차이는 거의 없었다. 따라서 사회경제이념 변수의 효과가 무의미하게 나타난 것이다. 그리고 16대 대선과 18대 대선에서는 통계적인 유의미성을 띠고 있지만, 표준회귀계수의 크기로 볼 때, 정치안보이념 변수에 비해 절반 수준의 효과를 발휘하고 있을 뿐이다.

2) E-R 모형분석 결과

(1) 비정책 요인들의 효과

다음으로 〈표 5-5〉의 확률적 공간이론 중 E-R 모형에 대한 회귀분석 결과를 살펴보자. 먼저, 모형의 설명력을 비교해보자. 비정책 요인들이 추가된 이후 모형의 적중률은 80%대 이상으로 향상되었음을 알 수 있다. 더불어 Pseudo-R^2을 보면, 16대에서 18대 대선에 이르기까지 각각 38%p, 35%p, 46%p를 향상시키고 있다. 다시 말해 비정책 요인들에 의존해 후보를 선택하는 유권자들이 상당히 존재한다는 것이다. 즉 확률적 공간이론으로 접어들면서 공간이론은 보다 현실 적합적인 이론의 면모를 갖추어 나가게 되었음을 알 수 있다.

통제변수로 삽입된 유권자들의 사회경제적 지위 중 연령 변수의 회귀결과는 17대 대선 분석에서 통계적인 유의미성을 상실하고 있지만 16대 대선과 18대 대선에서 고연령일수록 이회창 후보와 박근혜 후보를 더 많이 지지하는 결과를 통계적 유의미성과 함께 보여준다. 비록 세대에 대한 조작적 정의를 달리하지만 민주화 이후 선거정치에서 세대 균열의 존재를 발견해온 기존연구의 결과와도 대체로 일치한다(강원택 2002; 박명호 2009; 이갑윤 2011; 정진민 1992; 1994; 정진민·황아란 1999; 황아란 2008).

출신지를 바탕으로 지역주의를 조작한 두 개의 이변량 변수 중 호남 변수의 회귀계수는 모든 대선 데이터에서 통계적으로 유의미하다. 고향이 호남

〈표 5-5〉 이념지도상의 이념거리와 후보자 선택: E-R모형

	16대 대선 (이회창/노무현)		17대 대선 (이명박/정동영)		18대 대선 (박근혜/문재인)	
	회귀계수	표준 β	회귀계수	표준 β	회귀계수	표준 β
정치안보이념	0.81(0.19)**	0.13	0.53(0.17)**	0.15	0.62(0.16)**	0.11
사회경제이념	0.62(0.32)+	0.06	0.47(2.36)	0.003	0.31(0.38)	0.02
민주당일체감	-1.78(0.35)**	-0.23	-1.52(0.37)**	-0.16	-1.56(0.19)**	-0.36
새누리당일체감[a]	2.72(0.27)**	0.39	1.55(0.34)**	0.26	1.50(0.17)**	0.39
회고적 평가	0.56(0.12)**	0.18	0.63(0.18)**	0.18	0.02(0.12)	0.005
전망적 평가	–	–	-0.78(0.30)**	-0.25	-0.52(0.15)**	-0.11
영남	0.71(0.21)**	0.10	0.25(0.35)	0.04	0.07(0.23)	0.009
호남	-2.74(0.74)*	-0.23	-1.38(0.32)**	-0.19	-1.55(0.34)**	-0.17
성	0.34(0.2)+	0.05	-0.03(0.27)	-0.006	0.27(0.21)	0.04
연령	0.03(0.01)**	0.12	0.06(0.13)	0.03	0.37(0.10)**	0.14
학력	0.07(0.17)	0.02	0.49(0.28)+	0.12	-0.07(0.20)	-0.01
소득	0.02(0.05)	0.01	-0.15(0.10)	-0.08	-0.03(0.09)	-0.01
상수	-4.22(0.81)**	–	-0.22(1.29)	–	0.01(0.94)	–
적중률	83.2		89.7		86.7	
Pseudo R^2	0.46		0.48		0.56	
N	891		686		1,014	

괄호 안의 숫자는 표준오차, a. 16대와 17대 대선의 경우 한나라당일체감
** p〈0.01, * p〈0.05, + p〈0.10

인 경우 민주당계의 대선 후보를 지지할 확률이 증가함으로 보여주고 있다. 그런데, 영남 변수는 오직 16대 대선에서만 통계적으로 유의미하며 가설이 예견하는 효과를 보여주고 있을 뿐이다. 17대와 18대 대선에서 경우 영남 변수는 교차분석에서 후보선택과 유의미한 관계를 보였었다.[24] 그러나 다

24) 17대 대선 데이터에서 영남 변수와 후보선택 변수 사이의 교차분석 결과는 영남 출신

른 독립변수와 함께 회귀했을 때 통계적인 유의미성을 상실하고 있다.

다음으로 회고적 및 전망적 평가를 나타내는 변수들의 효과를 살펴보자. 16대 대선 회고적 평가 변수의 회귀결과는 김대중 정부의 국정수행에 대한 회고적 평가가 부정적일수록 한나라당의 이회창 후보를 선택할 확률이 증가함을 보이고 있다. 통계적으로도 유의미하다. 이에 반해 회고적 및 전망적 평가가 대통령의 국정수행이 아니라 국가의 거시경제 상태를 물었던 17대 대선과 18대 대선의 회귀분석 결과는 몇 가지 점에서 흥미롭다.

첫째, 17대 대선에서 민주당 행정부하의 국가경제에 대한 부정적인 평가는 집권당 후보인 통합민주당 정동영 후보에 대한 지지 감소로 나타났다. 그러나 18대 대선에서 이명박 행정부하의 국가경제에 대한 부정적인 평가는 집권당 후보인 새누리당 박근혜 후보에 대한 지지 감소로 나타나지 않았다. 18대 대선에서 국가경제 상태에 대한 유권자의 회고적 평가가 그들의 대선 후보선택에 아무런 영향을 미치지 못한 것은 이미 8개월 전 치러진 19대 총선에서 예견된 것이었다(강원택 2012). 국가경제에 대한 회고적 평가가 새누리당 지지와 아무런 관계가 없었기 때문이다. 자연스럽게 '왜?'라는 질문이 던져지는데 아마도 박근혜 후보가 이명박 대통령과 같은 정당 소속이었지만 대통령의 임기 초반부터 거리두기를 시도한 결과가 아니겠는가는 추측이 그럴듯해 보인다.[25]

이라고 응답한 투표자 34.7% 중 91.2%가 이명박 후보를 선택했고 그 외 지역 출신이라고 응답한 투표자 65.3% 중 74.5%만이 역시 이명박 후보를 선택한 것으로 나타났다. 카이제곱 결과는 통계적으로 유의미했다(카이제곱 31.42, p<0.001). 18대 대선에서는 영남 출신이라고 응답한 30.6%의 투표자 중 72.5%와 박근혜 후보를 선택한 반면, 그 외 지역 출신이라고 응답한 69.4%의 투표자 중 48.8%만이 박근혜 후보를 선택한 것으로 나타났다. 카이제곱 결과는 역시 통계적으로 유의미했다(카이제곱 50.81, p<0.001).

25) 박근혜는 '허니문 총선'으로 치러진 2008년 4월 18대 총선에서 이른바 친박계 인사들이 공천에서 대거 탈락하는 사태가 빚어지자 공천의 공정성이 결여되었다고 비판함으로써 현직 대통령과 거리두기를 시작했다. 2009년 10·28 재보궐선거가 끝난 후 정운찬 총리가 세종시 재검토(철회)에 속도를 내자 10월 말 박근혜 의원은 국민적 약속과 정치적 신뢰를 문제삼아 원안 고수 입장을 밝혔다(연합뉴스 2009/10/23). 아

둘째, 17대 대선과 18대 대선에서 전망적 평가 변수의 효과 역시 상반된 결과를 보여준다. 18대 대선의 경우 국가경제 상태에 대한 긍정적인 전망은 여당 후보인 박근혜 후보에 대한 지지를 증가시키는 것으로 나타나 가설이 예견하는 효과를 보이고 있다. 즉 미래 국가경제에 대한 전망이 현재의 여당에 대한 보상과 처벌의 기재로 활용되고 있음을 보여준다. 그러나 17대 대선의 경우 국가경제 상태에 대한 긍정적인 전망은 여당 후보인 정동영 후보에 대한 보상으로 나타나지 않고, 오히려 야당 후보인 이명박 후보에 대한 지지를 증가시키고 있다. 이는 이명박 후보가 '경제살리기'를 선거운동의 주요한 슬로건으로 내세워 쟁점을 선점하고 주도했기 때문으로 보인다. 즉 미래 국가의 경제에 대해 유권자의 관심을 사로잡을 만큼 쟁점을 주도할 경우 유권자는 미래 경제에 대한 판단을 여당에 대한 보상과 처벌의 기재로 사용하기보다 쟁점을 주도하는 후보에 대한 투자 기재로 활용할 수 있음을 엿보게 한다.

울러 10월 29일 정운찬 총리의 면담 제안에 대해서도 일축하며 자신의 입장을 끈덕지게 고수했다(대전일보 2009/10/31). 결국 세종시 수정안은 2010년 6월 국회에서 폐기되었다. 2011년 9월 28일 서울시장 재보궐선거에서 한나라당이 패한 후 당 비상대책위원장으로 선출된 박근혜는 2012년 2월 13일 당명을 새누리당으로 변경하면서 이명박 정부와의 차별화를 시도했다. 3월 20일 19대 국회의원 선거 중앙선거대책위원장에 추대되면서 이명박 대통령의 국정운영에 대한 지지가 악화된 레임덕 국회의원 선거에서도 과반의석(152석)을 차지하는 성공을 이루었다. 이 총선에 대한 한 연구는 회고적 평가가 이루어지 않았다고 분석하며 12월로 예정된 대통령선거를 의식한 전망적 투표 때문인 것으로 평가하기도 했다(강원택 2012). 즉 집권당에 대한 지지와 현직 대통령의 국정운영에 대한 평가 간의 고리를 끊고 향후 치르게 될 대선에서 자신의 지지와 연결시키는 전략을 취한 결과라는 것이다. 이후 박근혜 후보의 거리두기 행보는 8월 20일 전당대회에서 18대 대통령선거 후보로 선출되면서 기본 골격이 강화되었다. 심지어 11월 말 부산 지역의 선거운동에서 "노무현 정부도 민생에 실패했고, 이명박 정부도 민생에 실패했다"며 "저는 과거 정권과는 완전히 다른 세상과 정부를 만들겠다"고 말하는 등 이명박 행정부와의 완전히 정치적으로 결별하는 모습을 보였었다(뉴스원 2012/11/31). 이러한 그녀의 행보는 결국 유권자들로 하여금 이명박 정부와 다른 후보로 인식하게 만든 것으로 보인다. 그리고 그 캠페인 전술은 국가경제에 대한 회고적 평가가 후보선택에 영향을 미치지 못하게 만든 것이 아닌가 판단된다.

다음으로 정당일체감의 효과를 살펴보자. 두 정당일체감 변수의 회귀계수는 모든 대선 모형에서 통계적인 유의미성을 지니며 가설이 예견하는 효과를 보여주고 있다. 민주당일체감 변수는 새누리당(한나라당) 소속의 세 후보에 대한 선택을 감소시키고 있는 반면, 새누리당(한나라당)일체감 변수는 세 후보에 대한 선택을 모두 증가시키고 있다. 표준회귀계수를 살펴보면 사용된 독립변수들 중 가장 크다. 즉 다른 변수들보다 후보선택에 미친 영향력이 압도적이었다는 것이다. 특히 새누리당일체감 변수의 효과가 민주당일체감 변수의 효과보다 크다는 점은 한국정치에서 보수정당으로의 응집력이 상대적으로 더 높음을 시사하고 있다.

(2) 이념거리 변수의 효과

본격적으로 비정책 요인들이 추가된 후의 이념거리 변수들의 효과를 살펴보자. 우선, 이념거리 변수의 회귀계수의 크기가 일정하게 감소한 것을 알 수 있다. 이는 앞서 결정적 공간모형에서 이념거리 변수의 효과가 다른 변수의 효과를 고려하지 않아 다소 과장되었음을 추론하게 만든다. 예를 들어, 18대 대선 모형의 경우 〈표 5-4〉에서 정치안보이념 변수와 사회경제이념 변수가 박근혜 후보에 대한 선택에 미친 효과는—표준회귀계수를 살펴보면—각각 0.38과 0.15였다. 그러나 비정책 요인들이 추가된 후의 효과는 각각 0.11과 0.02으로 축소되었다. 더욱이 사회경제이념 차원의 이념거리 변수의 효과는 더욱 감소해 아예 통계적 유의미성을 잃어버리거나(18대 대선 모형) 혹은 유의미성이 감소(16대 대선 모형, p〈0.058)한 것으로 나타났다.

둘째, 정치안보이념 변수는 모든 대선에서 후보선택과 통계적으로 유의미한 관계를 비교적 일관되게 보여주고 있다. 확률적 공간모형이 적용되어서도 이 변수의 효과는 세 차례 대선에서 모두 한나라당-새누리당 후보와 이념거리가 더 가까울수록 그들을 지지할 확률이 증가함을 보여주고 있다. 표준회귀계수의 크기 또한 선거마다 약간의 편차만 있을 뿐 대동소이하다. 남북관계와 한미관계 등의 안보정책이나 그 밖의 정치개혁 쟁점들이 자아내는 갈등구조가 2000년 이후 대선에서 지배적인 영향력을 발휘했음을 알 수 있다.

18대 대선을 예로 들어보자. 새누리당의 박근혜 후보와 민주당의 문재인 후보 사이의 안보정책은 가파른 차이를 보였다. 박근혜 후보는 한미동맹과 대북억지를 정책 기조로 제시하며 비핵화 문제는 남북관계의 다른 쟁점과 분리해서 접근해야 하고 비핵화에 대한 의미 있는 접근을 보이지 않을 경우 북한에 대한 경제지원이 사실상 불가하다는 입장을 보였었다. 이에 반해 문재인 후보는 대중·대미 관계의 재정립과 대북 경제관계의 확대를 기조로 남북 간 무역과 투자 확대를 통해 군사적 긴장 완화와 비핵화를 추진한다는 남북경제연합 구상을 발표했었다. 이렇듯 안보정책에 있어 새누리당(한나라당)과 민주당 간의 가파른 차이로 인해 정치안보이념 차원에서 후보자 간의 이념거리가 사회경제이념 차원에서의 후보자 간 이념거리보다 훨씬 크게 나타났고 또 회귀분석에서 통계적인 유의미성뿐만 아니라 효과도 더 크게 나타났던 것이다.

셋째, 사회경제이념 변수의 효과가 거의 나타나지 않음은 흥미롭다. 우리는 제3장에서 이념지도의 수직차원에 다양한 사회경제정책 변수들이 적재되어있음을 살펴보았었다. 그리고 〈표 5-4〉의 E-H 모형의 분석 결과에서 16대 대선과 18대 대선의 사회경제이념 변수가 통계적으로 유의미하게 대선 후보선택을 설명하고 있음을 살펴보았었다. 그런데, 비정책 요인들을 포함한 E-R 모형에서는 통계적인 유의미성이 감소하거나(16대 대선) 혹은 유의미성을 상실한(18대 대선) 결과가 나타났다. 특히 18대 대선에서 복지와 경제민주화가 주요 쟁점으로 등장했음을 고려할 때(장승진 2013a), 사회경제이념이 투표자들의 선택에 영향을 미치지 못했다는 회귀분석 결과는 자못 의아스럽기까지 하다.

그러나 자세히 살펴보면, 이해할 수 없는 결과는 아닌 것 같다. 18대 대선 과정에서 경제 쟁점에 있어 박근혜 후보와 문재인 후보의 공약은 거의 차이가 없다고 판단될 정도로 수렴되는 현상을 보였었다. 특히 박근혜 후보는 경제민주화를 그녀의 주요 의제로 채택해 2007년 17대 대선 한나라당 경선에서 보였던 태도와 정반대의 모습을 보였었다. 17대 대선 당시 박근혜 후보는 이명박 후보와의 한나라당 대선 후보경선에서 소위 '줄푸세' 슬로건을 통해 감세, 규제완화, 법치를 강조했었다. 그러나 18대 대선에서 입장을 180도 선회해 복지와 경제민주화 쟁점을 선점하면서 문재인 후보와의 간격을 좁혔다. 다시 말해, 18대 대선의 종합모형에서 사회경제이념 변수의 통계적 유의미성이 감소한 것은 결국 유권자들이 사회경제적 정책 영역에서 두 후보자 간의 차이를 구분하기 힘들었기 때문이 아닌가 하는 것이다.

마지막으로 이념거리 변수의 한계효과에 대해 살펴보자. 선거운동 기간에 후보자들은 정책 변화를 꾀함으로써 이념적 변신을 시도할 수 있다. 18대 대선 기간 동안 박근혜 후보가 복지와 경제민주화 영역에서 보였던 변화가 대표적인 예일 것이다. 과연 정책 변화가 득표율에 어떤 효과가 있을 수 있을까? 물론, 복지와 경제정책에서 17대 대선과 18대 대선에서의 박근혜 후보의 변신이 대선 득표율에 미친 효과를 분석하는 작업은 결코 쉽지 않다. 패널 데이터(panel data)가 없이는 불가능한 작업이다. 아쉽게도 우리에게는 패널 데이터가 없고 이 책에서 사용하고 있는 데이터로 해법을 모색할 수밖에 없다. 비교적 단순한 방법은 정치안보이념 변수와 사회경제이념 변수의 한계효과(marginal effect)를 살펴보는 방법이다.

이를 위해 가상의 유권자를 가정해보자. 이 가상의 유권자는 40대 남성으로 소득수준이 중간정도이고 대재 이상의 학력을 지닌 사람이다. 아울러 영남과 호남 외의 지역 출신이고, 정치적으로는 무당파이며, 과거 국가경제나 미래 국가경제가 별 변화가 없으리라고 평가하는 사람이다. 이 상황아래 정치안보이념 변수와 사회경제이념 변수의 한계효과는 이념거리가 새누리당(한나라당) 후보에게 이념적으로 가까울수록 후보자를 선택할 확률의 증감을 나타내준다.[26] 결과는 〈도표 5-1〉에 제시되어 있다.

첫째, 정치안보이념 변수의 한계효과는 각 대선에서 거의 변화가 없이 일

---

26) 통계적으로 한계효과는 변수의 변량이 -1/2 단위(unit)에서 +1/2 단위 증가했을 때의 예측치(로지스틱 회귀의 경우 확률)의 변량을 표현해준다. 아울러 95%의 신뢰구간 예측치를 제시해 변수의 한계효과가 통계적으로 유의미한지 검증할 수 있게 해준다.

〈도표 5-1〉 스코필드 방법에 의한 이념거리 변수의 한계효과

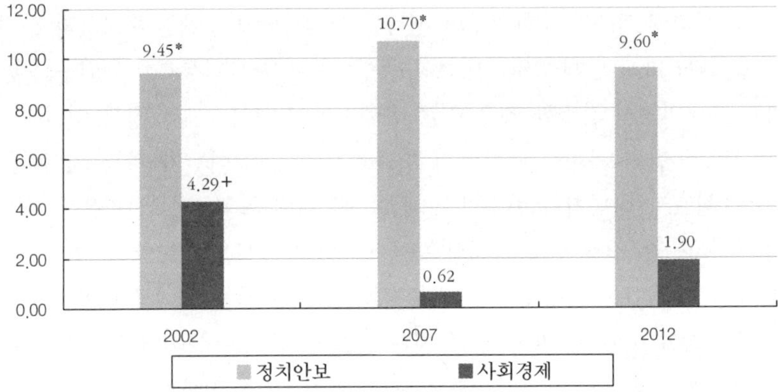

* p〈0.05, + p〈0.10, 95% 시뮬레이션 신뢰구간

정하며 통계적으로 유의미하다. 이는 민주화 이후 정치안보이념의 안정성과 지속성을 보여주고 있다. 특히 분단이라는 역사적 현실에서 안보정책이 후보자를 선택하는 주요한 기준이 되고 있음을 나타내주고 있다. 예를 들어, 18대 대선에서 박근혜 후보와의 정치안보이념거리가 1단위[27)]가 줄어들 경우 박근혜 후보를 선택할 확률은 9.6% 증가함을 보여주고 있다. 둘째, 사회경제이념 변수의 한계 효과도 16대 대선에서 정치안보이념 변수의 효과의 절반 규모로 10%의 신뢰구간에서 통계적 유의미하게 나타났다. 그러나 그 효과는 17대 대선에서는 거의 없었고 18대 대선에서도 거의 무시해도 될 정도로 나타났다. 이는 두 선거에서 후보자들이 이미 사회경제적 차원에서 차이를 발견하지 못할 정도로 수렴되었기 때문에 더 이상의 정책적 이동이 그들에게 가져다 줄 수 있는 이점이 없었음을 의미하기도 한다.

27) 이는 정치안보이념거리=0.008, 사회경제이념거리=0.017을 의미한다.

3. 카훈-히닉 방법을 이용한 경험분석 결과

앞서 제3장에서 카훈-히닉 방법을 통해 복구된 한국정치의 이념지도도 그 성격이 스코필드 방법을 통해 구성된 한국정치의 이념지도와 아주 유사함을 살펴보았었다. 안보관련 쟁점들이 수평차원과 의미 있는 상관관계를 지니고 있어 역시 수평차원을 정치안보이념 차원으로 정의했었다. 단 카훈-히닉 방법을 이용한 이념지도는 선험적인 가정을 두어 수평차원을 지역주의 변수와 가장 큰 상관관계를 갖도록 조정했었다. 따라서 수직차원에서 발견되는 갈등 혹은 균열구조는 지역주의와 독립적인 관계를 지니고 있다. 그리고 이러한 독립적인 관계는 그 갈등규모가 확대될 경우 지역주의를 대체할 수 있는 성격을 내포한다고 설명했었다. 그리고 고속득자 증세와 경제민주화 쟁점들이 수직차원과 의미 있는 상관관계를 지니고 있었고 따라서 이념지도의 수직차원을 사회경제이념 차원으로 정의했었다.

이제 이념지도에서 추출한 이념거리 변수가 후보자 선택과 갖는 통계적 관계를 살펴보자. E-H 모형에 대한 분석은 생략하고 바로 E-R 모형을 검토해보자. 〈표 5-6〉은 비정책 요인을 추가한 후보선택의 종합모형을 로지스틱 회귀한 결과이다.[28]

결과를 〈표 5-5〉와 비교해보면 비정책 요인들의 효과가 상당히 안정적임을 알 수 있다. 우선 투표자의 사회경제적 지위를 나타내는 변수 중 17대 대선에서는 학력 변수만이 통계적인 유의미성과 함께 고학력일수록 이명박 후보를 지지할 확률이 증가함을 보여준다. 18대 대선의 경우 연령 변수만이 통계적으로 유의미하며 고연령일수록 박근혜 후보를 지지할 개연성이 높음을 보여준다. 지역 변수의 효과도 동일하다. 즉 호남 출신일수록 17대 대선

28) 비정책 요인들의 추가는 모형의 설명력을 대체로 향상시켰다. E-H 모형에 비해 E-R 모형은 적중률을 공히 약 10%p 정도 향상시켰다. 더불어 Pseudo-R^2값도 17대와 18대 대선에서 각각 42%p와 27%p가 향상되었다. E-H 모형에서 모형의 설명력은 17대 대선의 적중률은 81.5%, Pseudo-R^2은 0.15였고 18대 대선의 경우 각각 81.8%와 0.40이었다.

에서 정동영 후보 그리고 18대 대선에서 문재인 후보를 지지할 확률이 높으나 영남 변수는 통계적 유의미성을 상실하고 있다.

국가경제에 대한 회고적 평가와 전망적 평가의 패턴도 동일하다. 17대 대선의 경우 노무현 행정부 아래 국가 경제에 대한 실망감이 클수록 그리고 미래 국가 경제에 대해 긍정적 전망을 지닐수록 이명박 후보를 지지할 개연성을 지닌다. 반면 18대 대선의 경우 이명박 행정부하의 국가 경제상태에 대한 평가는 통계적으로 무의미해 여당 후보인 박근혜 후보의 득표에 아무런 영향을 미치지 않았음을 보여준다. 반면, 미래 국가 경제에 대한 어두운 전망은 여당 후보인 박근혜 후보에게 부정적인 효과를 미치고 있다. 정당일체감 변수의 효과도 다르지 않다. 한나라당/새누리당에 일체감을 느낄수록 이명박 후보와 박근혜 후보를 지지하는 경향이 있으며, 반대로 민주당계를 지지할수록 정동영 후보와 문재인 후보를 지지하는 경향이 발견된다. 아울러 표준회귀계수로 비교했을 때, 변수의 효과는 사용된 독립변수 중 — 18대 대선의 정치안보이념 변수를 제외하고 — 가장 큰 효과를 지니고 있다.

이 글의 핵심이 되는 이념거리 변수의 효과를 살펴보면, 정치안보이념 변수는 통계적인 유의미성과 더불어 17대 대선과 18대 대선 모두 후보선택에 영향을 미치고 있다. 특히 18대 대선의 정치안보이념은 사용된 독립변수 중 가장 큰 효과를 지니고 있다. 여기서 우리는 카훈-히닉의 방법으로 구축된 공간지도가 스코필드 방법의 이념지도와 달리 수평차원이 지역주의 변수와 최대화된 상관관계를 지닌다는 점을 고려할 필요가 있다. 이는 안보정책을 둘러싼 이념적 갈등구조가 지역주의와 병렬적임을 시사한다. 수평차원에서 전개되는 이념적 균열은 결국 지역주의에 의해 포획되거나 혹은 지역주의의 하위균열이 될 가능성이 농후하다. 따라서 미래 갈등구조의 대체를 통해 정당정치의 재편성을 의도하고자 한다면 수직차원의 갈등구조가 후보선택에 미치는 영향을 자세히 살펴볼 필요가 있다.

앞서 〈표 5-5〉의 스코필드 방법의 결과와 마찬가지로 카훈-히닉 방법에 의해 추출된 사회경제이념 변수도 17대 대선에서 통계적 유의미성을 상실한 효과를 보이고 있다. 이는 수직축의 이념적 갈등구조가 아직 선거정치

〈표 5-6〉 이념거리와 후보자 선택: 비정책 요인 포함

	17대 대선 (이명박/정동영)		18대 대선 (박근혜/문재인)	
	회귀계수	표준 β	회귀계수	표준 β
정치안보이념	0.31(0.14)*	0.16	0.40(0.08)**	0.49
사회경제이념	0.14(0.32)	0.02	0.31(0.12)*	0.12
민주당일체감	-1.69(0.42)**	-0.17	-1.73(0.26)**	-0.27
새누리당일체감[a]	2.07(0.45)**	0.30	1.26(0.19)**	0.22
회고적 평가	0.62(0.24)**	0.17	0.16(0.14)	0.02
전망적 평가	-0.86(0.26)**	-0.21	-0.41(0.15)**	-0.06
영남	0.30(0.41)	0.04	-0.20(0.29)	-0.01
호남	-1.59(0.37)**	-0.19	-1.35(0.39)**	-0.10
성	0.05(0.33)	0.01	0.30(0.25)	0.02
연령	0.14(0.16)	0.06	0.30(0.12)*	-0.04
학력	0.71(0.36)*	0.16	-0.29(0.22)	0.07
소득	-0.14(0.12)	-0.07	0.06(0.11)	0.02
상수	-0.62(1.51)	-	3.93(0.15)**	-
적중률	91.7		91.2	
Cox and Snell R^2	0.57		0.67	
N	613		929	

괄호 안의 숫자는 표준오차, a. 17대 대선의 경우 한나라당일체감, ** p〈0.01, * p〈0.05

영역에서 당시까지 저발전되었음을 의미한다. 그러나 18대 대선에서 수직 차원의 사회경제이념 변수는 비록 회귀계수의 크기가 수평축의 정치안보이념 변수보다 작지만 후보선택에 유의미한 영향을 미치고 있다. 앞서 스코필드 방법의 종합모형에서 사회경제이념 변수가 통계적인 유의미성을 상실했음을 고려할 때 결과는 상당히 대조적이다. 그러나 스코필드 방법의 E-H 모형에서 사회경제이념 변수가 통계적으로 유의미한 효과를 보였음을 고려

한다면, 비록 18대 대선에서 유권자들이 양 후보자들의 사회경제적인 정책을 구분하기 힘들었지만 후보선택을 유도하는 하나의 기준으로 일정하게 활용했었다고 나름 추론할 수 있을 것이다. 이러한 사회경제이념 변수의 효과는 미래 정당정치의 재편성에 대한 전망에서 중요한 함의를 지닌다. 이는 결론에서 자세히 논의된다.

이제 마지막 단계인 이념거리 변수의 한계효과를 살펴보자. 결과는 아래의 〈도표 5-2〉에 제시되어 있다. 정치안보이념 변수의 한계효과는 스코필드 방법에서의 정치안보이념 변수의 효과가 규모면에서 아주 유사하다. 17대 대선보다 18대 대선에서의 변수의 효과가 약간 감소했다는 점도 똑같다. 17대 대선에서 사회경제이념 변수의 효과가 거의 무시할 정도로 발견되지 않는다는 점도 같다. 그런데 18대 대선에서의 사회경제이념 변수의 효과는 17대 대선에 비해 규모가 상대적으로 클 뿐만 아니라 통계적으로 유의미하다. 이는 17대 대선에 비해 18대 대선에서 사회경제정책이 자아내는 이념적 효과가 증가했음을 의미한다. 물론 스코필드 방법에서 사회경제이념 변수의 한계효과가 거의 나타나지 않았음을 고려한다면 18대 대선에서 사회경제이

〈도표 5-2〉 카훈-히닉 방법에 의한 이념거리 변수의 한계효과

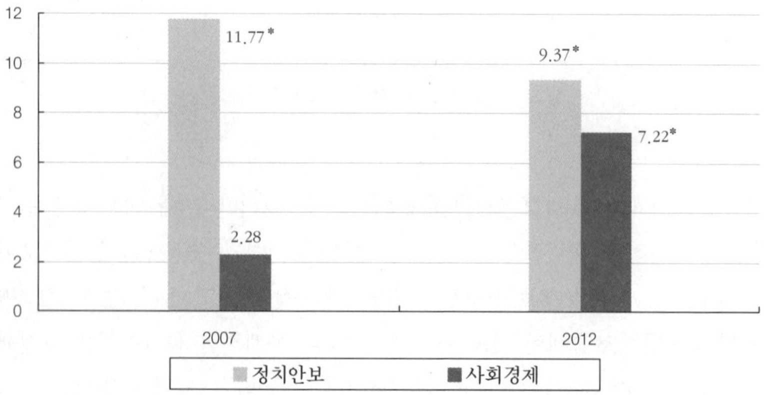

* p<0.05, 95% 시뮬레이션 신뢰구간

념이 후보자 선택에 실제 미친 영향에 대한 추측은 좀 더 절제될 필요가 있을 것이다.

III. 소결

지금까지의 논의를 요약하면 다음과 같다. 무엇보다 다운스의 결정적 공간이론을 넘어 확률적 공간이론으로의 발전이 한국의 선거에서도 경험적으로 입증이 되었다는 점을 들 수 있다. 그동안 한국 선거연구에서 공간이론의 적실성에 대한 고민이 부족했던 것이 사실이다. 사실 다운스의 공간이론이 소개된 이래 한국 선거를 사례로 이렇다 할 경험분석이 제시되지 않았었다(예외적으로 안순철 2001; 조성대 2008 참조). 그러나 스코필드 방법과 카훈-히닉 방법을 적용한 경험분석 결과는 다운스로부터 유래된 공간이론이 한국의 선거에도 훌륭히 적용될 수 있음을 보여준다. 보다 구체적으로 정책이 수반하는 이념적 갈등구조가 공간이론의 예측과 상응하는 방식으로 한국의 선거정치에서도 유의미한 효과를 발휘하고 있다는 점에서 의미가 크다.

그동안 한국 유권자의 합리성, 특히 정책을 둘러싼 효용에 대한 고민과 믿음이 부족했던 것이 사실이다. 이는 지역주의라는 거대 균열 아래 합리적 선택이 과연 한국의 선거에서도 가능할까는 의문에 갇혀 지내왔기 때문일 것이다. 그러나 스코필드 방법과 카훈-히닉 방법을 통해 복구된 이념지도에서 추출된 이념거리는 2000년 이후 대통령선거에서 유권자의 후보선택과 나름대로 유의미한 상관관계를 지니고 있었다. 특히 이념지도의 수평차원을 구성하는 정치안보이념은 여전히 한국의 선거정치를 지배적으로 구성하는 역할을 수행하고 있었다. 여기에 공간지도의 수평축에 지역주의 균열을 최대화한 카훈-히닉의 공간지도에서 수직차원의 사회경제이념 변수가 후보선택에 유의미한 효과를 지닌다는 점은 나름대로 주목할 만하다. 향리성에 상당히 깊게 뿌리박은 지역주의와 안보이념이 아직 대부분의 선거를 좌우할 만큼 그 영향력이 지대하지만, 그 와중에도 사회경제정책이 가져다주는 혜택을 계산하여 효용을 최대화하는 합리적인 선택을 행하는 유권자들이 등장하고 있음을 시사하기 때문이다.

제3부

공간이론의 확장과 적용: 18대 대선

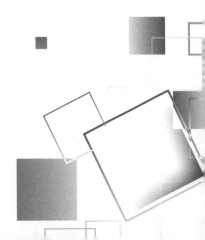

제6장

정치적 세련도와 이념투표

I. 이론적 배경

우리는 지금까지 전통적인 공간이론을 이용해 한국정치에서 이념투표 현상을 이론적·경험적으로 진단했었다. 특히 한국정치의 이념지도가 정치안보이념과 사회경제이념이라는 두 축으로 구조화되어 왔으며 정당들이 이 이념공간에서 선거경쟁을 벌이고 있음을 살펴보았다. 아울러 유권자와 후보자간의 거리로 측정된 이념 변수들은 비정책 요인들의 효과가 통제된 이후에도 한국 유권자들의 투표선택에 유의미한 영향력을 지니고 있음을 살펴보았다. 특히 정치안보이념의 경우 효과가 두드러지게 나타났었다.

그런데 보다 최근의 이론적 논의는 과연 유권자들 모두가 자신의 이념적 입장과 정당이나 후보자들의 입장 사이의 거리를 제대로 잘 파악하고 이를 통해 합리적인 산술을 이끌어내는가에 의문을 품는다. 즉 공간분석을 통해 유권자의 투표행태를 설명하고자 했던 대부분의 기존연구들은 하위 집단별

차이가 있을 수 있음을 인정하지 않고 이념거리의 효과를 일괄적으로 적용해왔다는 것이다. 이러한 문제제기가 공간이론가들뿐만 아니라 투표행태를 연구하는 많은 학자들 사이에서 논란을 일으켰음을 물론이다. 추상적인 이념의 구체적인 함의를 파악할 수 있는 정합성은 고사하고 진보-보수의 이념 공간에서 정당 및 후보자의 위치도 심지어 자신의 입장도 파악할 능력이 없는 유권자들이 많다는 지적은 문제제기의 뿌리가 된다(Campbell et al. 1960; Converse 1964).

곧 유권자들 내의 집단적 이질성(heterogeneity)의 효과에 대한 연구가 제시되었다(대표적으로 Bartle 2000; Pattie and Johnston 2001 참조). 지지할 정당이나 후보자를 결정할 때 다양한 정책과 비정책 요인들을 고려하는 능력이 하위 집단별로 체계적으로 다를 수 있다는 것이다. 그 다름은 단지 무작위적 과정이 아니라 특정한 성격에 기인되며 그 특정한 성격은 곧 이념에 기초해 후보선택을 결정하는 유권자 집단과 이념 외의 다른 요인들에 의거해 후보선택을 결정하는 유권자 집단을 구분할 수 있을 것이라는 문제제기로 이어졌다.

이러한 문제의식은 곧 유권자들의 정치적 세련됨(political sophistication)에 주목하게 했다. 즉 정치적으로 세련된 유권자들일수록 이념 및 정책에 기초해 후보선택을 하는 반면 정치적으로 세련되지 못한 유권자들은 이념이나 정책보다는 다른 비정책적 동기에 의존하게 된다는 것이다. 정치적으로 세련된 사람들은 정치정보에 민감하며 기꺼이 정당이나 후보자들에 대한 정보를 수집하고 분석하여 그 차이를 쉽게 계산해 투표에 임하는 반면 정치적으로 세련되지 못한 유권자들은 정치정보의 처리에 따른 비용 지불을 꺼리며 정책보다 더 쉬운 단서에 의존할 가능성이 높다는 것이다.

이제 유권자들의 정치적 세련됨을 어떻게 측정할 수 있을까에 관심이 모아질 수밖에 없다. 기존연구는 '인지 조직(cognitive organization)'과 '저장된 인지의 양(quantity of stored cognitions)'이라는 유사하지만 다른 개념으로 정치적 세련됨에 접근해왔다(Luskin 1987).

첫째, '인지 조직'으로서의 세련됨은 진보-보수의 단일차원 혹은 일련의 정책들에 대한 집합적 태도를 일반화하는데 있어 관련 정보를 이해하고 사용할 수 있는 인지 능력에 초점을 맞춘다. 일관된 이념 태도를 결여한 유권자들의 경우 정치적 세련됨을 갖추지 못했다는 지적이 대표적인 예이다(Converse 1964). 이에 반해, 상대적으로 명확한 이념을 지닌 유권자들은 자신의 이념성향과 비슷하거나 다른 정당이나 후보자들을 쉽게 판별할 수 있다는 것이다. 이후 다양한 연구들은 이념이 인지 능력의 대표적인 장치라는 명제 아래 이념적 신념체계를 정치적 세련됨과 일치시켜 활용했다(Gerring 1997; Jost, Nosek and Gostling 2008).

둘째, '저장된 인지의 양'은 정보, 지식, 그리고 자각의 수준으로 정치적 세련됨에 접근한다. 일관된 인지 기관을 가지기위해서는 관련 정보를 수집해야 한다. 이렇게 수집한 정치정보의 양은 그것이 얼마나 정확한가와 더불어 개인의 인지를 조직하는 과정과 밀접하게 연계된다. 경험 연구에서 이러한 정치정보의 수집과 인지의 조직화는 일반적으로 개인의 지식의 양으로 측정되어 왔다. 가장 단순한 예는 유권자의 교육수준을 활용하는 것이다(Maddens 1996; Pattie and Johnston 2001; Todosijević 2005). 그러나 유권자의 교육수준이 그(녀)가 지닌 정치지식의 양을 적절하게 대표한다고는 보기 어렵다. 보다 적절한 방법은 정치적 사실을 얼마나 잘 인지하고 있는가를 직접 물어서 지니고 있는 정치정보의 양을 측정하는 방법일 것이다. 그리고 대부분의 기존연구들은 이 방법에 의존하고 있다(Delli Carpini and Keeter 1993; Gomez and Wilson 2001; Luskin 1987).

실제 이념투표는 정합적인 인지 과정을 요구할 뿐만 아니라 정치정보를 얼마나 제대로 습득하고 있는가와도 밀접하게 연관되어 있다. 따라서 두 접근법이 모두 유용하며 실제 정치적 세련됨과 쟁점투표에 대한 다양한 연구에 공히 사용되어 왔다. 따라서 이 장에서는 두 접근법 모두를 활용해 과연 이념투표가 정치적 세련도에 따라 다르게 나타나는지 18대 대선을 사례로 자세히 살펴보기로 하겠다.

Ⅱ. 분석 방법

우리는 이미 제3장에서 제5장까지 주로 스코필드 방법을 활용해 한국정치에서 이념투표 현상을 경험적으로 진단했었다. 이번 제6장에서는 카훈-히닉 방법을 이용해 구축한 이념지도를 가지고 유권자의 정치적 세련됨과 이념투표 간의 관계에 대해 살펴보자.

독자들의 편의를 위해 제3장에서 제시했던 18대 대선의 카훈-히닉의 이념지도를 〈도표 6-1〉을 통해 다시 한번 살펴보자. 이념지도는 이차원 공간에서 정당과 후보자의 위치와 더불어 도표상에 표시되지 않았지만 유권자들의 위치에 대한 정보를 지니고 있다. 따라서 각 차원 — 정치안보이념 차원과 사회경제이념 차원 — 에서 유권자와 후보자 간의 유클리드 단순 이념거리는 어렵지 않게 측정될 수 있다.

이제 정치적 세련도를 측정하는 방법을 살펴보자. 첫째, 정치적 세련됨을 유권자의 이념성향과 일치시킨 방법부터 살펴보자. 이미 제4장에서 살펴보았듯이 18대 대선 서울대 한국정치연구소의 데이터는 일차원의 진보-보수

〈도표 6-1〉 18대 대선의 카훈-히닉 이념지도상 정당 및 후보자의 위치

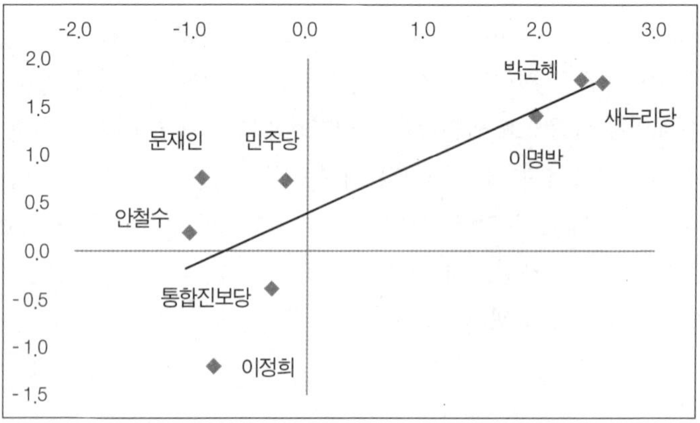

〈표 6-1〉 18대 대선 유권자들의 주관적 이념성향

(%)

이념성향	중도	-----------------------------〉				극단	합계
N	307 (35.2)	192 (22.0)	198 (22.7)	116 (13.3)	40 (4.6)	20 (2.3)	873 (100.0)

연장선상에서 유권자들의 주관적 이념성향을 측정하고자 하는 설문을 가지고 있다(예, 0. 매우 진보 ~ 10. 매우 보수). 이를 활용하여 5점(중도)을 기준으로 이념강도를 측정한 후 투표한 응답자만을 골라낸 결과는 〈표 6-1〉과 같다. 기존연구에 의하면, 중도적 성향을 지니는 유권자일수록 정치적 세련됨이 낮다(Converse 1964). 따라서 〈표 6-1〉에서 중도에서 극단으로 갈수록 이념투표 현상은 상대적으로 명확하게 발견되어야 한다.

그런데 6개의 집단을 모두 개별적으로 분석하는 방법은 용이하지 않다. 우선 극단으로 갈수록 응답자의 수가 작아 충분한 자유도(degrees of freedom)를 확보할 수가 없다. 따라서 보다 적은 수의 하위 집단으로 줄일 필요가 있다. 물론 기준은 극히 주관적일 수밖에 없다. 이 글에서는 중도에서 두 번째 범주까지의 응답자를 세련되지 못한 유권자 범주로 묶고 나머지 응답자를 세련된 유권자 범주로 묶어 사용하고자 한다. 물론 다른 구분도 가능할 것이다. 단 여기서는 충분한 자유도를 확보하면서 이념적 세련됨의 효과를 비교적 단순하게 보여주는 방법을 택했다. 결과적으로 '세련되지 못한 유권자'는 총 499명으로 전체 응답자의 57.2%이며, '세련된 유권자'는 374명으로 전체 응답자의 41.4%에 해당한다.

두 번째 접근은 유권자의 실질적인 정치지식 수준을 변수로 활용하는 것이다. 다음의 〈표 6-2〉는 세 가지 질문 ― 18대 대선 당시 국무총리의 이름, 국회의장의 이름, 그리고 2012년 한해 정부 예산 ― 에 대해 정확하게 응답한 유권자들의 빈도를 역시 투표한 응답자들만을 대상으로 걸러낸 결과이다. 사용한 데이터에 정치지식을 측정할 수 있는 질문이 세 개밖에 되지 않았고 질문이 다소 어려웠던 관계로 정답수가 하나도 없는 응답자들이 48.9%에

〈표 6-2〉 18대 대선과 유권자의 정치지식: 정답자 빈도

정답 개수	0	1	2	3	합계
N	460 (48.9)	257 (27.3)	166 (17.7)	57 (6.1)	940 (100.0)

이른다. 유의미한 하부 집단을 구성하기가 상당히 까다롭다. 역시 주관적으로 판단할 수밖에 없다. 따라서 정답을 하나도 제시하지 못한 사람과 그 외 사람들로 구분했다. 따라서 '세련되지 못한 유권자'는 460명으로 전체 응답자의 48.9%이며 '세련된 유권자'는 480명으로 전체 응답자의 51.1%이다. 주관적 이념과 정치지식의 양으로 각각 분류된 응답자 집단을 이용해 이 장은 정치적으로 세련된 유권자들일수록 이념투표 현상이 강하게 나타날 것이라는 가설을 18대 대선을 사례로 검증한다.

주요 독립변수들의 조작 과정은 다음과 같다. 물론 제5장에서 모두 소개되었지만 독자들의 편의를 위해 한 번 더 간단히 기술한다. 이념거리 변수인 정치안보이념 변수와 사회경제이념 변수는 제5장에서 사용한 그대로이다. [문재인 후보와의 거리－박근혜 후보와의 거리]로 계산했기에 종속변수인 문재인 대비 박근혜 선택과는 양(+)의 관계를 지닐 것이다. 아울러 두 이념 변수의 효과는 '세련되지 못한 유권자' 집단보다 '세련된 유권자' 집단에서 상대적으로 더 크게 나타날 것으로 기대한다.

아울러 제5장에서 사용했던 비정책 요인들을 그대로 활용하여 분석 모형을 확률적 공간이론에 기초하게 했다. 분석에 포함된 변수는 각각 3점 척도로 조작된 정당일체감(새누리당일체감과 민주당일체감), 5점 척도의 국가경제에 대한 회고적 평가와 전망적 평가를 그대로 사용했다. 지역주의 변수는 약간 다르게 사용했는데, 제5장에서 사용했던 영남 변수대신 대구·경북만을 따로 분리해 지역 변수로 조작해 호남 변수와 함께 사용했다. 이는 18대 대선 문재인 후보가 부산 출신이라는 점을 감안해 지역주의가 대구·경북을 중심으로 더 강하게 표출되었을 것이라는 추측에 바탕을 둔 것이다. 아울러

유권자들의 성, 연령, 교육 수준, 그리고 소득 수준 변수는 그대로 사용했다.

III. 경험분석 결과

1. '인지 조직'과 이념투표

주관적 이념 변수를 '인지 조직'으로 사용해 정치적 세련도를 구분한 회귀분석 결과를 살펴보자. 결과는 〈표 6-3〉에 제시되어 있다. '세련되지 못한 유권자' 모형과 '세련된 유권자' 모형의 설명력을 비교해보면, 적중률에 있어서는 큰 차이가 없다. 그러나 Pseudo-R^2는 '세련된 유권자' 모형이 5%p 정도 더 커서 사용한 독립변수들이 상대적으로 이념소지자들의 후보선택을 근소하게 더 잘 설명하고 있음을 보여주고 있다.

우선 호남 변수는 두 하위 집단에서 큰 차이가 나지 않는다. 표준회귀계수의 크기로 비교했을 때 효과가 큰 차이가 없다. 지역주의가 투표자들의 이념적 세련됨과 큰 관계없이 골고루 작용하고 있음을 보여준다. 그런데 연령 변수는 '세련되지 못한 유권자' 모형에서만 통계적으로 유의미하다. 아울러 국가경제에 대한 전망적 평가 변수도 '세련되지 못한 유권자' 모형에서 통계적으로 유의미하다. 그리고 두 변수는 가설이 기대하는 효과를 지니고 있다. 유권자의 연령이나 국가의 미래경제에 대한 평가가 이념적 정향이 뚜렷한 유권자들에게는 영향을 미치지 않는다는 것은 아마도 이들이 투표선택에 있어서 자신의 이념정향에 더 큰 우선순위를 부여하기 때문이 아닌가 한다.

정당일체감을 나타내는 두 변수(민주당일체감과 새누리당일체감)는 두 모형에서 모두 통계적으로 유의미하며 가설이 기대하는 효과를 보이고 있다. 새누리당에 좀 더 가깝게 느낄수록 박근혜 후보를 지지할 확률이 증가하며 민주통합당에 좀 더 가깝게 느낄수록 박근혜 후보를 지지할 확률이

〈표 6-3〉 정치적 세련과 유권자의 후보선택: 주관적 이념

	세련되지 못한 유권자 (박근혜/문재인)		세련된 유권자 (박근혜/문재인)	
	회귀계수	표준 β	회귀계수	표준 β
정치안보이념	0.39(0.12)**	0.47	0.44(0.11)**	0.53
사회경제이념	0.27(0.12)	0.10	0.45(0.18)*	0.16
민주당일체감	-1.83(0.31)**	-0.31	-1.47(0.44)**	-0.20
새누리당일체감	1.28(0.25)**	0.24	1.18(0.34)**	0.19
회고적 평가	0.17(0.17)	0.03	0.30(0.27)	0.04
전망적 평가	-0.49(0.23)*	-0.08	-0.35(0.24)	-0.05
대구·경북	0.39(0.48)	0.03	0.73(0.67)	0.05
호남	-1.03(0.47)*	-0.09	-1.22(0.62)*	-0.08
성	0.50(0.35)	0.05	0.40(0.44)	0.03
연령	0.35(0.17)*	0.09	0.31(0.21)	0.07
학력	-0.51(0.33)	-0.08	-0.14(0.33)	-0.02
소득	0.18(0.14)	0.05	0.14(0.19)	0.03
상수	3.48(2.09)+	–	3.66(2.30)	–
Pseudo R^2	0.65		0.70	
N	493		370	

괄호 안의 숫자는 표준오차, a. 17대 대선의 경우 한나라당일체감, ** p〈0.01, * p〈0.05

감소한다. 표준회귀계수의 크기로만 살펴보면 사용된 독립변수 중 정치안보이념 변수 다음으로 큰 영향력을 발휘하고 있다. 그런데 표준회귀계수의 규모로 판단하면 그 효과가 '세련되지 못한 유권자' 모형에서 조금 더 크다. 물론 표준회귀계수는 한 회귀모형에 사용된 독립변수들의 상대적인 효과를 가늠하기 위한 장치이다.[29] 그러나 판단 오류의 위험을 무릅쓰고 추론을 해본다면, 이념적 입장이 모호한 중도주의자들은 정책에 대한 정보를 일일

이 구해서 자신과 후보자들의 정책 사이의 효용을 계산해 투표하기보다 더 비용이 저렴한 도구들 — 이를테면 평소에 지지해온 정당을 계속 지지한다거나 보다 자질이 좋은 후보를 지지한다거나 — 에 의존하기 쉽다는 것이다.

이런 결과가 이념적으로 세련되지 못한 유권자들이 전혀 이념투표를 하지 않는다는 말은 결코 아니다. 오히려 그 반대이다. 〈표 6-3〉의 결과를 보면, 최소한 정치안보이념 변수는 중도주의자들의 선택에도 통계적으로 유의미하며 가설이 기대하는 효과를 지니고 있다. 즉 이념적으로 세련되지 못한 유권자라 할지라도 그간 한국정치를 지배해온 남북관계나 한미관계 등의 정치안보관련 쟁점에 있어서는 자신과 후보자 간의 이념거리를 계산해 보다 자신에게 유리한 혜택을 주는, 즉 이념적으로 보다 가까운 후보자를 선택하고 있다는 것이다.

흥미롭게도 사회경제이념 변수는 '세련되지 못한 유권자' 모형에서 통계적인 유의미성을 상실하고 있다. 중도주의자들이 경제민주화나 복지 등의 경제적 쟁점들을 이용해 후보선택의 효용을 잘 계산하지 못하고 있음을 의미한다. 아마도 사회경제적 갈등구조가 비교적 최근에 등장한 까닭으로 보이는데, 한 연구는 경제적인 영역에서 한국사회의 중도주의자들의 투표행태가 이념적 거리가 가까운 후보를 선택하기보다 자신과 이념적 방향이 같고 보다 선명한 개혁대안을 제시하는 후보를 선택한다는 방향이론에 더 적합함을 실증하고 있다(Cho and Hong 2014). 방향이론에 관해서는 다음 장에서 자세하게 소개할 것이다.

이념거리 변수의 효과는 '세련된 유권자' 모형에서 보다 확실하게 나타나고 있다. 정치안보이념 변수와 사회경제이념 변수 모두 통계적으로 유의미하며 이념거리가 박근혜 후보와 가까울수록 그녀를 지지할 확률이 증가함을 보여주고 있다. 아울러 정치안보이념 변수의 경우 역시 사용된 독립변수 중 가장 큰 효과를 지니고 있다. 사회경제이념 변수의 효과 역시 정당일체감

29) 보다 정확한 통계적 방법(초우검증)을 사용한 분석은 이후 제11장의 〈보론〉에서 제공된다.

변수 다음으로 커서 이 집단에서 이념의 효과를 짐작케 한다. 일차원 보수-진보의 영역에서 자신이 상대적으로 명확한 이념을 소지한 유권자일수록 새롭게 등장한 갈등구조에서도 자신의 이념을 바탕으로 효용을 계산해 투표선택을 결정할 수 있음을 의미한다.

제5장의 카훈-히닉 방법에 의한 확률적 공간분석에서 사회경제이념 변수의 효과가 통계적으로 유의미하게 나타났음을 상기하자. 〈표 6-3〉의 결과는 〈표 5-3〉에서 사회경제이념 변수의 유의미했던 것이 결국 주관적 이념척도에서 자신의 이념성향을 명확하게 표현한 비교적 세련된 유권자들의 산술에서 기인한 것임을 보여준다. 즉 이념적으로 세련된 유권자들의 경우 종래 지배적인 갈등구조를 형성해왔던 정치 혹은 안보정책뿐만 아니라 새로운 갈등구조로 등장한 사회 혹은 경제정책에 대한 정보를 나름대로 소화하고 있다는 것이다.

2. '저장된 인지의 양'과 이념투표

이제 정치적 세련됨의 두 번째 접근인 '저장된 인지의 양'을 정치적 세련도로 사용한 사례를 살펴보자. 다음의 〈표 6-4〉는 두 하위 집단에 대한 로지스틱 회귀의 결과를 보여준다. 통제변수들의 효과가 〈표 6-3〉과 다르게 나타났다. 우선, 학력 및 소득 변수의 경우 '세련되지 못한 유권자' 모형에서 통계적으로 유의미하다. 정치지식이 낮은 유권자들의 경우 학력이 높을수록 박근혜 후보를 지지할 확률이 감소하는 데 반해 소득수준이 높을수록 반대로 그녀를 지지할 가능성이 증가한다. 그러나 이러한 패턴이 정치지식이 높은 응답자들의 '세련된 유권자 모형'에서는 발견되지 않는다. 왜일까? 소득수준 변수의 효과를 중심으로 고찰해보자.

그간 한국 선거에서 계층투표의 현상이 많이 탐구되어왔다. 2000년대 초부터 각종 총선과 대선에 대한 몇몇 연구들은 강남과 울산 및 창원 지역을 중심으로 계급(층)투표 현상을 발견했고 점차 전국적으로 확대될 것이란 조

〈표 6-4〉 정치적 세련과 유권자의 후보선택: 정치지식

	세련되지 못한 유권자 (박근혜/문재인)		세련된 유권자 (박근혜/문재인)	
	회귀계수	표준 β	회귀계수	표준 β
정치안보이념	0.28(0.06)**	0.42	0.68(0.11)**	0.53
사회경제이념	0.13(0.13)	0.06	0.59(0.16)**	0.15
민주당일체감	-1.49(0.28)**	-0.27	-2.67(0.61)**	-0.29
새누리당일체감[a]	1.31(0.32)**	0.27	1.21(0.28)**	0.15
회고적 평가	0.25(0.21)	0.04	0.17(0.27)	0.02
전망적 평가	-0.28(0.25)	-0.05	-0.65(0.24)**	-0.07
대구·경북	0.82(0.56)+	0.07	-0.06(0.54)	-0.01
호남	-1.14(0.52)*	-0.10	-1.84(0.64)**	-0.10
성	0.48(0.38)	0.05	-0.03(0.42)	-0.001
연령	0.25(0.17)	0.08	0.44(0.18)*	0.07
학력	-0.65(0.35)*	-0.11	0.17(0.30)	0.02
소득	0.36(0.17)*	0.11	-0.21(0.20)	-0.04
상수	1.38(1.82)	-	7.38(2.28)**	-
Pseudo R^2	0.63		0.74	
N	453		476	

괄호 안의 숫자는 표준오차, a. 17대 대선의 경우 한나라당일체감, ** p〈0.01, * p〈0.05

심스러운 전망을 제기했었다(박찬욱 2000; 신광영 2004). 최근 들어 소위 가난한 사람들이 보수정당을 지지한다는 '계급배반투표' 현상도 학계에 뜨거운 연구 쟁점으로 등장했다. 몇몇 연구들은 저소득층의 보수정당 지지현상이 세대 간 격차에 크게 영향을 받고 있다고 지적했다. 50대의 빈곤보수 현상과 40대 이하의 빈곤진보 현상의 대조에 대한 지적(한귀영 2012)이나, 60대 이상의 고연령 유권자들이 저소득층을 많이 구성하고 있는 가운데, 이

들의 강한 보수성이 저소득층 유권자의 계급배반적 특성을 유도했다는 발견(강원택 2013) 등이 대표적이다. 이와 함께 소득이 아니라 주택소유여부가 계층투표 현상을 불러일으키고 있다는 부동산 계급사회론(손낙구 2010) 혹은 소득에 따른 계층 간 정치적 구분은 발견되지 않지만 주관적 계층의식에 따른 계층투표 현상이 발견된다는 연구(장승진 2013b)는 전통적인 계층투표 현상이 한국사회에서도 발현될 가능성을 제시하고 있다.

그런데 〈표 6-4〉의 결과는 이러한 계층투표의 가능성이 조건적임을 보여주고 있다. 즉 정치지식 수준이 낮은 유권자들의 경우 자신의 계층적 지위에 걸맞은 투표행태, 즉 고소득층일수록 보수적인 후보를 선택하는 경향을 보여주는 데 반해, 정치적으로 세련된 유권자들의 경우 자신의 소득수준에 따른 계층투표를 하지 않는다는 것이다. 이는 정치지식의 수준에 따라 사용하는 사회적 단서가 다를 수 있음을 엿보게 한다. 예를 들어, 정치지식이 높은 유권자들은 굳이 자신의 교육수준이나 소득수준이 유도하는 정치적 선택보다 자신의 지식을 활용하여 후보자들의 정책이 부여하는 효용을 고려한 정치적 선택에 친화적이라는 것이다.

연령 변수의 효과는 정반대로 정치적 세련미를 갖춘 응답자들의 후보선택에 통계적으로 유의미하며 가설이 예견하는 효과, 즉 나이가 많을수록 보수 후보를 지지하는 행태를 보이고 있다. 앞서 〈표 6-3〉의 결과를 더해서 판단해보면, 연령이 단지 이념적으로 중도이거나 정치지식이 높은 유권자들의 투표선택에만 유의미한 효과를 보이는 이유를 선뜻 찾기 힘들다. 다만, 세대효과가 조건적일 수 있다는 가능성의 문을 열어놓고 있다. 세대효과와 관련해 더 많은 연구와 논의가 필요해 보인다.

정당일체감 변수도 두 모형에서 통계적으로 유의미하고 기대하는 효과를 지니고 있다. 표준회귀계수로 살펴보면, 대체로 정치안보이념 변수의 효과 다음으로 큰 효과를 발휘하고 있다. 그런데 〈표 6-3〉과 달리 어떤 특정한 패턴을 찾기가 힘들다. 당초 이념적 세련도와 마찬가지로 정치지식의 수준이 낮은 유권자들이 쉽게 정당일체감에 의존할 것이라 예상했으나 결과는 명확한 설명에 비껴서 있다.

마지막으로 이념거리 변수의 효과를 살펴보자. 정치지식에 따른 이념거리 변수의 효과는 우리가 가설에서 기대했던 효과를 일관되게 보이고 있다. 정치안보이념 변수의 회귀계수는 두 하위 모형에서 통계적으로 유의미하고 가설이 기대하는 효과를 지니고 있으며 사용된 독립변수 중 그 효과가 가장 크다. 굳이 두 모형을 비교하자면, 표준회귀계수가 세련된 유권자 모형에서 상대적으로 조금 더 크다. 정치안보 쟁점에 대한 효용 계산도 유권자의 정치적 지식의 수준에 의존하고 있음을 보여주고 있다.

흥미로운 점은 역시 사회경제이념 변수의 효과이다. 사회경제이념 변수는 〈표 6-3〉과 같이 '세련되지 못한 유권자' 모형에서 통계적인 유의미성을 상실하고 있고 단지 세련된 유권자 모형에서 의미 있는 효과를 발휘할 뿐이다. 앞서 제3장에서도 설명했듯이 한국사회의 경제적 이념갈등은 비교적 최신의 흐름이다. 정당이나 후보자들의 위치를 파악하고 이로부터 효용을 계산하기 위해서는 많은 정보가 필요하다. 아울러 기꺼이 정보처리 비용을 감당해야 한다. 따라서 정치지식의 수준이 이러한 정보처리 과정을 유도한다고 보았을 때, 정치지식이 낮은 유권자들에게는 새롭게 등장한 사회경제적 갈등구조 내에서 후보자와 자신 간의 이념거리를 계산하고 이로부터 자신에게 더 큰 효용을 가져다 줄 사람을 찾는 일은 힘든 작업일지도 모른다. 〈표 6-4〉의 결과는 이러한 추론을 뒷받침하고 있다.

마지막으로 위의 〈표 6-3〉과 〈표 6-4〉에서 이념거리 변수의 한계효과를 살펴보자. 다음의 〈도표 6-2〉는 정치안보이념 변수와 사회경제이념 변수의 한계효과를 95%의 신뢰구간 내에서 시뮬레이션한 결과이다.

첫째, 유권자의 주관적 이념을 세련도의 근거로 활용했을 때, 중도주의자와 이념소지자의 투표선택에 대한 정치안보이념 변수의 효과는 거의 차이가 없다. 각각 정치안보정책에서 상대적인 이념거리가 한 단위 줄어들었을 때 (문재인 후보에 비해 박근혜 후보에게 한 단위 가까워졌을 때), 박근혜 후보를 지지할 확률이 각각 9.7%와 9.5%만큼 증가한다. 그러나 사회경제이념 변수의 효과는 다르게 나타났다. 물론 중도주의자에 대한 한계효과가 6.6%로 나타났지만 통계적으로 무의미하다. 다시 말해 '0%'와 다르지 않다는 것

〈도표 6-2〉 정치적 세련미에 따른 이념거리 변수의 한계효과

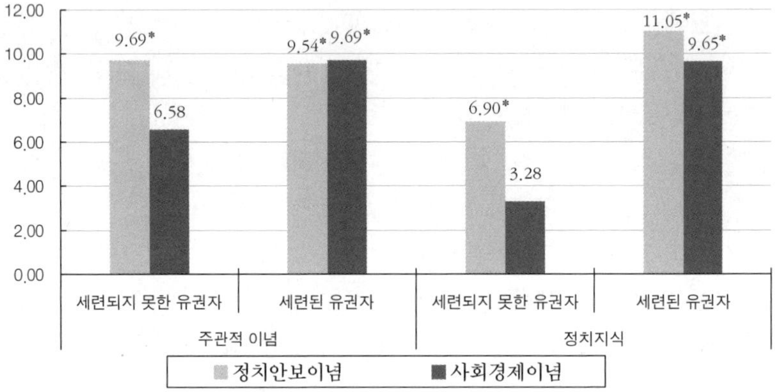

* p〈0.05

이다. 이에 반해 이념소지자에 대한 한계효과는 9.7%로 나타나 주관적 이념성향이 명확한 사람일수록 사회경제적 정책에 영향을 많이 받음을 보여주고 있다.

둘째, 정치지식에 따른 이념거리의 효과는 주관적 이념성향에 따른 구분보다 더욱 명확하게 나타났다. 정치안보이념의 효과도 차이가 난다. '덜 세련된 유권자' 모형에서 정치안보이념의 한계효과는 6.9%이나 '세련된 유권자' 모형에서는 11.1%의 한계효과를 보이고 있다. 사회경제이념 변수의 한계효과는 더욱 두드러진 차이가 난다. 우선 '덜 세련된 유권자' 모형에서 3.3%의 한계효과를 보이고 있지만 통계적으로 무의미하다. 이에 반해 '세련된 유권자' 모형에서는 9.7%의 한계효과를 지닌다. 그리고 그 한계효과가 정치안보이념 변수에 비해 크게 작지 않다.

세련된 유권자 모형에서 사회경제이념 변수의 한계효과가 정치안보이념 변수의 효과에 비해 결코 무시하지 못할 규모이라는 점은 상당히 흥미롭다. 이는 주관적 이념성향이 뚜렷하거나 혹은 정치지식이 높은 유권자들의 경우

새롭게 등장한 사회경제적 갈등구조로부터 제기되는 정책을 전통적으로 한국정치를 지배해온 정치안보 쟁점 못지않게 비중 있게 다루고 있다는 것으로 풀이된다. 다만, 그 효과가 조건적이라는 것이다. 이념적 교차압력을 받고 있다고 느끼거나 혹은 정치정보가 부족한 유권자들에게는 여전히 의미 있는 효과를 발휘하지 못하고 있기 때문이다.

IV. 소결

지금까지 제6장에서는 정치적 세련됨과 이념투표의 관계를 2012년 18대 대선을 사례로 하여 살펴보았다. 이념의 효과가 정치적 세련도의 수준에 따라 다르다는 가설아래 공간이론의 적실성을 확장시켜 보았다.

민주화의 역사가 채 30년도 되지 않은 짧은 기간 동안 한국의 정당체계는 실제 이념적으로 정화되지 않은 편성을 보이고 있다는 지적이 많다. 짧은 제도화의 역사에 따른 정당체계의 불안전성과 수를 세기 어려울 정도의 잦은 정당들의 이합집산은 이러한 진단에 무게를 실어주었다. 그러나 이 글의 경험분석 결과는 그러한 진단이 부분적으로 오류임을 입증하고 있다.

경험분석 결과는 한국정치에서 이념투표가 일단은 정치적 세련도와 관계없이 모든 집단들에서 발견되고 있음을 보여준다. 물론 정치적 세련도가 낮은 집단일수록—즉, 이념적 중도 혹은 정치지식이 낮은 집단일수록—전통적인 정치안보적 이념갈등구조에 익숙한 투표행태를 보이고 있었다. 이에 반해 정치적 세련도가 높은 집단의 경우 새롭게 등장하는 사회경제적 이념갈등도 후보선택을 위한 효용의 산술에 포함시키고 있었다. 다시 말해 한국 대선에서 이념투표는 조건부 현상일 가능성이 높다는 것이다. 그리고 이러한 발견은 최근 제기되고 있는 공간이론의 새로운 가설을 적절하게 검증하고 있다.

제7장

방향이론의 도전과 비교

I. 이론적 배경

제4장과 제5장에서 살펴보았듯이 공간이론은 다운스(Downs 1957)에 뿌리를 두고 있다. 이 고전적 관점에 따르면, 유권자는 이념이나 정책에 대한 자신의 선호와 후보자 혹은 정당의 인지된 입장을 비교하여 투표할 대상을 결정한다. 전략적 투표의 가능성을 제외한다면, 합리적 유권자들은 자신의 입장에 가장 가까운 후보자나 정당을 선호한다. 유권자들은 이념 혹은 정책 공간에서 자신의 위치와 정당 혹은 후보자의 입장 간의 거리를 최소화하려 하며 그(녀)에게 가장 가까운 후보자를 선택한다는 것이다.

그런데 1980년대 말부터 다운스식 공간이론에 대한 비판이 제기되었다. 이 대안은 다운스식의 공간경쟁 모형을 근접이론(proximity theory)이라 지칭하면서 자신의 모형을 방향이론(directional theory)으로 대조했다(Rabinowitz and Macdonald 1989; Macdonald, Listhaug and Rabinowitz

1991; Macdonald, Rabinowitz and Listhaug 1997; 1998). 이 관점에 따르면, 유권자들은 자신의 위치와 후보자의 입장 간의 거리만을 계산하는 존재가 아니다. 오히려 이념의 방향(direction)과 강도(intensity)의 역할을 강조한다. 즉 이념공간에 좌와 우를 구분하는 중립점(neutral point)이 있고 유권자들은 이 지점에서 자신의 이념과 똑같은 방향으로 보다 선명한 정책 입장을 제시하는 후보자를 지지한다고 본다. 조금 더 구체적으로 살펴보자.

첫째, 유권자는 '나는 진보적인가 혹은 보수적인가'를 판단할 때, 반대 대척 지점의 이념을 기준으로 자신의 이념적 정향을 판단하기보다 추상적인 이념공간에 좌우를 구분하는 중도를 기준으로 자신이 어느 쪽에 위치해 있는지를 먼저 판단한다. 그리고 자신이 얼마나 진보적일까 혹은 보수적일까를 판단할 때, 머릿속에 떠올리는 중도로부터 자신이 얼마나 멀리 떨어져 있는가를 판단한다. 심지어 자신을 중도라고 표현하는 사람들조차도 일정한 이념적 방향성을 지니고 있는 경우도 많다. 예를 들어, 이 글에서 사용하고 있는 18대 대선 데이터를 보면, 11점 척도에서 5점인 중도라고 응답한 유권자가 총 1,200명 중 450명으로 37.5%였는데, 이들에게 다시 "그래도 고른다면 보수/진보 중 어느 쪽에 더 가깝다고 생각하십니까"하고 재차 물었을 때, 순수 중도라고 응답한 사람은 231명으로 19.3%로 축소되었다. 결국 대부분의 사람들은 — 물론 개인마다 다를 수 있겠지만 — 일정하게 이념적 방향성을 지니고 있다는 것이다.

둘째, 후보자들의 이념을 비교하여 효용을 계산할 때도 어느 후보자가 나와 더 가까운지 계산하는 것보다 어느 후보가 나와 이념이 같은지가 우선시 될 수 있다. 다양한 정책을 추상적으로 내포하고 있는 이념공간에서 후보자나 정당의 위치를 파악하는 일은 정보비용을 수반할 수밖에 없다. 특히 다운스의 근접모형에 따른 효용의 산술이 가능하기 위해서는 후보자의 정확한 위치를 파악할 수 있는 정보가 필수적이다. 그러나 과연 일반 시민들이 얼마나 이런 노력을 기울일까? 오히려 정책 공약의 구체적인 내용은 잘 모르더라도 정당과 후보자가 어떤 이념을 대표하는지 파악하는 것은 그리 어렵지 않다. 정보비용이 거의 제로에 가깝다. 따라서 유권자들은 손쉽게 나와 이념적으로 동질인 후보자를 먼저 고르게 된다는 것이다.

셋째, 정보비용의 지불에 인색한 유권자들은 심지어 같은 이념 방향에 위치한 후보 중 한 명을 선택해야 하는 경우조차도—다당제 국가에서는 흔히 있을 수 있는 일이다—누가 더 선명한 정책을 제시하는지를 판단해 투표 대상을 결정할 수 있다. 무엇보다 후보자의 정확한 위치를 파악하는 것은 어려운 일이다. 오히려 보다 강도 높은 변화를 주문하고 있는 후보는 누구인가 혹은 눈에 보다 선명하게 들어오는 구상을 제시하는 후보는 누구인가를 두고 주위 사람들과 대화하고 논쟁하는 경우가 허다하다. "그 사람은 색깔이 불분명해", "밋밋해", "감자인지 고구마인지" 등의 표현은 이를 단적으로 표현해준다. 한국정치에서 흔히 등장하는 '선명 야당!'의 구호 또한 마찬가지이다. 물론 이러한 판단들은 정당이나 후보자들이 유권자가 허용할 수 있는 경계 안에 있을 때에 한해서이다. 극단적인 정당이나 후보가 많은 지지를 받을 수 없기 때문이다. 이를 공간경쟁의 언어로 표현하면 유권자들이 관용하는 이념적 경계 내에서 선명한 입장을 제시하는 후보자일수록 효용이 증가한다고 말할 수 있다.

결국 방향이론은 이념투표에서 이념의 방향과 강도가 유권자들의 효용 산술을 결정하는 주요 요인이라고 파악한다. 그리고 방향모형이 제시한 투표자의 효용함수는 다음의 〈공식 7-1〉과 같다.

$$U_i(L) = \sum_{j=1}^{m} \beta_j (V_{ij} - N_j)(L_{ij} - N_j) + u_i \qquad \text{〈공식 7-1〉}$$

여기서 N_j는 j정책의 중립점을 의미한다. 〈공식 7-1〉의 방향모형의 효용함수는 제5장의 〈공식 5-1〉과 다르다. 〈공식 5-1〉의 근접모형은 j정책에 대한 투표자의 입장과 후보자의 입장 사이의 거리, 즉 ($|V_{ij} - L_{ij}|$)의 음수(-)항으로 정책에 대한 효용이 계산되었다. 투표자와 후보자 간의 거리가 멀수록 투표자의 효용은 감소한다는 것이다. 이에 반해 방향모형에서 유권자의 효용은 정책 j에 있어 자신이 중립점(N_j)으로부터 어느 방향으로 얼마만

큼 벗어나 있는가와 후보자가 같은 방향으로 중립점으로부터 얼마나 떨어져 있는가, 즉 $(V_j-N_j)*(L_j-N_j)$로 계산된다. 만약 후보자가 유권자와 이념적으로 같은 방향에 위치할 경우 효용은 양수(+)를 띠게 되고 다른 방향에 위치할 경우 음수(-)를 띠게 된다. 두 후보자 L과 R의 경쟁에 관한 유권자의 상대적인 효용은 후보 L과 R에 대한 효용함수의 차이인 $[U_i(L)-U_i(R)]$로 계산된다.

단순한 예를 들어보자. 두 후보자 L과 R이 제4장의 〈표 4-1〉처럼 일차원 이념공간(0. 매우 진보, … , 10. 매우 보수)에서 각각 3점과 8점에서 경쟁한다고 가정하자. 그리고 이념적 중립점이 5점이라고 가정해보자. 유권자가 이념거리의 효용만을 결정론적으로 사용해 투표선택을 결정한다고 가정해보자. 다음의 〈도표 7-1〉과 〈도표 7-2〉는 유권자와 후보자의 정책 위치에 따른 근접모형과 방향모형의 효용을 그래프로 나타낸 것이다. 우선 근접모형의 경우 제4장의 〈표 4-2〉의 결과와 같다. 정책거리에 따른 효용의 차를 계산하면, $\{V_0, V_1, V_2, V_3, V_4, V_5\}$가 L 후보에 투표해 L 후보가 승리한다. 이에 반해 방향모형의 따른 이념의 효용은 V_5가 L과 R에 대한 효용이 같아 기권하고, $\{V_0, V_1, V_2, V_3, V_4\}$는 L 후보에게, $\{V_6, V_7, V_8, V_9, V_{10}\}$은 R

〈도표 7-1〉 근접모형의 효용선

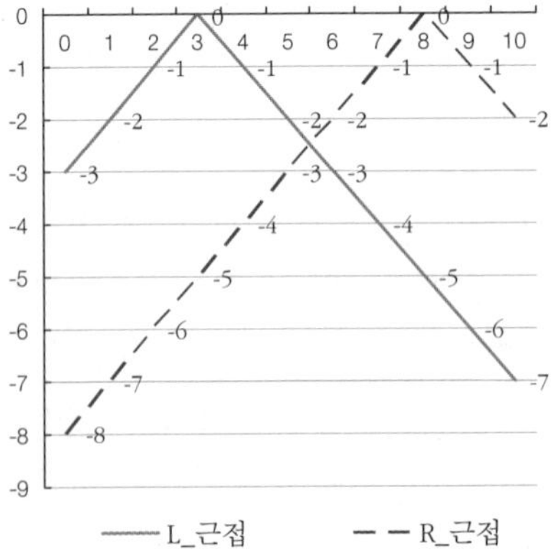

〈도표 7-2〉 방향모형의 효용선

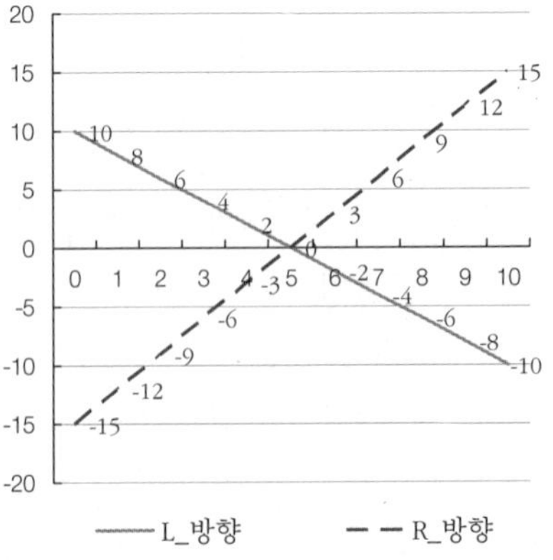

후보에게 투표해 *L*과 *R* 후보가 동률을 기록한다.

심지어 두 모형의 효용함수는 투표자의 선택을 정반대로 예측할 때도 있다. 예를 들어, 온건한 진보 성향의 유권자 *V*가 있다고 가정하자. 그리고 극단적 진보성향의 후보자 *L*과 온건한 보수성향의 후보자 *R*이 있다고 가정하자. 근접모형에 의하면, *V*는 비록 진보적 성향을 갖지만 이념거리가 가깝다면 *L* 대신 *R*을 선택한다. 그러나 방향모형에 의하면 *V*는 비록 이념거리가 *R*과 가깝더라도 *L*의 이념이 *V*가 관용할 수 있는 범위 내에 있다면 자신과 이념 방향이 같은 *L*을 선택한다. 그리고 *L*의 다소 극단적 입장은 오히려 *V*의 효용을 증진시킨다.

근접모형과 방향모형이 예측하는 최대득표의 균형점(equilibrium point)도 다르다. 이미 제4장에서 살펴보았듯이 근접모형의 경우 후보자가 두 명일 경우 일차원의 정책 공간에서 중위 지점(median point)을(Black 1958; Downs 1957), 그리고 다차원 정책 공간(multiple policy dimensions)에서도 가중평균(weighted mean, Enelow and Hinich 1984; Erikson and Romero 1990)을 승리의 균형점으로 예측한다. 다시 말해, 후보자가 두 명일 경우 일차원 혹은 다차원 정책 공간에서 최다 득표를 거둘 수 있는 지점은 중간이거나 중도적 입장이라는 것이다. 이에 반해, 방향모형은 일차원 혹은 다차원 공간에서 유권자가 관용하는 범위 내에서 극단적인 위치를 최다 득표의 균형점으로 예측한다(Rabinowitz and Macdonald 1989; Westholm 1997).

방향이론이 유권자에게 최대 효용을 주는 정책 위치나 후보자가 득표를 최대화할 수 있는 정책 위치를 이념적 극단으로 예측한다는 점은 우리의 눈을 의심하게 만든다. 실제 방향이론은 다음의 두 가지 문제점을 지니고 있다. 첫째, 방향모형의 효용함수가 민주주의 국가들의 정당의 현실을 잘 반영하지 못하고 있다는 점이다. 사실 민주주의 국가에서 이념적인 극단을 표방하는 정당이 집권한 사례가 거의 없다. 물론 의회제 국가들에서 이념 정당이 다수당의 지위를 차지한 인근의 온건 정당과 연합하여 연립정부에 참여하는 경우는 없지 않으나 단독으로 정부를 구성하는 경우는 전무하다. 이러한 지적에 대해 방향이론가들은 효용함수 내에 관용경계(tolerance boundary)를 설정해 유권자가 관용할 수 있는 경계 밖의 이념적 성향을 보이는 후보자의 경우 투표의 효용이 감소된다고 주장한다(Rabinowitz and Macdonald 1989; Macdonald, Listhaug and Rabinowitz 1991). 그러나 실제 관용경계를 측정할 수 있는 방법을 찾기란 여간 어려운 일이 아니다. 유권자 개인마다 관용의 범주가 다를 수 있기도 하거니와 설령 변수 조작이 가능하다 하더라도 이를 효용함수에 수리적 표현으로 반영하기도 쉽지 않다.

둘째, 한 사회의 이념적 중립점에 대한 논거는 대단히 자의적일 수밖에 없다는 문제점을 지니고 있다. 〈도표 7-1〉과 〈도표 7-2〉에서 중립점을 '5'라고 가정했는데 한 사회의 이념적 중립점이 '가정'만으로 충분히 묘사될 수 있는가는 비판으로부터 자유로울 수 없다. 진보와 보수를 구분하는 기준점을 측정하기란 역시 어려운 과제일 수밖에 없다. 유권자마다 자신이 생각하는 기준의 실체가 다를 수도 있거니와 역시 방법론적으로 이를 반영할 수 있는 수리모형을 구축하기도 쉽지 않다.

그럼에도 불구하고 방향모형을 옹호하는 연구물들은 방향모형이 특정한 다정당체제의 선거에서 고전적 근접모형의 설명력을 능가한다고 주장해왔다(Macdonald, Rabinowitz and Listhaug 1998; 2001). 물론 몇몇 연구물들은 어느 한쪽이 우월하다고 결론내릴 수 없다고 주장하거나(Cho and Endersby 2003; Lewis and King 2000) 혹은 두 이론 모두 장점을 지니고 있다는 주장도 있다(Merrill and Grofman 1999). 따라서 근접모형과 방향모형의 상대적 우위성에 대한 진단은 이론적으로 흥미로울 뿐만 아니라 한국 선거정치에의 함의가 작지 않을 것이다.

II. 분석 방법

〈공식 7-1〉의 이념거리 변수를 조작하는 방법부터 파악해보자. 제6장의 정치적 세련됨과 이념투표의 관계에서 카훈-히닉 방법으로 구축된 이념지도를 사용했으니 이 장에서는 스코필드 방법으로 구조화된 이념지도를 사용하기로 하자. 우선 제3장에서 제시된 18대 대선의 스코필드 이념지도를 다시 옮기면 다음과 같다.

이제 〈공식 7-1〉에서 제시된 방향모형의 이념거리 변수를 쉽게 조작할 수 있다. 정치안보이념 변수를 예로 들면, 방향모형의 이념거리 변수는 [(박근혜 정치안보이념 -0) * (유권자 정치안보이념 -0) - (문재인 정치안보이념 -0) * (유권자 정치안보이념 -0)]으로 계산된다.

〈도표 7-3〉 18대 대선의 스코필드 이념지도

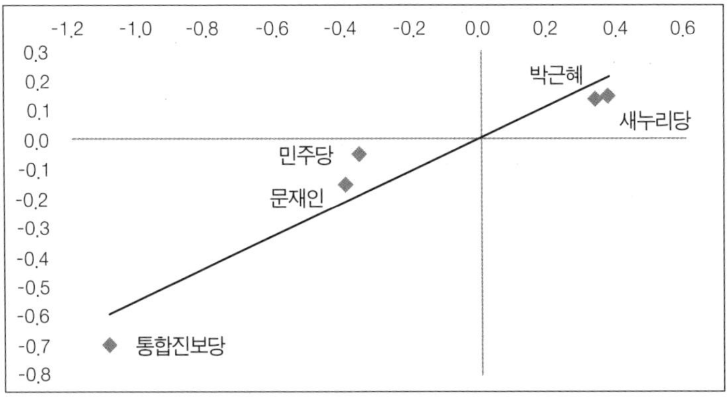

	스코필드 이념지도	
	정치안보이념	사회경제이념
박근혜	0.33	0.14
문재인	-0.40	-0.15

근접모형의 회귀분석 결과는 이미 제5장에서 제시되었다. 따라서 방향모형에 대한 경험분석 결과를 추출해 근접모형의 결과와 비교하면 쉽게 상대적인 우위를 가릴 수 있을 것이다. 방향모형에도 확률적 개념을 불어넣기 위해 제6장에서 사용했던 독립변수들을 그대로 회귀모형에 삽입했다. 3점 척도로 조작된 정당일체감(새누리당일체감과 민주당일체감), 5점 척도의 국가경제에 대한 회고적 평가와 전망적 평가를 그대로 사용했다. 지역주의 변수로 대구·경북과 호남 변수를 사용했고 이 밖에 유권자들의 성, 연령, 교육 수준, 소득 수준 변수를 그대로 사용했다.

III. 경험분석 결과

근접모형과 방향모형 간의 상대적 우위를 확률적 모형을 통해 비교하기 전에 앞의 제4장에서 다뤘던 결정적 시각을 적용해 두 모형의 적중률을 비교해보자. 〈표 7-1〉은 위의 스코필드 이념지도에서 추출한 유권자와 후보자의 위치정보를 활용해 각각 근접모형과 방향모형의 상대적인 이념거리 변수를 조작하여 후보선택과 교차분석한 결과이다. 각각의 변수가 0보다 클 경우 이는 박근혜 후보 쪽의 이념거리의 효용이 더 크다는 것을 의미한다. 구체적으로 근접모형의 경우 유권자와 후보자 간 이념거리에서 박근혜 후보가 더 가깝다는 것을 의미하며, 방향모형의 경우 박근혜 후보가 보다 많은 유권자와 이념적으로 같은 방향에 있음을 의미한다. 단순한 비교를 위해 이념거리를 정치안보이념과 사회경제이념으로 구분하지 않고 함께 유클리드 단순거리로 측정했다. 각 차원의 상대적인 중요성을 무시하고 1:1의 비율로 측정했다. 근접모형 결과는 이미 제4장의 〈표 4-7〉에 제시되었고, 이를 그대로 다시 복사했다.

결과를 살펴보자. 근접모형의 경우 이념거리가 문재인 후보에 가까운 응

〈표 7-1〉 이념거리의 상대적 효용과 후보선택

		문재인	박근혜	합계	카이제곱
근접모형	상대적 이념거리 〈 0	**328(66.1)**	168(33.9)	496(47.8)	122.72 (p〈0.001)
	상대적 이념거리 〉 0	172(31.7)	**370(68.3)**	542(52.2)	
	합계	500(48.2)	538(51.8)	1,038(100.0)	
방향모형	상대적 이념거리 〈 0	**334(64.9)**	181(35.1)	515(49.6)	113.17 (p〈0.001)
	상대적 이념거리 〉 0	167(31.9)	**357(68.1)**	524(50.4)	
	합계	501(48.2)	538(51.8)	1,039(100.0)	

답자의 66.1%가 문재인 후보를 선택했고 박근혜 후보에 가까운 응답자의 68.3%가 박근혜 후보를 선택했다. 이념거리가 산출하는 효용에 걸맞게 후보선택을 결정한 응답자가 전체의 67.2%이다. 방향모형의 결과도 크게 다르지 않다. 문재인 후보에 대한 이념거리의 효용이 더 큰 응답자의 64.9%가 문재인 후보를 선택했고 박근혜 후보에 대한 이념거리의 효용이 더 큰 응답자의 68.1%가 박근혜 후보를 선택했다. 그리고 이념거리의 효용에 부합하는 후보선택을 행한 사람이 전체의 66.5%이다. 근접모형의 적중률이 조금 더 우세하나 그 차이가 너무 미세해 어떤 모형이 우세하다고 명확히 판정하기 어렵다.

다음으로 확률적 공간분석 결과를 살펴보자. 로지스틱 회귀결과는 〈표 7-2〉에 제시되어 있다. 우선 Pseudo-R^2의 크기는 근접모형과 방향모형이 똑 같다. 그리고 적중률은 〈표 7-1〉과 반대로 방향모형이 근접모형보다 0.6%p 정도 더 높다. 물론 그 차이는 무시해도 좋을 만큼이다.

통제변수로 활용한 독립변수들의 효과에 대한 자세한 설명은 제5장에서도 제시되었기에 가급적 중복을 피하고 좀 더 세부적인 설명을 요구하는 문제에 집중해보자. 몇몇 독립 변수들의 통계적인 유의미성은 비정책적 요인이 추가된 확률적 공간모형의 적실성을 검증해주고 있다. 이미 제5장에서 설명했듯이 우선 국가경제라는 측면에서 18대 대선은 과거 정부의 업적보

〈표 7-2〉 18대 대선 투표선택에 대한 로지스틱 회귀분석 결과 1

	18대 대선(박근혜/문재인)			
	근접모형	표준 β	방향모형	표준 β
정치안보이념	0.67(0.16)**	0.11	0.72(0.17)**	0.14
사회경제이념	0.28(0.38)	0.02	**0.61(0.37)+**	0.04
새누리당일체감	1.46(0.15)**	0.37	1.44(0.19)**	0.37
민주당일체감	-1.55(0.18)**	-0.35	-1.55(0.20)**	-0.35
회고적 국가경제	0.04(0.12)	0.01	0.06(0.12)	0.01
전망적 국가경제	-0.55(0.15)**	-0.11	-0.52(0.15)**	-0.11
대구/경북	1.01(0.33)**	0.10	1.01(0.33)**	0.10
호남	-1.41(0.37)**	-0.15	-1.35(0.34)**	-0.15
성	0.29(0.21)	0.04	0.27(0.21)	0.04
연령	0.38(0.09)**	0.14	0.36(0.09)**	0.13
교육	-0.09(0.18)	-0.02	-0.05(0.18)	-0.01
소득	0.01(0.09)	0.01	0.02(0.09)	0.01
상수	-0.22(0.96)	-	-0.35(0.97)	-
적중률	86.9		87.5	
Pseudo R^2	0.57		0.57	
N	1,014		1,014	

괄호 안의 숫자는 표준오차, ** p〈0.01, * p〈0.05

다는 누가 미래 전망을 보다 밝게 만드는가를 두고 경쟁한 선거였음을 보여준다. 회고적 국가경제 평가가 통계적으로 무의미하게 나타난 점을 경험적 증거로 들 수 있다. 집권당 후보였던 박근혜의 현직 대통령과의 거리두기 전략이 성공했다고 평가할만하다.

앞서 제5장의 〈표 5-5〉에서 영남 변수가 통계적으로 무의미한 효과를 지니고 있었던 데 반해 대구·경북 변수는 통계적인 유의미성을 지니며 가설이 예견하는 효과를 보이고 있다. 문재인 후보가 부산 출신이었고 따라서 지역주의가 대구·경북 지역을 중심으로 강하게 표출되었기 때문으로 보인다. 여기에 호남 변수의 통계적인 유의미성을 더하면 18대 대선에서 여전히 지역주의가 강한 효과를 지니고 있었음을 보여준다. 연령 변수의 유의미성 역시 18대 대선에서 세대 균열이 강하게 작용했음을 보여주고 있다. 무엇보다 유권자들의 정당일체감이야말로 그들의 후보선택을 결정짓는 가장 강력한 기준이었음 드러난다. 표준회귀계수의 규모로 판단하면 두 정당일체감 변수의 효과는 사용된 독립변수 중 가장 크다.

이제 본격적으로 이념거리 변수의 효과를 근접모형과 방향모형 간의 비교를 통해 살펴보자. 정치안보이념 변수는 근접모형이나 방향모형에서 모두 통계적으로 유의미하다. 표준회귀계수 크기로 판단해본다면, 정당일체감 변수 다음으로 지역주의, 세대, 국가경제에 대한 전망적 평가 등과 나란히 후보선택을 유의미하게 설명하고 있다. 안보정책을 둘러싼 이념갈등이 해방 이후 한국정치를 지배해왔음을 감안한다면, 이 변수들의 효과가 유의미하게 나타나는 것은 당연하다 하겠다. 그런데 표준회귀계수의 규모로만 판단한다면 방향모형이 조금 더 우세하다. 물론 이러한 비교가 과학적 엄밀성을 지닌 것은 아니다. 표준회귀계수의 크기 비교는 한 회귀모형에서만 가능하기 때문이다.

사회경제이념 변수의 효과는 상당히 흥미롭다. 이 변수는 근접모형에서 통계적인 유의미성을 상실하고 있다. 그리고 이는 이미 제5장에서 확인된 것이다. 그러나 방향모형에서는 비록 통계적인 신뢰도는 약하나($p<0.09$) 유의미하게 나타나고 있다. 이러한 경험적 결과는 약간의 설명을 요구한다.

한국사회의 경제적 갈등구조는 1997년 아시아 외환위기로부터 발생했다. 몇몇 연구들은 경제상태가 1997년과 2002년 선거에서 회고적 혹은 전망적 평가를 유도했다는 분석을 내어놓기도 했다(황아란 2000; Kwon 2008). 한 연구는 2007년 17대 대선에서 공간분석을 통해 경제적인 균열구조가 좌우의 차원으로 형성되긴 했으나 규모가 안보 균열보다는 아주 미미한 것이라고 분석하기도 했다(조성대 2008). 경제적 갈등구조가 생겨나긴 했지만 유권자들이 명확하게 인지할 수 있는 이념적 균열로는 확대 성장되지 못했다는 것이다.

그런데 2008년 국제금융위기는 전환점이 되었다. OECD의 한 보고서에 의하면, 한국사회의 소득불평등이 2008년 한층 더 심화되었음을 보여준다. 상대적인 빈곤율은 2008년 15%로 증가해 OECD 국가 중 하위 7번째를 기록할 정도였다(OECD 2012: 17-8). 이러한 경제위기는 특히 중산층에는 사망선고나 다름없었다. 한국의 중산층은 1990년 74.4%에 달했었는데, 2010년 67.5%로 감소했으며, OECD 21개 국가 중 18위를 기록할 정도였다(*The Korea Times* 2012/3/22). 이러한 경제위기는 2012년 선거에서 경제민주화 쟁점이 가장 중요한 정책 쟁점 중 하나로 부상하는 계기가 되게 했다(장승진 2013a).

남은 질문은 유권자들이 경제적 이념갈등을 어떻게 인지했는가 하는 것이다. 이미 우리는 제3장의 경험분석에서 사회경제적 이념구조가 2000년대 이후 한국사회에서 하나의 독립적인 갈등구조로 서서히 발전해 왔음을 살펴본 바 있다. 그러나 반세기 이상 배태되어온 정치안보적 갈등구조의 오랜 역사와 비교해 볼 때, 사회경제적 갈등구조는 비교적 새로운 것일 수밖에 없다. 더군다나 제5장에서 서술했듯이 18대 대선에서 박근혜 후보와 문재인 후보가 경제민주화와 복지 공약에 있어 수렴현상을 보였다는 점은 유권자들이 비록 경제 쟁점의 중요성을 인식했다고는 하나 정작 정당 혹은 후보자 간 차이를 명확하게 인지하거나 혹은 그 차이를 정확하게 계산하지 못했을 수 있다. 이러한 상황에서 유권자들은 후보자들의 입장을 자세히 파악하려 하기보다 어느 후보자가 자신의 이념과 같은 방향에 있는지 그리고 그 후보자가 얼마나 선명한 대안을 제시했는지를 개략적으로 파악하고 지지할 후보를 결정했을 개연성이 높다는 것이다. 방향모형에서 사회경제이념 변수의 통계적인 유의미성은 이러한 추론을 일정하게 뒷받침하고 있다.

IV. 소결

지금까지 1980년대부터 전통적인 공간이론에 도전해왔던 방향이론의 적실성을 18대 대선을 사례로 살펴보았다. 방향이론의 문제제기는 수리모형에서 비록 몇 가지 문제점을 지니고 있지만 기존의 근접이론이 유권자들에게 요구하는 정보비용이 과다할 수 있다는 점에서 매력을 지닌 접근법이다. 기존의 한 연구 또한 한국 선거에서 방향모형이 좀 더 우세하다는 결론을 내리기도 했었다(Jhee 2006).

특히 유권자들이 정치적으로 세련되지 못했을 때 방향모형이 이념투표를 상대적으로 더 적절하게 설명할 수 있다는 연구(Cho and Hong 2014)는 더 깊이 있는 분석을 보여준다. 그러나 방향모형이 항상 우위에 있다는 것은 아니다. 본문의 경험분석 결과가 보여주듯 근접모형 또한 나름대로 유권자들의 이념투표 현상을 잘 설명하고 있고 실제 두 모형 간의 설명력은 큰 차이가 없다.

그러나 앞서 언급했듯이 방향이론은 수리모형을 구조화하는 데 있어 몇 가지 문제점을 지니고 있다. 무엇보다 극단적인 후보일수록 효용함수가 증가한다는 점은 개선되어야 할 문제점이다. 실제 극단적인 정당이나 후보가 집권한 사례가 없기 때문이다. 개선안으로 제시된 관용경계라는 개념 또한 효용함수와 갖는 관계가 분명하게 제시될 필요가 있다.

이념적 중립점이 갖는 개념적 자의성 또한 문제이다. 한 가지 대안은 현직 대통령이나 집권당의 정책 입장을 중립점으로 사용하는 방법이 있다(Dow 1998b; Cho and Endersby 2003). 근접모형에 대한 대부분의 연구물들이 그 지적 기원이라고 인용하는 다운스조차도 이념거리 외의 다른 기제에 대해 언급하고 있다. 다운스에 의하면, 투표자는

> 특정 정당이 권력을 잡는다면 어떤 정책을 집행할 것인지 판단해야 한다. 왜냐하면, 경쟁하는 정당 중 하나는 이미 권력을 잡고 있으며 따라서 국정운영

> 의 성과는 … 투표자들에게 (그 정당이) 미래에 어떤 정책을 집행할지 최상의 아이디어를 부여하기 때문이다. 그러나 한 정당의 현재적 성과와 다른 정당의 기대되는 미래의 성과를 비교하는 일은 비합리적일지 모른다. 적절한 비교를 위해서는 양 정당의 성과가 똑 같은 상황에서, 즉 시간적으로 동시에 발생해야 한다. 따라서 투표자들은 반대당이 생산해낼 미래의 성과를 그 정당이 집권했다면이라는 가정 아래 평가해야만 한다(Downs 1957: 39-40, 괄호 안은 역자 주).

즉 다운스에게 합리적 투표자는 집권당과 반대당의 전망적(prospective) 주장을 평면적으로 비교하기보다 집권당의 현재 정책들에게 대한 회고적인 평가와 반대당이 집권했을 때의 가설적인 정책에 대한 기대를 비교한다는 것이다.[30] 이러한 논리를 방향이론의 모형에 적용하면, 투표자들의 합리적 산술은 집권당(혹은 현직 대통령)에 대한 현재까지의 정책적 성과를 기준으로 집권당이 제시하는 정책과 반대당이 제시하는 정책이 어느 이념적 방향에서 얼마나 차이가 있는지 비교하는 것이 보다 타당할 수 있다.

대통령선거를 예로 들어 보면 집권당의 후보와 반대당의 후보가 현직 대통령과 얼마나 차별적인 정책을 내어놓는가를 보고 판단한다는 것이다. 첫 단계에서 투표자들은 현직 대통령의 정책으로부터 자신이 이념적으로 어느 방향에 위치하고 있는지 그리고 얼마나 멀리 벗어나 있는가를 계산한다. 그

---

30) 몇몇 학자들은 정당 간 차이에 대한 이러한 다운스의 해석을 공간 모형의 중요한 요인으로 간주해왔다. 그로프만(Grofman 1985)은 반대당 후보들의 약속을 할인(discount)하는 수단으로 현상 정책(status quo)의 적절성을 제안한 바 있다. 인로우, 엔더스비와 멍거(Enelow, Endersby and Munger 1995)는 정책 공간에서 현상 정책의 위치를 중립점으로 사용하고, 후보자의 능력에 대한 투표자들의 평가를 할인 요인들로 활용하여 미국 대통령선거에서 도전자들에 대한 투표선택을 설명하는 근접모형의 설명력을 근소하게 증가시킨 바도 있다. 메릴과 그로프만(Merrill and Grofman 1997)은 근접모형과 방향모형을 한데 묶은 단일 모형으로 미국 대통령선거를 분석한 바 있는데, 근접이론은 잘 알려진 후보에 대한 투표자의 선택을 보다 잘 설명한 데 반해, 방향이론은 잘 알려지지 않은 후보를 평가하는 데 있어 설명력이 더 뛰어났음을 밝혔다. 이러한 경험분석들은 투표자가 현직자와 도전자를 다르게 평가할 수 있음을 보여주고 있다.

다음 집권당의 후보자와 반대당의 후보자들이 중립점이 되는 현직 대통령의 정책을 그대로 유지하는 정책을 제시하는지 혹은 좀 더 진보 혹은 보수적인 정책을 제시하는가를 계산한다는 것이다.

실제 이러한 구상을 적용해 영국 총선을 사례로 근접모형과 방향모형을 비교한 한 연구(Cho and Endersby 2003)는 근접모형이 집권당에 대한 선호를 더 잘 설명하는 데 반해 방향모형은 야당에 대한 선호를 보다 잘 설명한다고 주장한다. 향후 더 많은 경험적 연구들이 필요해 보인다.

제8장

다수 후보 선거경쟁과 이념투표

Ⅰ. 이론적 배경

제5장에서 다루었던 에릭슨과 로메로의 모형(E-R 모형, Erikson and Romero 1990)으로 대표되는 확률적 공간모형은 비정책 요인들의 추가에 의한 이론적 진보에도 불구하고 세 명 이상의 후보자가 경쟁하는 구도에는 적용되지 못한다는 문제점을 지니고 있다. 2인 후보 간의 선거경쟁이 다수 후보자 구도로 확장되어질 때 발생하는 이론적 문제는 균형점의 존재가 양당 간의 경쟁에서와 같이 여전히 중도 수렴으로 일반화될 수 있는가이다. 이를 간단한 예를 통해 살펴보자. 〈표 8-1〉은 앞서 제4장의 〈표 4-1〉에서 후보자 *C*가 추가된 3인 후보의 경쟁구도이다. 이 예는 3인 후보의 경쟁에서도 다운스의 수렴전략이 득표 최대화 전략이 될 수 있는지 여부를 검증하게 해준다.

두 후보 *L*과 *R*은 〈도표 4-1〉처럼 각각 3점과 8점에 위치했다고 가정하자. 그리고 새로 등장한 후보는 나름 다운스의 수렴전략을 고려해 중위 투

〈도표 8-1〉 일차원 정책 공간의 3인 후보의 선거구도

후보자				*L*			*C*		*R*		
유권자	V_0	V_1	V_2	V_3	V_4	V_5	V_6	V_7	V_8	V_9	V_{10}
이념	0	1	2	3	4	5	6	7	8	9	10
	진보 〈------					중도				------〉	보수

* 정책 = {0, 1, ⋯ , 9, 10}. 후보자(V_i), I = {0, 1, ⋯ , 9, 10}, 후보자 = *L*, *R*, *C*

표자 지점에 상대적으로 가까운 6점에서 선거운동을 펼친다고 가정해보자. 그 외 모든 가정은 〈도표 4-1〉의 예에서 제시된 가정(단일정점의 유권자 선호, 좌우 대칭의 효용함수, 모든 유권자의 투표)을 그대로 적용해보자. 그리고 과반 규칙을 완화한 단순 다수제를 적용해 승자를 결정해보자.

결과는 〈표 8-1〉에 제시되어 있다. 가장 흥미로운 점은 *C* 후보가 세 후보 중 가장 다운스적인 전략을 구사했음에도 불구하고 최소의 득표를 한다는 사실이다. 각 후보자에 대한 유권자의 효용을 단순 유클리드 거리로 계산해 살펴보면, *C* 후보는 {V_5, V_6}의 지지만을 획득할 뿐이다. 만약 정책거리가 동일할 경우 기권한다는 가정을 적용한다면 V_7은 *C* 후보와 *R* 후보에 대한 효용이 동일해 기권한다. 그리고 *R* 후보를 지지하는 유권자는 {V_8, V_9, V_{10}}에 불과하다. 제4장의 〈도표 4-1〉에서 *R* 후보를 지지한 유권자가 {V_6, V_7, V_8, V_9, V_{10}}임을 고려한다면, {V_6, V_7}의 지지를 잃어버린 셈이다. 반면, *L* 후보는 {V_5}만을 *C* 후보에 뺏겼을 뿐, {V_0, V_1, V_2, V_3, V_4}의 지지를 유지해 과반에 달하지는 못했지만 무난히 다수의 지지를 받아 승리한다. 이러한 결과는 다수 후보 선거에서 다운스의 수렴전략은 더 이상 윈세트가 되지 못하고 따라서 중위 투표자 정리도 성립되지 않는다는 사실을 보여준다. 중위 투표자 위치에 있는 후보가 바로 옆에 위치한 다른 후보들에 의해 압착되기 때문이다.

후보자들의 정책 이동을 허용해보자. 예를 들어, *C* 후보가 중위 투표자 지점인 5점으로 이동했다고 가정해보자. 그리고 *L* 후보가 자신의 정책 입장

〈표 8-1〉 3인 후보 선거경쟁 아래 후보자에 대한 효용

	L에 대한 효용	R에 대한 효용	C에 대한 효용	최대 효용 후보
V_0	-|0-3| = -3	-|0-8| = -8	-|0-6| = -6	L
V_1	-|1-3| = -2	-|1-8| = -7	-|1-6| = -5	L
V_2	-|2-3| = -1	-|2-8| = -6	-|2-6| = -4	L
V_3	-|3-3| = 0	-|3-8| = -5	-|3-6| = -3	L
V_4	-|4-3| = -1	-|4-8| = -4	-|4-6| = -2	L
V_5	-|5-3| = -2	-|5-8| = -3	-|5-6| = -1	C
V_6	-|6-3| = -3	-|6-8| = -2	-|6-6| = 0	C
V_7	-|7-3| = -4	-|7-8| = -1	-|7-6| = -1	C와 R이 동일
V_8	-|8-3| = -5	-|8-8| = 0	-|8-6| = -2	R
V_9	-|9-3| = -6	-|9-8| = -1	-|9-6| = -3	R
V_{10}	-|10-3| = -7	-|10-8| = -2	-|10-6| = -4	R

은 3을 고수하고 있다고 가정해보자. 이 상황은 R 후보에게 중도로 정책을 이동함으로써 득표를 최대화시킬 수 있는 전략적인 유인을 제공한다. 만약 R 후보가 자신의 정책을 수정해 6점으로 이동했다고 가정해보자. 다시 세 후보자에 대한 투표자의 효용을 계산하면, $\{V_4\}$가 L과 C에 대한 효용이 같아 기권한 상태에서 L 후보를 지지하는 투표자는 $\{V_0, V_1, V_2, V_3\}$로 4명이고, C 후보를 지지하는 투표자는 $\{V_5\}$에 불과하며, R 후보를 지지하는 투표자는 $\{V_6, V_7, V_8, V_9, V_{10}\}$, 5명으로 R 후보가 최종 승자가 된다. 즉 다수 후보의 경쟁에서 중위 투표자 지점은 인근의 좌우로 다른 후보들을 이동하게 만들어 결국 패배를 초래할 수밖에 없다.

이러한 결과는 기존연구들로 하여금 다수득표제(plurality rule), 3명 이상의 후보의 존재, 그리고 결정론적 가정이 적용될 경우 "다수 후보자 균형은 존재하지 않거나 혹은 반-중앙적(non-centrist)"이라는 결론을 내리게 했다 (Cox 1987: 90). 예를 들면, 결정적 공간모형과 세 명의 후보자를 가정하면

모든 후보들은 중위 후보의 바로 왼쪽이나 오른쪽에 위치하려 하는데 결국 중위 후보는 양 옆의 후보들에 의해 밀착되어 최소 득표에 머물 수밖에 없다. 이러한 압착 효과는 결국 중위 후보자로 하여금 경쟁자들의 왼쪽이나 오른쪽으로 널뛰게(leapfrogging) 만든다. 그리고 이러한 과정이 끊임없이 지속될 경우 후보자들은 정책 균형에 도달하지 못한다.[31)]

흥미로운 점은 다수 후보 간의 공간 경쟁에서 정책의 효과가 정책 외적인 요인들에 효과의 규모에 의존할 수밖에 없다는 사실이다. 예를 들어, 다수 후보 선거에서 후보자들이 다운스식 중앙 수렴의 정책 입장을 취해 경쟁한다면, 이는 비정책 요인들의 효과를 증대시키는 결과를 도출한다. 이를 이차원 정책 공간을 예로 들어 살펴보자(조성대 2003: 315-16 참고). 〈도표 8-2〉에서 볼 수 있듯이, 가령 두 후보자 L과 R이 각 차원의 중요성이 1:1로 같은 이차원의 정책 공간에서 각각 $L(-2, -1)$, $R(1, 2)$에 위치해 있고 세 명의 투표자가 각각 $V_1(1, 0.5)$, $V_2(1.5, 0.5)$, $V_3(-0.5, -1)$에 위치해 있다고 가정하자.

이 경우 L과 R의 공간 경쟁에서 R이 2대 1로 승리하게 된다. 〈표 8-2〉에서 알 수 있듯이, 두 명의 투표자 V_1과 V_2가 R 후보에게 더 가깝기 때문이다. 투표자 V_1, V_2, V_3의 L 후보에 대한 이념거리는 각각 $\sqrt{11.25}$, $\sqrt{14.5}$,

31) 다른 이론적인 고려는 정책 균형의 존재여부가 선거제도와 밀접하게 관련되어 있음을 보여주고 있다. 스코필드와 그의 동료들은(Schofield and Sened 2006) 다당제구도하의 경쟁에서 대부분의 정당들은 예상 득표율을 최대화하는 정책 입장을 취하지 않기에 다운스적 관점을 적용하기 힘들다고 주장한다. 이러한 주장을 지지하는 경험적 연구로는 네덜란드와 독일(Schofield, Martin, Quinn and Whitford 1998), 캐나다, 네덜란드, 이스라엘과 독일(Dow 2001)에 대한 연구 등이 있다. 이러한 연구들의 저변에 깔린 논리적 근거는 의회제 국가들의 정당 지도자들은 선거후의 연립정부에 대한 협상의 결과에 대한 고려 때문에 득표율을 최대화하려는 동기로부터 덜 구속받는다는 것이다. 스코필드의 연구에 의하면, 의회제 국가에서 일방적인 득표 최대화전략은 합리적이지 않을 수 있는데, 선거후 연립정권에 참여할 수 있는 기회를 보장해주지 않기 때문이라는 것이다. 한편, 다우(Dow 2001)는 이러한 나라들에서 정당의 급속한 정책 변동은 일관성과 신뢰성에 대한 평판 비용(reputation cost)을 수반하기에 정당들이 더 많은 표를 얻기 위해 정책을 변화시키기에는 무리가 따른다는 또 다른 논거를 제시하고 있다.

〈도표 8-2〉 이차원 정책 공간에서 다수 후보 정책 균형의 예

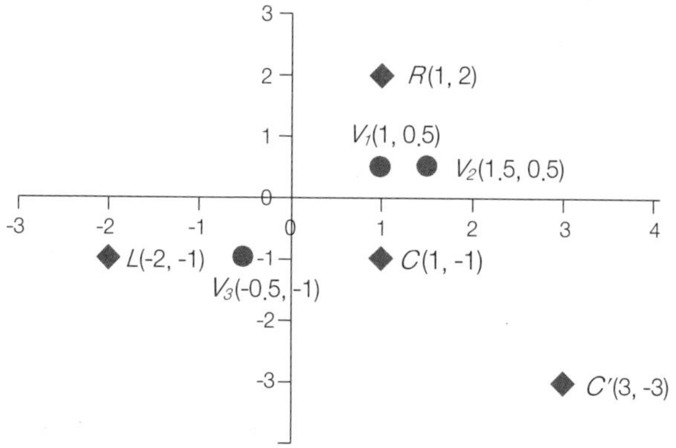

$\sqrt{2.25}$ 이고 R 후보에 대한 이념거리는 각각 $\sqrt{2.25}$, $\sqrt{11.25}$, $\sqrt{11.25}$ 이다. 따라서 투표자 V_1과 V_2는 L 후보 보다 R 후보를 더 선호하게 된다. 여기에 새로운 후보자 C가 (1, -1.5)의 위치에 등장했다고 가정해보자. 이념거리를 둘러싼 산술이 좀 더 복잡해진다. 원래 R 후보를 지지했던 V_1의 경우 C 후보와의 이념거리도 $\sqrt{2.25}$ 로 R 후보의 이념거리와 같다. V_2 또한 R 후보와 C 후보와의 이념거리가 $\sqrt{2.25}$ 로 똑같다. 따라서 이념거리로만 판단한다면, 원래 R 후보를 지지했던 V_1과 V_2는 지지 후보를 결정할 수 없게 된

〈표 8-2〉 이차원 정책 공간에서 유권자와 세 후보 간의 이념거리

투표자	L(-2, -1)	R(1, 2)	C(1, -1.5)	C′(3, -3)
V_1	$[(1+2)^2+(0.5+1)^2]^{1/2}$ $=\sqrt{11.25}$	$[(1-1)^2+(0.5-2)^2]^{1/2}$ $=\sqrt{2.25}$	$[(1-1)^2+(0.5+1)^2]^{1/2}$ $=\sqrt{2.25}$	$[(1-3)^2+(0.5+3)^2]^{1/2}$ $=\sqrt{16.25}$
V_2	$[(1.5+2)^2+(0.5+1)^2]^{1/2}$ $=\sqrt{14.5}$	$[(1.5-1)^2+(0.5-2)^2]^{1/2}$ $=\sqrt{2.5}$	$[(1.5-1)^2+(0.5+1)^2]^{1/2}$ $=\sqrt{2.5}$	$[(1.5-3)^2+(0.5+3)^2]^{1/2}$ $=\sqrt{14.5}$
V_3	$[(-0.5+2)^2+(-1+1)^2]^{1/2}$ $=\sqrt{2.25}$	$[(-0.5-1)^2+(-1-2)^2]^{1/2}$ $=\sqrt{11.25}$	$[(-0.5-1)^2+(-1+1)^2]^{1/2}$ $=\sqrt{2.25}$	$[(-0.5-3)^2+(-1+3)^2]^{1/2}$ $=\sqrt{16.25}$

다. 사정은 V_3도 마찬가지이다. 원래 L 후보를 지지했던 V_3도 L 후보와의 이념거리와 C 후보와의 이념거리가 $\sqrt{2.25}$로 똑같아 후보를 결정하지 못하게 된다. 이에 반해, 만약 C 후보가 다소 극단적 정책 입장을 견지해 C'(3, -3)에 위치한다면, 세 명의 후보자 간의 공간경쟁의 결과는 L와 R 후보 간의 공간경쟁 결과와 일치하여 R 후보가 승리한다.

〈도표 8-2〉의 단순한 예제는 선거 경쟁이 세 명 이상의 다수 후보자 경쟁으로 확장될 경우, 유권자들이 이념의 효용을 계산하여 후보자들에 대한 선호를 명확히 판단하기 힘들게 됨을 보여준다. 물론, C'처럼 어느 한 명의 후보자가 상당히 극단적인 이념(정책)을 견지할 경우, 이념의 영향력은 상대적으로 증가하게 된다. 반면, C 후보의 경우처럼 제3당 후보가 대중적 인기와 지지를 감안해 중도적인 입장을 취할 경우, 이념의 효과가 자연스럽게 감소하게 된다. 이 경우 이념투표는 크게 나타나지 않고 오히려 다른 비정책 요인들이 유권자들의 후보선택에 영향을 미치게 된다.

이와 같은 예제는 다수 후보 선거에 지니는 함의가 크다. 기본적으로 다당제 구조를 지니고 있는 한국의 경우도 제3당의 도전은 일상에 가깝다. 대선 5% 이상의 득표율을 기준으로 살펴보면, 민주화 이후 1987년 13대 대선, 1992년 14대 대선, 1997년 15대 대선, 그리고 2007년 17대 대선이 다수 후보 간 경쟁으로 치러졌었다. 2002년 16대 대선과 2012년 18대 대선의 경우 실질적인 양자구도로 치러졌지만 선거과정에서 후보단일화라는 선거연합을 발생시킨 정몽준과 안철수라는 제3당 후보의 도전이 있었다.[32)]

---

32) 1987년 13대 대선은 민주정의당의 노태우, 통일민주당의 김영삼, 평화민주당의 김대중, 그리고 신민주공화당의 김종필 후보 간의 4파전 양상으로 진행되었다. 1992년 14대 대선도 민주자유당의 김영삼, 민주당의 김대중, 통일국민당의 정주영 후보 간의 3파전으로 진행되었다. 1997년 15대 대선 또한 한나라당의 이회창, 새정치국민회의 김대중, 국민신당의 이인제 후보 간의 3파전이었다. 2007년 17대 대선에서도 대통합민주신당의 정동영, 한나라당의 이회창, 무소속의 이회창, 창조한국당의 문국현 후보 간의 4파전이었다. 2002년 16대 대선과 2012년 18대 대선만이 양자구도로 치러졌는데, 16대 대선은 한나라당 이회창과 새천년민주당 노무현 후보 간 그리고 18대 대선은 새누리당 박근혜와 민주통합당 문재인 후보 간의 경쟁이었다.

한국 선거에서 제3후보 현상에 대한 자세한 분석은 다음의 제9장으로 미루고 여기서는 제18대 대선에서 안철수 후보의 등장으로 인한 3인 후보 구도를 예로 다수 후보 선거경쟁에서 이념투표의 유의미성과 역동성을 분석하기로 하자.

18대 대선에서 비록 중도에서 사퇴했지만, 만약 안철수 후보가 끝까지 완주했다면 어떤 현상이 벌어졌을까? 제3장의 〈도표 3-4〉와 〈도표 3-5〉에서 알 수 있듯이, 18대 대선에서 무소속의 안철수 후보의 위치는 민주통합당의 문재인 후보의 근처에서 새누리당과 박근혜 후보의 위치와 대립하고 있었다. 이념지도상의 거리만을 기준으로 할 때 많은 유권자들은 안철수 후보와 문재인 후보를 판별하지 못했을 가능성이 높다. 따라서 이 경우 문재인과 안철수 두 후보 간의 경쟁에서는 이념거리의 효과보다는 후보자의 자질을 비롯한 비정책 요인들의 효과가 클 것으로 예상해볼 수 있다. 물론 이러한 가설이 이념거리의 효과를 전적으로 부정하는 것은 아니다. 오히려 이 장에서 살펴볼 것은 양자구도에서 발견되는 이념효과가 과연 삼자구도에서 그대로 발견되는지 혹은 다른 양상을 보이는지에 대한 것이다.

II. 분석 방법과 가설

1. 분석 방법

아쉽게도 제7장까지 사용했던 서울대 한국정치연구소의 18대 대선 데이터는 안철수라는 대안을 넣어 유권자의 후보선택 의향을 물어본 설문항을 지니고 있지 않다. 따라서 제3장에서 제시한 두 개의 이념지도상의 유권자와 후보자의 위치를 이용해 3자 구도에서의 후보선택을 분석하기 불가능하다. 물론 분석은 가상의 경쟁구도를 전제할 수밖에 없다. 다행히 2012년

2월 말 한국 갤럽에서 전국 1,000명의 성인 남녀를 대상으로 대인면접으로 실시한 '한국인의 정치·사회·문화·의식조사'가 박근혜, 문재인, 안철수 3인의 가상 대선 경쟁에서 후보선택을 묻는 설문을 다음과 같이 지니고 있다.

QE-7) 만일 대통령선거가 내일이라면 ○○님께서는 다음 중 어느 후보에게 투표하실 생각입니까? 확신이 없더라도 투표할 가능성이 가장 높은 후보를 한 사람 선택해 주십시오.

1. 박근혜 2. 안철수 3. 문재인 4. 김문수 5. 손학규 6. 한명숙
7. 박세일 8. 기타(적어 주세요 ___________) 9. 투표의향 없음

이 응답에서 박근혜 후보는 41.4%를 획득했고 안철수 후보는 25.3%를 득표했으며 그리고 문재인 후보는 12.8%를 득표했다. 다른 대안(무응답 포함)을 선택한 20.5%의 응답자를 제외하면, 박근혜 후보는 52.1%, 안철수 후보는 31.8%, 그리고 문재인 후보는 16.1%의 득표로 환산된다. 안철수 후보가 문재인 후보보다 거의 두 배 가까이 높은 득표력을 보인 것은 이 시기 안철수 후보에 대한 대중적 지지를 반영한 것이라 볼 수 있다. 제9장에서 자세히 살펴보겠지만, 안철수의 제3후보 현상은 2011년 10월 26일 서울시장 재보궐선거를 전후해서 발생했다. 박원순 희망제작소 상임이사에게 후보직을 양보한 후 안철수의 대중적 지지는 하나의 신드롬을 형성해 2012년 4월 11일 19대 총선 이후 야권의 대선주자로 발돋움해 여론조사에서 줄곧 민주통합당의 문재인 후보를 앞지르곤 했다(조성대 2013: 90-91 참조). 이 글의 데이터도 이러한 추세를 적절히 반영하고 있다고 보인다.

흥미롭게도 대부분의 여론조사 데이터와 다르게 이 갤럽조사는 구체적인 정책에 대해 응답자 자신의 입장뿐만 아니라 각 후보자들의 입장에 대한 응답자의 주관적 평가를 7점 척도로 파악할 수 있는 설문을 지니고 있다. 따라서 구체적인 정책에 대한 유권자와 후보자의 이념거리를 계산할 수 있다. 구체적인 정책 설문은 다음과 같다.

QF-1) 일자리와 삶의 질 보장 정책의 방향에 대해
(1. 정부가 적극적인 역할을 해야 한다 ~ 7. 각 개인이 알아서 해야 한다)

QF-2) 환경정책에 대해
(1. 일자리 줄고 경제성장 늦더라도 환경보호가 중요 ~ 7. 일자리와 경제성장이 환경보호보다 중요)

QF-3) 대북정책에 대해
(1. 유화적 대북정책(일방적 대북지원) ~ 7. 강경한 대북정책(무력충돌 불사)

QF-4) 세금정책에 대해
(1. 부유층이 훨씬 더 많은 세금을 내야 한다 ~ 7. 부유층에 대한 세금을 대폭 줄여야 한다)

주어진 설문은 비록 네 가지밖에 되지 않지만 안보(대북정책), 경제(일자리, 세금정책), 그리고 환경(환경 대 성장) 분야에서 한국사회의 중요한 정책 방향을 묻는 것들이다. 특히 대북정책과 경제정책에 관한 설문은 제3장에서 살펴본 한국정치의 이념지도를 구성하는 주요 요인이기도 하다. 따라서 네 개의 정책에서 유권자와 후보자 간의 이념거리가 투표선택에 미친 영향을 검증할 수 있다. 그런데 경험분석에 있어 다음의 세 가지 사항을 주의 깊게 고려할 필요가 있다.

첫째, 응답자와 후보자 간의 이념거리를 측정함에 있어 후보자의 위치를 어떻게 계산할 것인가이다. 후보자의 위치를 어떻게 측정할 것인가는 앞서 제4장에서 언급했듯이 한편으로 '투표자가 주관적으로 인식하는 위치의 유용성'(Giljam 1997)을 주장하는 집단과 다른 한편으로 '투사효과의 위험성'(Page and Brody 1972)과 '공간이론의 이론적 가정의 적실성'(Macdonald et al. 1997)에 기인한 평균위치의 사용을 주장하는 집단으로 나뉜다. 두 주장 모두 나름의 의미가 있고 더 깊은 이론적 논쟁이 필요하다고 이미 언급했었다. 단 지금까지 이 책의 제4장과 제5장의 공간분석에서 응답자의 평균값으로 후보자의 위치를 사용했기에 이 장에서는 응답자가 인지하는 주관적 위치로 사용해 경험분석을 시도해보고자 한다.

둘째, 엄격하게 따져서 공간분석은 다차원의 공간에서 잠재적으로 존재하는 이념지도를 복구한 경험치를 가지고 행해져야 한다. 즉 최소한 이차원 이념공간상에 유권자가 인지하는 후보자나 정당의 위치를 통해 정당체계와 선거정치과정에 대한 공간적 추론이 가능해야 한다. 그리고 이념지도상의 정보를 가지고 유권자와 후보자 간의 이념거리를 측정하고 분석해야 한다. 그런데 위의 설문에 제시된 정책에 대한 유권자의 판단(자신 및 후보자의 위치)은 이 책에서 사용하고 있는 이념의 정의에 엄격하게 걸맞지 않다. 왜냐하면, 정책에 대한 판단만으로 바람직한 사회에 대한 언술적 이미지와 그것을 성취할 수 있는 수단이 정합적으로 표상되지 않기 때문이다. 그럼에도 불구하고 공간이론이 정책 투표 분석에 활용되는 또 다른 예를 보여주기 위해 설문을 그대로 사용하기로 했다.

셋째, 방법론적 고려로 이념거리 변수의 효과를 측정하는 회귀분석 방법이 제5장과 다르다. 종속변수가 다변량(multinomial)인 관계로 일반적인 이변량(binomial) 로지스틱 혹은 프로빗 회귀를 사용할 수 없다. 더욱이 다변량 로지스틱의 사용은 제한적이다. 그 이유는 종속변수의 특질을 포함한 독립변수의 사용이 불가능하기 때문이다(McFadden 1973; Maddala 1983; Long 1997 참조). 예를 들면, 후보자의 개인적 자질에 관한 변수는 말할 것도 없고 이념거리 또한 종속변수에 포함된 후보자의 특질에 관한 정보를 포함하고 있다. 이 경우 일반적인 다변량 로지스틱보다는 조건 로짓(conditional logit)이나 다변량 프로빗(multinomial probit)의 사용이 권장된다(Alvarez and Nagler 1998b; Dow and Endersby 1998; 조성대 2003).

그런데 이 글의 데이터를 이용하여 세 후보의 가상대결을 조건 로짓을 통해 검증한 연구가 이미 존재한다(김성연·김준석·길정아 2013 참조). 따라서 이 글은 다변량 프로빗을 사용하여 통계적 검증을 제시하고자 한다. 경험적 발견을 기존연구와 비교해보는 것도 독자에게는 흥미로운 작업이 될 것이다.

다변량 프로빗과 조건 로짓에 대한 방법론적 고려

다변량 프로빗이나 조건 로짓은 종속변수의 특질을 나타내는 독립변수의 통계측정에 있어 하나의 회귀계수값을 생산해낸다. 종속변수의 각 선택에 대해 그 특질을 나타내는 변수의 값은 달라도 계수의 값은 똑같아야 한다는 것이다. 예를 들면, 수송수단의 선택이 기차, 버스, 그리고 자동차로 주어졌고 각 선택에 대해 시간과 비용의 문제를 고려한다고 가정하자. 이 경우 걸리는 시간은 수송수단에 따라 달라지지만, 그 시간이 가져오는 효과는 단위당 같아야 한다는 것이다(Long 1977: 178-179; McFadden 1973 참조). 후보자의 특질을 나타내는 변수, 즉 이념거리 변수나 후보자 개인의 자질 변수는 이러한 논리를 적용해야 하며 따라서 하나의 회귀계수를 가져야 한다.

그런데 조건 로짓과 다변량 프로빗은 다음과 같은 점에서 다르다. 조건 로짓의 오차항(error term)은 동분산을 지닌 독립적(identical and independent) 분포라는 가정에 기초하고 있다. 문제는 이러한 오차항 구조는 "독립적 대안의 무관계(IIA: Irrelevance of Independent Alternatives)" 특징을 부여하는데, IIA 가정은 대안 k를 선택할 확률과 대안 j를 선택할 확률 간의 비율이 j와 k에 관계없는 다른 대안들이 포함되거나 배제되더라도 변함이 없어야 한다는 것을 의미한다(Long 1997). 그러나 이러한 가정은 유권자들이 특정 후보를 다른 후보와 유사하게 보거나 서로 대체적이라고 판단할 경우 위반될 수 있다.

따라서 조건 로짓의 사용을 비판하는 학자들은 대신 다변량 프로빗(multinomial probit, MNP)의 사용을 대안으로 권장한다(Alvarez and Nagler 1995; 1998). MNP는 오차항 간의 공변관계(correlations)를 허용하고 있기에 IIA 가정을 피할 수 있다는 것이다. 예를 들어, 이 글에서 사용하는 박근혜-문재인-안철수의 가상대결의 효용함수는 세 개의 오차항($\epsilon_{i\text{박}}$, $\epsilon_{i\text{문}}$, $\epsilon_{i\text{안}}$)을 산출한다. 이 경우 $\epsilon_{i\text{박}}$과 $\epsilon_{i\text{문}}$ 그리고 $\epsilon_{i\text{박}}$과 $\epsilon_{i\text{안}}$은 공분산(covariance)이 크지 않을 수 있다. 그러나 $\epsilon_{i\text{문}}$과 $\epsilon_{i\text{안}}$의 공분산은 유의미할 가능성이 있다. 이 경우 조건 로짓의 IIA 가정이 위반된다. 실제 문재인과 안철수 후보는 지지기반이 상당히 겹쳤으며 많은 유권자들에게 유사한 대안이었기 때문이다(조성대 2013). 따라서 $\epsilon_{i\text{문}}$과 $\epsilon_{i\text{안}}$의 공분산을 통제해야 편견이 없는(unbiased) 회귀계수를 산출할 수 있다.

IIA 가정이 다수 후보자 혹은 다당제 선거분석에서 주요한 고려사항이 됨에도 불구하고 그 중요성이 과장되어서는 안 된다는 지적 또한 제기되고 있다. 먼저, IIA 가정은 확률적 의사결정에 있어 논리적인 특질일 뿐 모든 경우에 경험적 진리로 나타나지 않는다는 것이다. 둘째, IIA의 논리적 함의는 후보자들 간의 대체가능성 정도에 기초해 있는데, 대부분의 다수 후보자 선거에서 후보자들은 서로 대체가능성이 희박하며 이 경우 조건 로짓의 확률이 MNP의 확률과 크게 다르지 않을 수 있다는 지적도 있다. 아울러 MNP의 사용은 조건 로짓을 사용할 때 필요 없는 몇몇 통계적 부담을 안고 있는데, 표본의 숫자 문제(2,000개 이상의 관찰수가 필요), 계수값의 증폭, 프로빗 측정치(estimators)의 불안정성, 오차항 구조를 정의하는 데 있어 명확한 해법의 부재, 그리고 라이클리후드 함수(likelihood function)가 최적(optimum)에서 평평함(flatness)을 보인다는 문제 등이 그것이다(Dow and Endersby 2004).

따라서 조건 로짓과 다변량 프로빗은 관찰 수나 혹은 유사한 대안들의 존재라는 조건들을 고려해 연구자가 잘 판단해서 사용해야 한다. 이 글의 데이터 또한 이러한 문제를 고스란히 안고 있다. 우선 안철수와 문재인 후보는 서로 대체 가능한 대안들이라는 점에서 다변량 프로빗의 사용이 권장된다. 그러나 관찰수가 최대 1,000개에 불과하다는 점에서 반대로 조건 로짓이 권장된다. 결국 어떤 방법론을 사용할지는 저자의 주관적 판단에 의존할 수밖에 없다. 이러한 문제점을 인식한 채 다음의 경험분석을 살펴보자.

2. 변수 조작과 가설

다변량 프로빗 회귀분석에서 종속변수는 투표자들의 후보선택 변수(1. 박근혜, 2. 안철수, 3. 문재인)이다. 기준항은 문재인과 안철수라는 대안의 유사성을 살펴보기 위해 안철수로 설정했다. 따라서 회귀분석은 '박근혜 대 안철수'와 '문재인 대 안철수'의 경쟁구도의 결과를 보여준다.

효용함수를 구성하는 주요 독립변수인 이념거리는 앞의 네 가지 정책 설문을 이용하여 '박근혜 대 안철수'의 경쟁에는 [박근혜 이념거리 - 안철수 이념거리]가 정책별로 계산되어 삽입되고, '문재인 대 안철수'의 경쟁에는 [문재인 이념거리 - 안철수 이념거리]가 정책별로 계산되어 삽입되었다. 그러나 앞서 설명했듯이 회귀계수는 일반 다변량 로지스틱과 달리 변수별로 하나의 회귀계수가 생산될 것이다. 물론 회귀계수는 음수(-)일 것으로 기대된다.

주요 독립변수로 후보자의 자질에 관한 변수도 추가했다. 설문에는 후보자의 도덕성(정직하다와 부도덕하다), 신뢰성(원칙을 지킨다, 말과 행동이 일치하지 않는다와 무책임하다), 능력(경험이 부족하다, 똑똑하다, 전문적 지식을 갖고 있다), 소통과 통합(국민과 소통을 잘하지 못한다, 사람들과 친

근하게 어울린다와 국민을 분열시킨다)의 네 가지 카테고리로 각각 7점 척도로 설계되어 있는데 이를 0~1사이의 값을 갖는 변수로 전환시켰다. 후보자 자질 변수 또한 종속변수의 특질을 나타내는 변수이기에 다변량 프로빗에서 하나의 회귀계수값을 지녀야 한다. 따라서 위의 이념거리 변수와 마찬가지도 네 개의 변수를 각각 [박근혜 자질 - 안철수 자질]과 [문재인 자질 - 안철수 자질]로 계산해 회귀 방정식에 삽입했다. 회귀계수는 양(+)의 값을 가질 것으로 기대된다.

아쉽게도 이 설문자료는 정당일체감을 묻는 설문을 지니고 있지 않다. 대신 정당에 대한 온도지수를 100점 만점으로 측정하는 설문을 지니고 있는데, [새누리당 - 민주통합당]을 정당선호도로 조작하여 회귀방정식에 삽입했다.

경제 상태에 대한 회고적 평가를 묻는 변수로 2008년 이명박 정부 출범 이후 각각 국가경제 상태와 개인경제 상태를 5점 척도(1. 매우 좋아졌다, … , 3. 별차이 없다, … , 5. 매우 나빠졌다)로 설문한 자료를 그대로 사용했다. 이 변수는 박근혜와 안철수의 경쟁에서는 음(-)의 값을 가질 것으로 기대하나 문재인과 안철수의 경쟁에서는 통계적인 유의미성을 지니지 않을 가능성이 높다. 왜냐하면 경제상태의 부침에 대해 서로가 비난할 대상이 되지 않기 때문이다. 이 변수는 회고적 투표의 '사회경제 대 개인경제 투표(sociotropic vs. pocketbook voting, Kinger and Kiewiet 1981)' 가설을 검증하게 해줄 것이다.

이 밖에 호남과 대구/경북 출신의 유권자를 표현하는 가변수를 만들어 지역주의를 함의하는 변수로 사용했다. 아울러 유권자들의 성(1. 남성, 2. 여성), 연령(1. 20대 이하, 2. 30대, 3. 40대, 4. 50대, 5. 60대 이상), 교육수준(1. 중졸 이하, 2. 고졸, 3. 전문대졸, 4. 대졸), 그리고 소득수준(1. 99만 원 이하, 2. 100~299만 원, 3. 300~499만 원, 4. 500만 원 이상)을 변수로 조작해 통제변수로 활용했다.

III. 경험분석 결과

1. 순수 공간모형 분석 결과

아래의 〈표 8-3〉은 네 개의 정책들에 대한 응답자와 후보자들의 평균 위치를 나타낸다. 설문이 2012년 2월에 실시되었다는 점을 고려하면서 앞서 제3장에서 설명되었던 18대 대선 사후조사와 결과를 비교해보면 흥미로울 것이다. 설문이 7점 척도이기에 4점을 가상의 중도로 가정할 수 있다.

먼저 대북정책의 경우 응답자들은 4.13으로 약간 보수적인 입장을 보이고 있다. 18대 대선 사후조사에서 대북지원정책이나 국가보안법정책에 대해 보수화되었던 양상과 일맥상통하고 있다. 박근혜 후보는 역시 대북정책에서 가장 보수적이고 문재인 후보는 가장 진보적이다. 안철수 후보는 그 중간에 위치해 있지만 문재인 후보와의 거리가 상대적으로 더 가깝다. 탈물질주의적 가치를 물어보는 '환경 대 성장'에서도 응답자들은 평균적으로 보수적인 경향을 보이고 있다. 역시 박근혜-안철수-문재인 순서로 보수에서 진보로 흐르고 있다.

그러나 경제정책들은 꽤나 다른 패턴을 보이고 있다. 각 정책들에서 응답자들의 평균은 상당히 진보적인 경향을 보이고 있다. 이는 제3장의 〈표 3-3〉에 제시된 18대 대선의 사후조사와도 정확하게 일치한다. 일자리정책

〈표 8-3〉 응답자와 후보자의 정책에 대한 이념위치: 평균값(표준편차)

	응답자	박근혜	안철수	문재인
대북정책	4.13(1.59)	4.59(1.33)	3.70(1.21)	3.24(1.28)
일자리정책	2.90(1.65)	3.73(1.39)	3.52(1.29)	3.57(1.20)
세금정책	1.99(1.20)	3.81(1.47)	2.92(1.29)	2.97(1.31)
환경정책	4.25(1.70)	4.49(1.23)	4.08(1.24)	4.06(1.15)

에서 응답자의 평균은 2.90이며 세금정책에 대해서는 1.99로 가장 진보적인 태도를 보이고 있다. 아울러 세 후보도 모두 가상적인 평균보다 진보적으로 인식되고 있다. 경제민주화와 복지정책에서 모든 후보들이 '좌향좌'를 연출하는 진풍경이 벌어지고 있다. 흥미로운 점은 일자리 쟁점에 있어 세 후보는 거의 차별화되지 않고 있다는 점이다. 세금정책에 있어서도 박근혜 후보는 가상적인 평균보다 진보적으로 인식되고 있다. 두 경제정책에서 안철수 후보가 문재인 후보보다 진보적으로 인식되나 거의 차이가 없다.

안보정책이나 경제정책, 그리고 환경정책에서 문재인 후보와 안철수 후보 사이에 차이가 거의 발견되지 않는다는 점은 다변량 프로빗 회귀결과에서 문재인과 안철수의 효용함수의 오차항의 공분산—즉 $\epsilon_{i문}$과 $\epsilon_{i안}$ 간의 공분산—이 통계적으로 유의미하게 나타날 가능성을 높인다.

다음의 〈표 8-4〉는 가상의 3자대결에 대한 다변량 프로빗 회귀분석 결과이다. 참고를 위해 조건 로짓 회귀 결과도 제시했다. 우선 비정책 요인들을 제외하고 정책 쟁점들만을 삽입했다. 결과를 보면 분석에 포함된 네 개의 정책 변수로 조작된 이념거리 변수들이 모두 통계적으로 유의미하다. 회귀결과는 대북정책, 일자리정책, 세금정책, 환경정책 모두에서 안철수 후보와의 이념거리보다 박근혜 후보와 문재인 후보와의 이념거리가 가까울수록 두 후보를 지지할 확률이 증가함을 보이고 있다. 특히 그 효과는 세금정책이 가장 크고 일자리정책과 대북정책 순으로 나타났다. 환경정책의 경우 그 효과가 가장 작으며 통계적인 유의미성도 다소 떨어진다. 민주화 이후 한국 정당정치에서 전통적인 갈등구조로 작용해왔던 남북관계를 둘러싼 경쟁뿐만 아니라 경제민주화와 복지정책을 둘러싼 경쟁이 18대 대선에서—만약 3자 대결구도가 성사되었다면—유의미한 영향을 미칠 수 있음을 이미 2012년 초부터 예고하고 있었다.

정책 변수들의 유의미성이 조건 로짓과 다변량 프로빗 회귀결과에서 유사하게 발견되는 가운데 차이점도 나타난다. 조건 로짓과 달리 정책 변수로 설명되지 못한 효용함수의 오차항 간의 공분산을 측정할 수 있는 다변량 프로빗 결과를 살펴보면 '문재인 대 안철수'의 효용함수로부터 산출되는 $\epsilon_{i문}$

〈표 8-4〉 18대 대선 가상의 3자 대결에 대한 회귀분석 결과

		조건 로짓 결과		다변량 프로빗 결과	
		박근혜/안철수	문재인/안철수	박근혜/안철수	문재인/안철수
정책거리	대북정책	-0.35(0.06)**		-0.26(0.07)**	
	일자리정책	-0.36(0.08)**		-0.28(0.07)**	
	세금정책	-0.47(0.06)**		-0.35(0.09)**	
	환경정책	-0.14(0.07)+		-0.13(0.06)+	
상수		0.80(0.12)**	-0.58(0.13)**	0.71(0.13)**	-0.25(0.17)**
$\delta_{박/안}$		–		0.20(0.26)	
$\delta_{문/안}$		–		1.02(0.24)**	
log-likehood		-482.28		-481.29	
Wald χ^2		121.69***		25.22**	
N		573		573	

괄호 안의 숫자는 표준오차, ** p〈0.01, * p〈0.05, + p〈0.10

과 $\epsilon_{i안}$ 간의 공분산인 $\delta_{문/안}$이 통계적으로 유의미함을 알 수 있다. 이는 응답자들이 문재인 후보와 안철수 후보를 대체가능한 유사 후보로 판단하고 있음을 의미하는 것이다.

실제 9월 16일에 문재인 후보가 민주통합당 후보로 선출되고 19일에 안철수 후보가 무소속으로 대선출마를 선언한 직후 조사되었던 여론조사의 결과는 두 후보가 유사한 대체재임을 보여주었다(조성대 2013: 92 참조), 이 조사에서 박근혜 후보의 지지기반은 대체로 50~60대, 고졸 이하의 저학력층, 저소득층, 농/임/어업 종사자, 블루칼라 노동자 및 가정주부, 영남 지역 거주자 및 이념적으로 보수주의자들인 데 반해, 문재인과 안철수 후보는 20~30대, 대재 이상, 고소득층, 화이트 칼라 노동자, 수도권과 호남 거주자, 그리고 진보층에서 지지기반을 공유하고 있었다(KBS/미디어리서치 2012/

9/21-22). 따라서 두 후보가 각각 독자 출마했다면 공통의 지지기반을 나눠 가지는 결과가 초래될 것이 자명했다. 그리고 위의 다변량 프로빗에서 나타난 두 후보의 효용함수 간의 오차항의 공분산은 이를 검증하고 있다.

2. 비정책 요인 포함 공간모형 분석 결과

다음으로 비정책 요인을 추가한 3자 대결의 결과를 살펴보자. 결과는 〈표 8-5〉에 제시되어 있다. 우선 다양한 후보자 자질들의 효과를 살펴보자. 도덕성, 신뢰성, 능력, 그리고 소통과 통합으로 조작된 후보자 자질들 중 소통과 통합 변수를 제외하고 모두 통계적으로 유의미한 효과를 지니고 있다. 즉 안철수 후보에 비해 박근혜 혹은 문재인 후보의 자질을 상대적으로 높게 평가할수록 두 후보를 지지할 확률이 증가한다는 것이다. 특히 후보자의 도덕성과 신뢰성은 가장 중요한 덕목으로 작용하고 있다.

정당선호도 변수도 가설이 예견하는 효과를 그대로 보여주고 있다. 즉 민주통합당보다 새누리당을 더 선호할수록 박근혜 후보를 지지할 확률이 증가한다. 정당선호도 변수의 효과는 문재인과 안철수 후보 간 경쟁에서 반대로 나타나고 있는데, 민주통합당에 대한 선호도가 안철수 후보에게 불리하게 작용했음을 보여준다. 즉, 민주통합당을 지지하는 사람들이 박근혜 후보와 안철수 후보를 비교할 때 안철수 후보를 더 선호하지만, 정작 자당의 후보와 안철수 후보가 경쟁할 경우 자당의 후보인 문재인 후보를 더 지지하고 있다는 것이다. 정당선호의 안정된 효과를 보여주고 있다.

국가경제 상태에 대한 평가는 제5장에서 18대 대선 분석의 결과와 마찬가지로 통계적으로 유의미하지 않다. 그런데 개인경제 상태에 대한 회고적 평가는 박근혜 대 안철수의 경쟁에서 유의미한 관계를 보이고 있다. 즉 이명박 행정부 아래 개인의 경제적 삶이 나빠졌다고 평가할수록 박근혜 후보보다 안철수 후보를 선택할 확률이 증가한다는 것이다.33) 그러나 개인경제 변수의 효과는 문재인 대 안철수의 경쟁에는 효과가 없다. 다시 말해 개인

〈표 8-5〉 3자 대결에서 정책 및 비정책 요인들의 효과

		다변량 프로빗 결과	
		박근혜/안철수	문재인/안철수
정책 거리	대북정책	-0.17(0.07)*	
	일자리정책	-0.08(0.08)	
	세금정책	-0.28(0.09)**	
	환경정책	-0.01(0.09)	
후보자 자질	도덕성	4.24(0.95)**	
	신뢰성	3.82(1.02)**	
	능력	1.57(0.59)**	
	소통과 통합	1.26(0.79)	
정당선호도		0.31(0.10)**	-0.23(0.07)**
회고_국가경제		-0.16(0.20)	-0.20(0.20)
회고_개인경제		-0.41(0.22)+	0.07(0.20)
호남		0.01(0.38)	-0.03(0.30)
대구/경북		0.39(0.35)	0.18(0.41)
성		-0.28(0.26)	-0.33(0.25)
연령		0.27(0.11)*	0.10(0.11)
교육		-0.16(0.15)	-0.15(0.15)
소득		-0.33(0.20)+	-0.12(0.18)
상수		3.38(1.25)*	1.12(1.22)
$\delta_{박/문}$		0.15(0.23)	
$\delta_{안/문}$		1.03(0.26)**	
log-likehood		-255.42	
Wald x^2		68.03**	
N		548	

괄호 안의 숫자는 표준오차, ** p<0.01, * p<0.05

33) 표에는 보고되지 않았지만 개인경제 변수의 효과는 박근혜 대 문재인의 경쟁에도 통계적으로 유의미하게 나타났다.

의 경제적 삶의 부침이 두 후보 간의 구별을 유도하지 않는다는 것이다. 이는 이 변수가 현 행정부의 업적을 기준으로 여당 후보 대 야당 후보를 회고적으로 구분하는 특질을 지니고 있음을 보여준다.

연령 변수의 효과도 흥미롭다. 즉 나이가 많을수록 안철수 후보보다 박근혜 후보를 지지하는 경향이 통계적으로 유의미하게 발견되지만, 문재인와 안철수 후보 사이의 경쟁을 구분하는 효과는 없다. 이는 두 후보가 연령별 유권자 구분에서 지지기반을 공동으로 나누고 있는 결과이기도 하다. 홍미롭게도 지역주의 경쟁을 나타내는 지역변수(호남, 대구/경북)가 전혀 통계적인 의미를 갖고 있지 못한 것으로 나타났다. 이는 상식과 어울리지 않는 발견이긴 하다. 그러나 지금으로선 데이터의 문제인지 혹은 유의미한 변수들이—후보자 자질이나 정책 변수 등—지역 변수의 효과를 가로챘는지 파악하기는 어렵다. 향후 세밀한 검토가 요청된다. 이밖에 성, 교육 그리고 소득 변수들은 후보선택에 전혀 통계적으로 유의미한 영향을 미치지 않고 있다. 성, 학력 및 소득 변수의 무의미성은 이미 제5장의 18대 대선 결과에서도 검증된 바 있다.

다음으로 다양한 비정책 요인들이 추가된 이후 정책 변수의 효과가 어떻게 달라졌는지 살펴보자. 앞서 〈표 8-4〉에서 네 변수의 이념거리 효과가 통계적으로 유의미하게 후보선택에 영향을 미치고 있었음을 상기하자. 그런데 〈표 8-5〉에서 이 네 변수 중 일자리정책과 환경정책 변수는 통계적인 유의미성을 잃어버렸다. 단지 대북정책과 세금정책을 둘러싼 이념거리만이 통계적으로 유의미하며 가설이 예견하는 효과를 지니고 있다. 이는 부분적으로 정당선호도나 연령 변수 등 비정책 요인들이 일자리정책이나 환경정책의 효과를 빼앗아갔을 가능성을 진단하게 한다. 그럼에도 불구하고 전통적인 남북관계정책이나 18대 대선 즈음에 새롭게 등장한 복지 쟁점들이 세 명의 후보 간 경쟁을 의미 있게 설명하고 있다는 점은 공간이론의 유의미성이 한국정치에서 제3당 후보의 도전으로 발생한 다수 후보 간 선거경쟁에서도 발견되고 있음을 증명하고 있다.

마지막으로 오차항의 공분산에 역시 유의미한 효과를 보여주고 있다. '문재인 대 안철수'의 효용함수로부터 나오는 오차항 간의 공분산인 $\delta_{문/안}$이 다양한 비정책 요인이 삽입된 이후에도 여전히 통계적으로 유의미하다. 이는 결과적으로 문재인과 안철수 후보가 유사한 대안임을 보여주는 것이다. 아울러 방법론적으로 조건 로짓보다는 다변량 프로빗이 제3후보나 제3당이 등장한 한국의 선거에서 보다 적절한 분석기법일 수 있음을 보여준다.

3. 정책과 비정책 요인의 비대칭적 효과분석

그런데, 〈표 8-5〉에서 비정책 요인들이 추가된 후 이념거리 변수의 효과가 감소했지만, 이념거리의 회귀계수가 하나로 통합되어 제시되었기에 박근혜-안철수와 문재인-안철수 간 경쟁에서 이념거리나 그 밖의 비정책 요인들의 효과가 다를 것이라는 이 글의 주목하는 가설이 명백하게 입증된 것은 아니다. 이를 위해 다수 후보 간 경쟁을 일 대 일의 경쟁으로 분해해서 검토해볼 필요가 있다. 이러한 작업은 다수 후보 경쟁구도에서 흥미로운 가설을 검증하게 해준다.

예를 들어, 박근혜-안철수의 경쟁구도와 문재인-안철수의 경쟁구도를 비교해보자. 전자의 경우 정책 입장의 차별성이 커서 정책거리 변수의 효과가 상대적으로 높을 것으로 기대할 수 있다. 반면, 후자의 경우 정책의 유사성으로 인해 정책거리 변수의 효과가 거의 나타나지 않을 것이다. 이에 더해 후보자 자질 경쟁이 큰 영향을 미칠 것으로 쉽게 예상할 수 있다. 단 후보자 자질 변수의 효과를 보다 명확하게 비교하기 위해 앞에서 제시했던 네 개의 후보자 자질 변수를 모두 합해 '후보자 총자질' 변수를 조작했음을 밝혀둔다.

결과는 〈표 8-6〉에 제시되어 있다. 정책거리 변수들의 효과를 살펴보자. 앞서 〈표 8-6〉의 확률적 공간모형에서 일자리정책 변수는 통계적인 유의미성을 상실했었다. 그러나 세 후보 간 경쟁을 일 대 일 경쟁으로 분해했을 때 박근혜-안철수의 경쟁모형에서 일자리정책 변수의 효과는 통계적으로 유

〈표 8-6〉 다수 후보 간 경쟁에서 이념 및 비정책 요인들의 효과 비교

		박근혜/안철수		문재인/안철수	
		회귀계수	표준 β	회귀계수	표준 β
정책 거리	대북정책	-0.12(0.07)+	-0.07	-0.13(0.09)	-0.09
	일자리정책	-0.14(0.07)*	-0.08	0.01(0.10)	0.01
	세금정책	-0.16(0.07)*	-0.09	-0.26(0.10)**	-0.17
	환경정책	-0.02(0.08)	-0.01	0.01(0.10)	0.004
후보자 총자질	박근혜-안철수	1.95(0.25)**	0.54	-	-
	문재인-안철수	-	-	1.98(0.31)**	0.62
정당선호도		0.27(0.05)**	0.27	-0.19(0.04)**	-0.29
회고_국가경제		-0.09(0.14)	-0.03	-0.08(0.14)	-0.04
회고_개인경제		-0.23(0.15)	-0.07	0.12(0.15)	0.06
호남		0.28(0.28)	0.03	-0.01(0.22)	-0.002
대구/경북		0.24(0.23)	0.04	0.34(0.34)	0.06
성		-0.21(0.18)	-0.04	-0.12(0.19)	-0.04
연령		0.26(0.07)**	0.13	0.05(0.08)	0.04
교육		-0.10(0.10)	-0.04	-0.08(0.11)	-0.05
소득		-0.24(0.13)+	-0.06	-0.04(0.13)	-0.02
상수		1.65(0.78)	-	-0.28(0.89)	-
Pseudo R^2		0.57		0.36	
N		495		295	

괄호 안의 숫자는 표준오차, ** p〈0.01, * p〈0.05

의미하게 나타났다. 아울러 대북정책이나 세금정책 또한 여전히 통계적인 유의미성과 함께 가설이 예견하는 효과를 지니고 있다. 이에 반해 문재인-안철수의 경쟁모형에서 〈표 8-6〉에서 통계적으로 유의미했던 대북정책 변수마저 유의미성을 상실했다. 유일하게 세금정책 변수만 통계적으로 유의미

할 뿐이다. 이러한 결과는 결국 문재인 후보와 안철수 후보가 이념적으로 가깝기에 유권자들이 두 후보 간의 차별성을 명확하게 인지하지 못하고 있음을 시사하고 있다.

후보자 총자질 변수의 효과는 흥미롭다. [박근혜 총자질 - 안철수 총자질] 변수와 [문재인 총자질 - 안철수 총자질] 변수는 모두 통계적으로 유의미하며 가설이 예견하는 효과를 지니고 있다. 그러나 표준회귀계수의 규모로 판단해보면 [문재인 총자질 - 안철수 총자질] 변수의 효과가 조금 더 크다. 다시 말해 후보자 간 상대적 자질 변수가 문재인 후보와 안철수 후보 간의 선택에 더 큰 영향을 미친다는 것이다. 이는 두 후보 간의 정책적 차별성을 덜 느끼는 사람들일수록 다른 비정책 요인들에 의존함을 보여준다. 다시 말해 정책과 비정책 요인 사이에는 일종의 반비례적 관계가 놓여 있다는 것이다.

IV. 소결

전통적인 공간이론은 주로 양당 간 후보자 경쟁모형을 다루어왔다. 다운스의 공간이론이 미국에서 태동했고 주로 미국선거에 적용되어왔기 때문이다. 중위 투표자 정리는 대표적인 이론적 산물이다. 물론 중위 투표자 정리는 이념공간이 다차원일 때 성립되지 않는다. 그럼에도 불구하고 기존연구들은 선거가 양자 간 경쟁으로 치러질 경우 대체로 다차원 공간에서 유권자들의 가중평균 위치가 득표 최대화 지점이 될 수 있음을 밝혀왔다. 물론 이 경우 유권자들의 정당일체감이나 당원들의 힘이 원심력으로 작용할 수 있음도 지적되었다.

그런데 선거가 다수 후보 간의 경쟁으로 치러질 경우 이념의 효과에 대한 이론적 고려는 상당히 복잡하다. 본문에서 살펴보았듯이 소위 압착효과가 작용하기 때문이다. 그럼에도 불구하고 이념이 효과가 없다는 것은 아니다. 오히려 제3당 후보 현상이 규칙적으로 발생해왔던 한국정치 상황에서 우리가 주목해야 할 것은 제3당 후보의 이념적 위치에 따라 이념과 비정책 요인들의 효과가 달라질 수 있다는 점이다. 특히 앞에서 살펴보았듯이 제3당 후보의 등장으로 이념적 구분이 어려운 후보자 간의 경쟁에서는 이념보다는 비정책 요인의 효과가 두드러질 수 있다는 점은 미래 한국 선거정치에 시사하는 바가 자못 크다.

제9장

제3당 후보지지와 이념투표*

I. 이론적 배경

1. 한국정치에서 제3당 후보 현상

민주화 이후 한국정치는 지역주의 균열구조, 단임제 대통령제, 국회의원 선거의 단순다수제, 그리고 대선과 총선의 분리선거 등의 제도적 요인들의 상호작용으로 다양한 정치적 결과들을 생산해왔다. 분점정부의 출현, 제3당 후보의 등장, 그리고 정당의 빈번한 이합집산 등이 대표적 예들이다(강원택 2003b; 김용복 2007; 장훈 2002). 이 중 제3당 후보 현상은 특히 주목할 만하다.

---

* 이 장에서 사용하는 이론적 배경 및 한국정치에서의 제3당 후보 사례는 각각 조성대(2000)와 조성대(2013)에 많은 부분 의존했음을 밝혀둔다.

〈표 9-1〉 민주화 이후의 대통령선거에서 주요 후보(당적)와 득표율(5% 이상 득표자)

대통령선거	1위 득표자	2위 득표자	3위 득표자	4위 득표자
13대 대통령선거 (1987)	노태우 (민주정의당) 36.64	김영삼 (통일민주당) 28.03	**김대중 (평화민주당) 27.04**	**김종필 (신민주공화당) 8.06**
14대 대통령선거 (1992)	김영삼 (민주자유당) 41.96	김대중 (민주당) 33.82	**정주영 (통일국민당) 16.31**	**박찬종 (신정당) 6.37**
15대 대통령선거 (1997)	김대중 (새정치국민회의) 40.27	이회창 (한나라당) 38.74	**이인제 (국민신당) 19.20**	
16대 대통령선거 (2002)	노무현 (새천년민주당) 48.91	이회창 (한나라당) 46.58		
17대 대통령선거 (2007)	이명박 (한나라당) 48.67	정동영 (대통합민주신당) 26.14	**이회창 (무소속) 15.07**	**문국현 (창조한국당) 5.82**
18대 대통령선거 (2012)	박근혜 (새누리당) 51.6	문재인 (민주통합당) 48.0		

출처: 한국중앙선거관리위원회 역대대통령선거정보시스템에서 저자가 재구성

예를 들어 〈표 9-1〉에서 살펴볼 수 있듯이, 1987년 13대 대선이 4자대결로 치러진 이후 14대 대선에서는 통일국민당의 정주영 후보가 16.3%, 15대 대선에서는 국민신당의 이인제 후보가 19.2%, 그리고 17대 대선에서는 무소속의 이회창 후보가 15.1%의 득표율을 보이며 제3당 후보로 선전했다. 아울러 실질적인 양자 대결로 진행된 16대 대선과 18대 대선의 경우도 국민통합21의 정몽준 후보와 무소속 안철수 후보가 각각 새천년민주당의 노무현 후보와 민주통합당의 문재인 후보와 후보단일화를 이루기전까지 경쟁력을 지닌 제3당 후보로 존재했었다.

한국 대선에서 제3당 후보의 출현은 시기별로 두드러진 패턴을 보인다.

첫째, 2000년 이전의 선거에서 제3당의 출현은 지역주의에 상당히 의존하는 양상을 보였다. 1992년 14대 대선에서 통일국민당의 정주영 후보의 출마나 1997년 15대 대선에서 국민신당 이인제 후보의 출마는 영남중심의 지역적 지배연합의 내부 분열에 기인한바 컸다(강원택 2003). 두 후보는 각각 영남 중심의 지배연합에서 이탈한 대구/경북 세력(정주영 후보의 사례)과 부산/경남 세력(이인제 후보의 사례)을 등에 업고 제3당 후보로 출마했었다.

1987년 13대 대선의 경우 6월 항쟁으로 인해 정치적 해금기를 맞은 김영삼, 김대중, 김종필의 3김이 각각 부산/경남, 호남, 충청을 지역적 기반으로 통일민주당, 평화민주당, 그리고 신민주공화당을 창당하고 대구/경북을 지역적 기반으로 삼았던 민주정의당의 노태우 후보와 경쟁하는 4파전의 양상을 보였다. 그리고 이 선거에서 김대중과 김종필 후보는 각각 27.0%와 8.1%를 득표하며 의미 있는 제3당 후보로 선전했다.

1992년 14대 대선의 경우 1990년 2월 9일 민주정의당, 통일민주당, 신민주공화당 간의 삼당합당으로 거대 여당인 민주자유당이 출현하여 민주당과 1:1 구도가 형성된 가운데, 현대그룹 명예회장이었던 정주영이 통일국민당을 창당해 대선에 뛰어들어 16.3%를 득표했다. 이 과정에서 민주자유당의 경선과정에서 불복해 탈당한 대구/경북의 민정계 중심인사들이 정주영 후보를 지지하면서 정주영 후보의 제3후보 현상은 지배연합의 내부분열에 편승하는 특징을 보였다.

1997년 15대 대선의 경우도 집권당인 신한국당(민주자유당의 후신)의 내부분열로 제3후보 현상이 발생했다는 특징을 보였다. 신한국당 내부의 민정계와 민주계가 각각 이회창과 이인제 후보를 지지하는 가운데 이회창 후보가 결선투표 끝에 대의원의 60% 지지를 획득하자 이인제 후보는 경선해 불복하여 탈당하고 이후 국민신당을 창당한 뒤에 제3후보로 출마해 19.20%를 득표했다. 이인제의 제3후보 현상은 신한국당 내 지배연합의 한 축이었던 부산/경남의 일부세력이 지배연합으로부터 이탈한 결과였다.

둘째, 2000년 이후의 대선에서 제3당 후보는 이전과는 성격이 다른 양상을 보였다. 무소속 이회창 후보와 창조한국당의 문국현 후보가 제3후보로 출마해 각각 15.07%와 5.82%를 득표한 2007년 17대 대선을 제외하면, 2002년 16대 대선과 2012년 18대 대선은 양자대결로 치러졌다. 그러나 이 선거에서 제3당 후보가 없었던 것은 아니다. 16대 대선에서는 국민승리21의 정몽준 후보가 그리고 2012년 18대 대선에서는 무소속의 안철수 후보가 각각 새천년민주당의 노무현 후보와 민주통합당의 문재인 후보와 후보단일화하기 전까지 경쟁력 있는 제3당 후보로 등장했었다. 그리고 이 두 후보의 제3당 후보 현상은 대체로 민주당의 정치실패, 탈지역주의에 대한 열망, 그리고 탈물질주의 혹은 자유지상주의와 같은 새로운 갈등구조의 발현에 바탕을 둔 것으로 추측되었다(조성대 2013: 83-94 참조).

기존의 연구들은 한국에서의 제3당 후보의 등장 원인을 지역주의의 다당제적 원심성, 단순 다수제 중심의 선거제도, 그리고 대선과 총선의 분리선거의 제도적 환경 아래 지배연합의 분열을 이용하거나 혹은 새로운 갈등구조에 편승한 결과로 보고 있다(강원택 2003b; 조성대 2013). 그러나 이는 제3당 현상에 대한 구조적 진단은 될 수 있을지언정 누가 그리고 왜 제3당 후보를 지지하고 성원하는가에 대한 답은 되지 못한다. 즉 제3당 후보에 대한 국민적 지지의 원인에 대한 탐색은 또 다른 접근을 요구한다. 이러한 현상을 분석하고자 하는 것이 이 장의 목적이다.

그런데 기존 양자구도나 여야 간의 경쟁을 다루어 왔던 전통적인 이론들에 의존해 제3당 후보 현상을 설명하는 것은 적절치 않을 수 있다. 예를 들어, 키이(Key 1966)와 피오리라(Fiorina 1981)의 회고적 투표이론은 제3당 후보가 도전하는 다자간 경쟁에서 유권자들의 선택을 설명하기 부적합하다. 왜냐하면, 일단 현역 대통령의 과거 업적을 반대하여 그(녀)에 대한 지지를 철회하더라도 여전히 둘 이상의 대안이 남겨져 있기 때문이다. 전통적인 정당일체감에 관한 이론 또한 제3당 후보가 선거에 참여하는 경우 그 적용도가 약해질 수밖에 없다. 따라서 기존의 이론과 방법론은 제3당 후보의 존재에 맞춰 재구성되어야 한다.

2. 제3당 후보지지: 허쉬만의 "퇴장, 항의, 충성"

허쉬만(Hirschman 1970)의 『퇴장, 항의, 충성(*Exit, Voice, and Loyalty*)』은 제3당 후보를 지지하는 원인에 대한 중요한 이론 틀을 제시한다. 허쉬만에 의하면, 시장의 고객은 품질이 하락하고 있는 특정 회사의 상품을 구입하려 할 때 다음의 두 가지 선택에 놓이게 된다.

> 1) 고객들은 기업의 상품 구입을 중지하고 혹은 회원들의 경우 조직을 떠난다. 이것이 퇴장(exit) 선택이다. … (중략) …
> 2) 기업의 고객들 혹은 조직의 회원들은 관리인이나 혹은 회사관리를 담당하는 다른 관계자에게, 혹은 그들의 항의를 기꺼이 들어주려는 사람에게 항의함으로써 그들의 불만을 표시할 수 있다. 이것이 항의(voice) 선택이다(Hirschman 1970: 4).

소비자들은 그동안 애용하던 제품의 품질이 나빠졌다고 불만을 지닐 경우 다른 기업의 제품으로 '퇴장'함으로써 그들의 효용을 증진시킬 수 있다. 시장에서 퇴장은 애물단지를 내던지고 상품의 질과 서비스의 개선을 강제하는 작용을 한다. '항의'는 이러한 퇴장과 사뭇 다르다. 항의는 고객이 명시적인 비판을 제시함으로써 기업의 관행 및 정책을 개선하려는 모든 종류의 시도를 포함한다. 즉 항의는 '내부로부터의' 변화에 대한 시도인 것이다. 마지막으로 단순히 퇴장을 거부하고 그 회사 제품을 고집함으로써 심지어 품질저하를 감내하는 '충성'을 지닌 고객들도 있다.

그렇다면 퇴장과 항의 간의 차이는 무엇일까? 왜 어떤 이는 기꺼이 퇴장하려 하고 또 어떤 이는 항의로만 만족하는가? 이에 대해 허쉬만은 대안의 대체성(substitutability)이 퇴장과 항의 간의 합리적 산술을 가늠하는 역할을 한다고 본다. 예를 들어, 상품 A를 애용해온 고객 '갑'이 있다고 가정하자. 그런데 A가 품질이 나빠지고 있고 동시에 B라는 동종 상품이 거의 같은 가격으로 혹은 조금 더 저렴한 가격으로 시판되고 있다고 가정하자. 이제 상품 B는 갑에게 명백히 새로운 대안으로 떠오른다. 허쉬만에 의하면, 이 경우 퇴장과 항의 간의 관계는 다음과 같다.

> 만약 A의 우수성이 고객으로 하여금 현재 더 나은 위치에 있는 상품 B를 잊을 만큼 충분하다면 고객은 항의에 의존할 것이다. 만약 A와 B가 아주 유사한 대체상품이라면 그러한 가능성은 거의 없다. 그러나 A와 B가 서로 대체 가능하다는 전제아래, 항의는 퇴장 옵션의 확실성에 반해 항의 옵션을 기꺼이 택하겠다는 고객의 의지와 그러한 항의 결과 개선이 이루어질 확률에 의존한다 (Hirschman 1970: 38-39).

다시 말하면, 항의에 대한 선택은 항의가 가져다주는 효용가치(퇴장 선택과의 차이)와 그 효용이 실현될 확률에 의존한다는 것이다. 역으로 퇴장의 가능성은 퇴장이라는 선택이 가져다 줄 기대효용과 항의가 가져다 줄 기대효용 간의 차이에 의존한다. 이러한 논리를 제3당 후보 현상에 연결시켜보면, 제3당 후보에 대한 지지는 제3당 후보에 대한 투표동기가 존재하거나 혹은 기대이익이 크거나 제3당 후보지지에 대한 제약요소가 상대적으로 적은 경우 유권자들은 제3당 후보로 퇴장할 것이다. 그렇지 않다면, 기존 정당체계에 머물며 항의를 이용해 체계 내의 변화를 시도할 것으로 정리할 수 있다.

구체적으로 제3당 후보에 대한 지지 원인에 대한 기존연구들을 검토해보자. 첫째, 현재까지 가장 널리 받아들여지고 있는 설명은 기존의 정당정치에 대한 유권자들의 불만과 소외가 제3당 후보에 대한 지지를 결과했다는 것이다(Abramson, Aldrich and Rohde 1995; Gold 1995; Rosenstone, Behr and Lazarus 1996; Bibby and Maisel 1998; Southwell and Everest 1998). 이는 시장에서 특정 제품의 품질저하에 대한 고객의 불만이 다른 제품으로의 퇴장을 유도한다는 것과도 같은 개념이라고 볼 수 있다. 단 이 경우 퇴장 대상이 되는 것은 기존의 양당체제 전체가 된다. 즉 기성 정당과 후보들의 지도력에 대한 믿음을 상실했을 때 그리고 그들이 자신들의 정책적 관심을 전혀 고려하지 않는다고 생각할 때, 유권자들은 현 정당체계와 그 지도자들에게 등을 돌리고 새로운 대안을 찾아 퇴장하게 된다. 따라서 제3당에 대한 투표는 변화를 이끌어내려는 희망과 함께 기존 기성 정당에 반대하는 저항투표(protest voting)라고 볼 수 있다(Black and Black 1994; 강원택 1998).[34)]

이를 공간이론의 틀로 생각해보면, 정책 쟁점에 대한 기존 거대 양당 후보자들의 입장과 유권자들의 입장 간의 차이가 클수록 제3당 후보로 퇴장할 확률이 커진다고 볼 수 있다. 이러한 가설의 논리적 배경은 대다수 제3당 후보자들에 대한 정보가 부재한 가운데 유권자들이 제3당 후보자들의 정책 입장을 자신의 선호와 비교하기 어렵다는 추측에 기반하고 있다. 예를 들면, 페로(Ross Perot)는 1992년 미국 대선에서 제3당 후보로 등장했는데, 대다수 유권자들이 페로의 정책을 잘 몰라 그의 입장에 따른 효용을 계산할 수 없었다고 한다(Rosenstone et al. 1996). 이 경우 제3당 후보에 대한 지지는 기존 양당 후보에 대한 실망감이 주도하게 된다. 이를 양당 후보와의 이념거리로 판단하면, 양당 후보 중 유권자가 상대적으로 가깝게 느끼는 후보자와의 이념거리가 멀수록 제3당 후보로 퇴장할 확률이 증가할 것이라는 가설이 성립된다. 다시 말해 제3당 후보에 대한 지지는 기존 정당체계에 대한 저항성 퇴장인 셈이다.

둘째, 제3당 후보에 대한 지지가 기존 양당 후보자들에 대한 불만만으로 성립된다고 보긴 부족하다. 제3당 후보가 매력이 없다면 퇴장은 불가능하다. 허쉬만이 주장하듯, 합리적인 유권자들은 퇴장 대안의 대체성(substitutability) 또한 심각하게 고려할 수밖에 없다. 제3당 후보의 정책 입장에 대한 정보가 비교적 풍부한 미국의 예를 들어보자(자세한 내용은 조성대 2000 참조). 1968년 미국 독립당(Independent Party)의 후보자 왈라스

34) 강원택은 영국의 제3당인 자유민주당에 대한 지지를 "항의를 동반한 퇴장(exit-with-voice)"으로 분류하고 있는데, 그 이유는 자유민주당에 대한 지지가 "기존의 지지 정당에 대한 불만의 표시로 일시적으로 선택"된 것으로, "기존 정당 지지의 항구적 결별을 의미하지 않으며 오히려 그 제3정당에 대한 지지를 통해 현재의 성과나 업적에 유권자들이 만족하지 못하고 있음을 경고하는 의미를 담고 있기 때문"이라고 설명하고 있다(강원택 1998: 193-199 참조).

(George Wallace)는 매파적(hawkish) 입장을 견지하며 인권운동, 도시폭동, 그리고 베트남전쟁 반대운동에 반대하는 보수적 (특히 남부 민주당) 유권자들로부터 지지를 이끌어 내었다. 1980년 선거에서 앤더슨의 국민연합(National Unity Campaign)은 공화당의 보수적인 선회를 반대하는 공화당원뿐만 아니라 현역 대통령인 카터의 재선을 싫어하는 민주당원들과 무당파 유권자들을 겨냥, 낙태 문제와 군비지출 문제에서 자유주의적 태도를 그리고 일반적인 경제 쟁점들에서 비교적 온건 보수적인 입장을 견지했다. 1992년과 1996년 로스 페로 또한 연방정부 재정적자와 균형예산(balanced budget)이라는 이슈를 적극적으로 이용해 양당 정책을 신뢰하지 않는 유권자들로부터 지지를 받았다.

따라서 제3당 후보의 정치적 힘은 유권자들을 사로잡을 정치적 담론의 내용과 범위를 규정하고 기존 정당이 무시해온 이슈들에 새로운 대안을 제시함으로써 자신이 실질적인 대체세력임을 증명할 수 있는 능력에 의존한다고 볼 수 있다. 공간이론의 관점에서 볼 때, 기존 양당 후보자와의 이념거리가 멀뿐만 아니라 제3당 후보와의 이념거리가 가까울수록 제3당 후보를 지지할 확률이 증가한다고 볼 수 있다.

셋째, 유권자들의 퇴장에 있어 기존 정당정치에 대한 불신과 새로운 대안의 대체성 간의 비교는 후보자들의 개인적 자질이라는 요인에도 그대로 적용될 수 있다. 한 연구(Rosenstone et al. 1996)에 의하면, 기존 정당이 유권자들로부터 매력을 끌만한 후보자들을 지명하지 못할 경우 제3당의 성공 가능성은 그만큼 커진다고 주장한다.

넷째, 유권자들의 정당일체감 또한 제3당 지지의 변화에 밀접히 관련되어 있다. 유권자들이 기존 정당에 대해 강한 일체감을 가지고 있다면 제3당 후보는 강한 지지를 이끌어 내지 못할 것이다. 사람들은 정당일체감을 통해 정당의 정책을 이해하고 또 후보자들을 평가한다. 유권자들의 정당일체감은 허쉬만의 충성에 비유될 수 있다. 자동차산업의 예를 들면, A사를 강하게 신뢰하는 고객 갑이 있다고 가정하자. 그러나 갑은 A사의 제품 'X'에 실망하고 있으며, 동시에 같은 가격의 B사의 제품 'Y'로의 퇴장을 고려하고 있다.

여기서 갑의 퇴장과 항의의 합리적 산술에는 A사에 대한 충성이 작용한다. 즉 A사에 대한 갑의 신뢰가 강하면 강할수록 Y를 선택할 가능성은 줄어들 것이다. 오히려 보다 좋은 제품을 생산하지 못한 A사에게 어떤 형태로든 불만을 표출할 것이다. 이처럼 충성은 항의의 가능성을 높이고 내부로부터의 변화를 모색하게끔 한다. 반대로 정당일체감이 강하지 못한 유권자들의 경우 기존 정당 이외의 대안을 모색하기 쉽고 따라서 제3당 후보자를 지지할 확률이 높을 것이다.

다섯째, 이 밖에 정부에 대한 불만도 제3당의 성공과 관련되어 있다. 즉 유권자들이 정부를 신뢰하지 못 할 때 정부가 무능하고 쓸모없으며 비효율적이라고 생각하기 쉽고, 따라서 제3당의 호소에 민감해질 수 있다.

II. 분석 방법

제3당 후보의 도전에 대한 경험분석은 제3당 후보에 대한 정보를 포함하고 있는 데이터를 요구한다. 따라서 이 장에서는 제8장에서 사용했던 한국갤럽의 데이터를 이용해 18대 대선에서 안철수 현상을 분석하고자 한다.

먼저 종속변수는 이변량 변수로 박근혜 혹은 문재인 후보에 대한 가상투표를 하나의 카테고리로 묶고(0), 안철수 후보에 대한 투표를(1) 대조시켰다. 종속변수가 이변량인 관계로 로지스틱 회귀가 사용되었다. 따라서 독립변수들의 회귀계수는 다른 독립변수들의 효과를 통제했을 때 응답자들의 안철수로의 퇴장에 미치는 영향을 확률로 나타낸다고 할 수 있다.

독립변수들의 조작화는 다음과 같다. 기존 정당(새누리당과 민주통합당)에 대한 유권자들의 소외와 제3당 후보의 정책 쇄신에 대한 유권자들의 평가를 나타내는 변수로 기본적으로 공간이론의 논리구조가 적용되었다.

첫째, '양당후보 정책거리' 변수는 기성 정당 후보들로부터 유권자가 정책적으로 소외되고 있는가를 측정한 것으로 제8장에서 분석되었던 대북정책, 일자리정책, 세금정책, 환경정책에서 응답자의 입장과 응답자가 인지하는 박근혜 후보 혹은 문재인 후보 간 정책거리 중 응답자에게 더 가까운 이념거리를 각 정책별로 추출했다. 그리고 네 정책에 대한 값을 모두 합해 하나의 변수로 조작했다. 이는 응답자들이 기존 양당 후보들의 정책으로부터 소외될수록 제3당 후보로의 퇴장이 촉진된다는 기존의 이론을 정확하게 반영한 것이다. '양당후보 정책거리' 변수가 증가할수록 응답자들의 퇴장의 확률이 높아진다는 가설이 성립된다. 따라서 변수의 회귀계수는 종속변수인 안철수 후보에 대한 투표와 양(+)의 관계를 지닐 것으로 예상된다.

둘째, '안철수 정책거리' 변수도 같은 원리로 응답자와 응답자가 인지하는 안철수 후보와의 이념거리를 측정해 네 개 정책의 합계로 조작되었다. 이 변수의 조작은 제3당 후보의 대체성이 유권자들로 하여금 새로운 대안으로 퇴장하게 한다는 가설을 반영하고 있다. 변수의 회귀계수는 '양당후보 정책거리'와 정반대로 음(-)의 관계를 지닐 것으로 예상된다. 안철수에 대한 이념거리가 가까울수록 안철수로의 퇴장의 확률이 증가하기 때문이다.

셋째, 후보자 개인의 자질에 대한 두 개의 독립변수도 회귀모형이 삽입되었다. 먼저 '양당후보 자질' 변수는 제8장에서 사용되었던 네 개의 자질 변수—도덕성, 신뢰성, 능력, 소통과 통합—의 합계를 구해 응답자 별로 더 큰 후보의 자질변수를 조작했다. 이는 박근혜 혹은 문재인 후보의 자질을 더 높게 평가할수록 퇴장보다는 기존 양당 후보에 대한 항의의 확률을 증가시키고 그 반대의 경우 안철수 후보로의 퇴장을 촉진시킨다는 가설을 반영한다. 따라서 이 변수는 종속변수와 음(-)의 관계를 지닐 것이다. 이와 반대로 '안철수 자질' 변수는 네 개의 자질 항목에 대한 응답자가 안철수 후보에게 부여한 점수의 총합으로 조작되었다. 따라서 이는 '양당후보 자질' 변수와 정반대의 가설구조 아래 종속변수와 양(+)의 관계를 지닐 것으로 예상된다.

넷째, 이미 제8장에서 살펴보았듯이 갤럽 데이터가 정당일체감을 조작할 수 있는 설문을 지니고 있지 않는 관계로 기존 정당체계에 대한 충성도는 새누리당 오호도와 민주통합당 오호도를 10점 만점 척도도 변환해 응답자

별로 더 큰 값을 부여한 오호도를 변수를 '양당 선호도'로 조작했다. 물론 '양당후보 정책거리' 및 '양당후보 자질' 변수와 같은 논리구조이다. 따라서 양당에 대한 선호도가 클수록 퇴장의 확률이 낮아진다는 가설이 성립된다. 종속 변수와는 음(-)의 관계를 지닐 것으로 예상된다.

다섯째, 정부에 대한 불신은 정부운영에 대한 일반적 불신을 묻는 설문이 없어 "ㅇㅇ님께서는 현재 이명박 정부를 신뢰하십니까? 아니면 신뢰하지 않습니까? ① 매우 신뢰한다, ② 대체로 신뢰한다, ③ 별로 신뢰하지 않는다, ④ 전혀 신뢰하지 않는다"는 설문항을 사용하여 '이명박 정부 불신' 변수로 조작했다. 물론 앞의 이론이 도출한 가설은 정부 일반에 대한 불신이 높을수록 제3당 후보로 퇴장할 확률이 높다는 가설을 반영하려 한 것이다. 물론 이 변수는 가설을 이론적으로 정확하게 반영하지는 않는다는 문제점을 지니고 있긴 하다. 일반적인 정부 불신보다 현 행정부에 대한 회고적 평가를 포함하고 있기 때문이다. 그럼에도 불구하고 이 변수가 제3후보인 안철수 후보로의 퇴장과 어떤 관계가 있을지 살펴보는 것은 흥미로울 것이다. 이 변수는 종속변수와 양(+)의 관계를 지닐 것으로 예상된다.

마지막으로 유권자의 성, 연령, 교육, 소득 수준을 나타내는 변수는 제8장과 똑같이 조작했다. 그리고 안철수 후보에 대한 지지가 호남지역에서 높았다는 점을 고려해 호남 지역 출신임을 나타내는 변수를 통제변수로 활용했다.

III. 경험분석 결과

구체적인 회귀분석 결과를 살펴보기에 앞서 가설로 제시되었던 주요 변수들과 종속변수 간의 분산분석 혹은 교차분석 결과를 살펴보자.

첫째, 〈표 9-2〉는 양당후보 정책거리 및 안철수 정책거리 변수와 제3당 후보의 선택 간의 분산분석(ANOVA) 검증 결과를 제시한 것이다. 먼저, 응

〈표 9-2〉 이념거리 변수와 제3당 후보선택: 평균값

비고	양당 후보 중 일인 선택	안철수 선택	전체	N	분산분석(F)
양당후보 정책거리	**3.87(2.55)**	4.70(2.84)	4.12(2.67)	632	13.47**
안철수 정책거리	5.30(2.98)	**4.38(2.70)**	5.00(2.93)	636	13.91**

괄호 안의 숫자는 표준편차, ** p〈0.01, * p〈0.05

답자의 양당후보와의 이념거리 변수의 전체 평균값은 4.12로 나타났다. 그런데 이 중 박근혜 혹은 문재인 후보를 선택한 사람들의 양당 후보 정책거리의 평균값은 3.87이며, 안철수 후보를 선택한 응답자들의 양당 후보 정책거리의 평균값은 4.70으로 나타났다. 결과는 양당 후보 중 한 사람과 정책거리를 가깝게 인지할수록 제3당 후보로의 퇴장보다는 양당 후보 중 한 사람을 선택하고 있음을 보여준다. 분산분석 결과도 두 집단의 평균값의 차이가 통계적으로 유의미함을 보여주고 있다.

둘째, 응답자가 느끼는 안철수 후보와의 정책거리의 평균값이 5.00으로 나타났다. 그런데 양당 후보 중 일인을 선택한 사람들의 평균값은 5.30인데 반해 안철수 후보를 선택한 사람들의 평균값은 4.38이다. 즉 안철수 후보와 정책적으로 더 가깝게 인지할수록 안철수 후보를 선택하고 있음을 보여준다. 분산분석 결과도 이러한 차이가 통계적으로 유의미함을 보여주고 있다.

셋째, 후보자 자질 변수와 후보선택과의 관계는 〈표 9-3〉에 제시되어 있다. 양당후보 자질에 대한 응답자의 평가는 평균 2.83으로 나타났다. 이중 양당 후보 중 일인을 선택한 사람들의 양당후보 자질 평가는 평균 2.96점으로 안철수 후보를 선택한 사람들의 평균값인 2.56점보다 크다. 즉 양당 후보와 안철수 후보 간의 선택에 양당 후보의 자질들에 대한 평가가 일정하게 자리 잡고 있다는 것이다. 분산분석 결과가 통계적인 유의미성을 지니고 있음은 물론이다.

넷째, 전체 응답자의 안철수 후보의 자질에 대한 평가는 평균 2.55로 나

〈표 9-3〉 후보자 자질과 제3당 후보선택

	양당 후보	안철수	합계	N	분산분석(F)
양당후보 자질	**2.96(0.50)**	2.56(0.46)	2.83(0.52)	791	108.04**
안철수 자질	2.44(0.51)	**2.79(0.47)**	2.55(0.52)	795	86.04**

괄호 안의 숫자는 표준편차, ** p〈0.01, * p〈0.05

타났다. 이 중 양당 후보 중 일인을 선택한 사람들의 평균값이 2.44인 데 반해 안철수 후보를 선택한 사람들의 평균값은 2.79로 상대적으로 더 크다. 즉 양당 후보의 자질보다 제3당 후보의 자질을 높게 평가할수록 퇴장을 선택할 가능성이 높음을 보여준다. 역시 통계적으로 유의미하다.

다섯째, 〈표 9-4〉에 제시되어 있듯이 정당일체감을 대신해서 사용된 양당 선호도는 전체적으로 10점 만점에 평균 6.29로 나타났다. 그런데 박근혜 후보나 문재인 후보를 선택한 응답자들의 양당에 대한 선호가 평균 6.53점인데 반해 안철수 후보를 선택한 응답자들의 평균은 5.77점으로 약 0.76점의 차이를 보이고 있다. 그리고 이러한 차이는 분산분석 검증에서 유의미하게 나타났다. 즉 이는 기성 정당에 대한 충성심이 높을 경우 제3당 후보로의 퇴장보다는 항의를 선택할 수 있음을 의미한다.

여섯째, 정부 혹은 정부성과에 대한 신뢰 정도가 제3당 후보선택과 갖는 관계를 〈표 9-5〉를 통해 살펴보자. 우선 이명박 행정부의 국정수행을 매우 신뢰하거나 대체로 신뢰하는 응답자가 전체의 20.7%밖에 되지 않는 가운데, 이들 중 각각 100%와 86.6%가 양당 후보 중 하나를 선택하고 있다. 이에 반해 이명박 행정부를 별로 신뢰하지 않거나 전혀 신뢰하지 않는 유권

〈표 9-4〉 양당 선호도와 제3당 후보선택

	양당 후보	안철수	합계	N	분산분석(F)
양당 선호도	**6.53(1.65)**	5.77(1.75)	6.29(1.72)	760	34.05(p〈0.01)

자가 각각 55.1%와 24.2%인 가운데, 양당 후보 중 일인을 선택한 응답자는 각각 68.0%와 52.1%로 나타났다. 즉 현 행정부에 대한 신뢰가 감소할수록 기성 정당의 후보에 대한 지지는 감소하는 패턴을 보이고 있다는 것이다. 이에 반해 제3당 후보인 안철수에 대한 선택은 불신이 증가할수록 지지도도 증가하는 양태를 보이고 있다. 카이제곱 검증 결과도 이러한 패턴에 통계적인 유의미성을 부여하고 있다.

한 가지 감안해야 하는 사실은 박근혜 후보가 집권당의 후보이기에 회고적 투표가 자아내는 보상과 처벌의 구도는 박근혜 대 문재인 혹은 박근혜 대 안철수의 구도 모두에 적용될 수 있다는 점이다. 〈표 9-5〉를 자세히 살펴보면, 이명박 행정부의 성과에 대한 불신이 증가할수록 집권당의 후보인 박근혜 후보에 대한 지지가 감소하는데 반해 반대당인 민주당의 문재인 후보에 대한 지지율은 근소하게 증가하고 있다. 또한 안철수 후보에 대한 지지도 같은 패턴임은 물론이다. 특히 이명박 행정부의 성과를 전혀 신뢰하지 않는 유권자들의 26%가 문재인 후보를 선택한 데 반해 47.9%가 안철수 후보를 대안으로 선택하고 있다는 점이 흥미롭다. 이는 제3당 후보인 안철수에 대한 지지가 폭넓게는 정부와 기성 정당에 대한 불신으로부터 기인하는 가운데 반대당 후보인 문재인 후보에 대한 대체재로 인지되고 있음을 보여

〈표 9-5〉 이명박 행정부 신뢰와 제3당 후보선택

이명박 행정부 신뢰	양당 후보			안철수	합계
	합계	박근혜	문재인		
매우 신뢰함	**8(100.0)**	7(87.5)	1(12.5)	0(0.0)	8(1.0)
대체로 신뢰함	**136(86.6)**	**131(83.4)**	5(3.2)	21(13.4)	157(19.7)
별로 신뢰하지 않음	**298(68.0)**	226(51.6)	72(16.4)	**140(32.0)**	438(55.1)
전혀 신뢰하지 않음	100(52.1)	50(26.0)	50(26.0)	**92(47.9)**	192(24.2)
합계	542(68.2)	414(52.1)	128(16.1)	253(31.8)	795(100.0)

카이제곱 검증: 111.9(p<0.01)

주고 있다.

이제 주요 독립변수들을 모두 포함시켜 실행한 회귀분석 결과를 살펴보자. 〈표 9-6〉은 로지스틱 회귀분석 결과를 제시하고 있다. 통제변수 가운데 응답자의 연령 변수만이 안철수 후보선택에 영향을 미치는 유일한 변수로 나타났다. 이는 연령이 높을수록 기존 양당의 후보들을 지지할 확률이 높음을 의미한다. 물론 2012년 2월 당시 젊은 세대를 중심으로 안철수 후보에 대한 지지가 광범위하게 형성되어 있었다는 점에서 이는 놀랄만한 일은 아니다. 그러나 제8장에서 연령 변수는 박근혜 대 안철수의 경쟁에서 유의미한

〈표 9-6〉 제3당 후보선택의 로지스틱 회귀분석

		안철수/양당 후보	
		회귀계수(표준오차)	표준 β
이념거리	양당후보 이념거리	0.25(0.07)**	0.21
	안철수 이념거리	-0.20(0.06)**	-0.18
후보자 자질	양당후보 자질	-3.07(0.40)**	-0.49
	안철수 자질	3.05(0.39)**	0.49
양당 선호도		-0.13(0.07)+	-0.07
이명박 행정부 신뢰		0.41(0.18)*	0.08
호남		0.02(0.30)	0.002
성		0.09(0.23)	0.01
인령		-0.26(0.10)**	-0.11
교육		0.14(0.13)	0.05
소득		0.22(0.17)	0.05
상수		-1.40(1.29)	-
적중률		81.4	
Pseudo R^2		0.35	
N		587	

괄호 안의 숫자는 표준편차, ** p〈0.01, * p〈0.05, + p〈0.10

영향력을 행사했지만 문재인 대 안철수의 경쟁에서는 아무런 영향을 미치지 않았음에 유의할 필요가 있다. 〈표 9-6〉에서 연령변수의 효과는 박근혜 대 안철수의 경쟁이 반영된 결과라고 해석해도 될 듯하다. 그 외 호남, 성, 교육, 소득 변수 등의 효과가 나타나지 않은 것으로 봐서 안철수 후보에 대한 지지는 계층적 이해관계보다는 세대균열에 편승하고 있음을 알 수 있다.

이 글에서 관심을 가지는 주요 독립변수들의 효과는 대체로 가설이 예견하는 효과를 보이고 있다. 우선 이명박 행정부 신뢰 변수는 이명박 행정부에 대한 불신이 클수록 제3당 후보에 대한 지지가 증가함을 보여준다. 아울러 양당 선호도 변수도 비록 통계적인 유의미성은 약하나(p〈0.072) 새누리당 혹은 민주당에 대한 선호도가 높을수록 안철수 후보에 대한 지지가 감소함을 보여주고 있다. 양당체제에 대한 충성도가 강할수록 퇴장의 속도를 떨어뜨린다는 가설을 입증하고 있다.

기성 정당의 후보에 대한 불만으로 인한 제3당 후보로의 퇴장은 양당후보 이념거리와 양당후보 자질 변수의 효과를 통해 추론할 수 있다. 양당후보 이념거리 변수는 안철수 후보에 대한 지지와 양(+)의 관계를 지니며 통계적으로 유의미하다. 이는 기존 정당 후보가 제시한 정책에 대해 소외감이 클수록 제3당 후보로의 퇴장을 촉진시킨다는 가설을 경험적으로 뒷받침하고 있다. 양당후보의 자질 변수도 안철수 후보에 대한 지지와 음(-)의 관계를 지니며 통계적으로 유의미하다. 이는 양당후보의 자질에 실망할수록 퇴장이 촉진됨을 의미한다. 이처럼 두 변수의 효과는 제3당 후보에 대한 지지가 유권자의 기성 정당체제에 대한 저항투표에 바탕을 둔 것이라는 기존연구를 경험적으로 검증하고 있다.

안철수 이념거리와 안철수 자질 변수는 제3당 후보에 대한 지지가 비단 저항투표에만 기인하는 것이 아니라 제3당 후보의 대체성에도 기인된다는 가설에 대한 경험적 검증 결과를 제시해주고 있다. 안철수 이념거리 변수는 음(-)의 관계를 지니며 통계적으로 유의미한데, 안철수 후보와 정책거리가 가까울수록 그에 대한 지지가 증가함을 나타낸다. 더불어 안철수 자질 변수는 양(+)의 관계를 지니며 통계적으로 유의미해 안철수 후보의 자질을 높게 평가할수록 그를 지지할 확률이 증가함을 보이고 있다.

흥미로운 점은 기성 정당체제에 대한 불만과 새로운 제3당 후보의 대체성의 효과를 나타내는 이념거리 변수와 후보자 자질 변수가 제3당 후보에 대한 지지를 크게 설명하고 있다는 것이다. 표준회귀계수의 규모로 살펴보았을 때, 이념거리 변수와 후보자 자질 변수의 효과는 사용한 독립변수 중 가장 크다. 그리고 기성 정당에 대한 불만(양당후보 이념거리와 양당후보 자질)과 퇴장 대안의 대체성(안철수 이념거리와 안철수 자질)의 효과가 큰 차이 없이 거의 비슷하다. 즉 퇴장 선택에 대한 '저항'과 '대체성'에 대한 허쉬만의 이론이 경험적으로 깔끔하게 검증되고 있다.

아울러 공간이론이 기성 정당에 대한 저항과 제3당 후보로의 퇴장을 예측하는데 유용하게 적용되고 있다는 점도 흥미롭다. 물론 이념거리에 적용된 두 변수가 한국정치의 잠재적인 이념지도의 복구를 통해 추출된 이념의 효과를 나타내는 것이 아니라는 점은 이미 제8장에서 밝힌 바 있다. 그럼에도 불구하고 정책거리에 대한 두 변수는 구체적 정책에 대한 이념거리를 반영하고 다운스의 이론에 부분적으로나마 부합한다고 볼 수 있을 것이다. 그리고 경험분석 결과는 다운스의 공간이론이 일반적인 후보자 간 경쟁뿐만 아니라 기성 정당 대 제3당 후보의 경쟁구도에도 잘 적용될 수 있음을 보여주고 있다.

IV. 소결

지금까지 우리는 허쉬만이 『퇴장, 항의, 충성』에서 제시한 이론을 바탕으로 한국정치에서 제3당 후보에 대한 지지 현상을 2012년 18대 대선의 가상적인 사례를 통해 검증했다. 물론 실제 대선과정에서 안철수 후보는 문재인 후보와의 단일화 과정에서 사퇴했고 따라서 3자 대결은 성사되지 않았다.

아울러 제8장과 이 장의 본문에서 살펴보았듯이 안철수 후보는 기성 정당을 대체하는 후보였다기보다 민주당의 정치실패를 대체하는 성격이 강했다.

그럼에도 불구하고 안철수 현상은 2002년 정몽준 현상과 더불어 기성 정치에 대한 강한 불신을 대변하고 있었다. 그리고 본문의 분석 결과는 이를 경험적으로 뒷받침하고 있다. 결국 안철수 현상은 '민주당의 대체제'라는 성격과 '기성 정치의 대안'이라는 성격 사이에 서 있었다고 볼 수 있을 것이다. 어쨌든 정치인으로서의 안철수는 2014년 3월 그가 이끈 새정치연합이 민주당과 합당하여 새정치민주연합을 창당함으로써 제3의 대안이라기보다는 민주당의 대체제를 모색하는 길을 선택했다. 이로써 제3당 현상은 종지부를 찍게 되었다.

그럼에도 불구하고 한국정치에서 제3당 후보 현상은 민주화 이후 주기적으로 등장해왔고 앞으로도 재현될 가능성이 농후하다. 그리고 본문의 내용은 이러한 제3당 현상이 기성 정당체제와 후보에 대한 불신과 정부에 대한 불신에 근거를 두고 있음을 보여주고 있다. 여기에 제3당 후보의 개인적인 매력이 더해진다면, 제3당 후보의 캠페인은 대중적인 소구력을 지니며 강한 정치현상으로 재등장할 것이다.

제4부

결론 및 보론

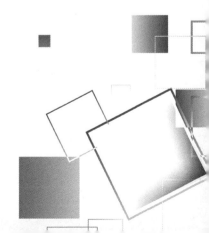

제10장

결론:
이념과 한국 정당정치의 미래

Ⅰ. 정당체계의 재편성의 이론

민주주의의 관점에서 이념이 유권자들의 정치적 선택에 영향을 미친다는 것은 어쩌면 다행스러운 현상이다. 한 사회는 다양한 이해관계를 지닌 시민들로 구성되는데, 종종 마치 소금장수와 우산장수의 갈등처럼 개인 혹은 집단 간 이해관계의 대립이 목격된다. 노동자와 자본가, 중소상공인과 대기업인, 남성과 여성, 성적 다수자와 소수자, 친환경주의자와 성장주의자 사이의 갈등이 대표적인 예일 것이다. 이 외에도 자세히 따져보면 이루 헤아릴 수 없을 만큼 다양한 사회적 갈등과 조우하게 된다.

사회적 갈등관계의 존재는 개인 혹은 집단들이 꿈꾸는 바람직한 사회—개인 및 집단의 이해관계가 실현되는 사회이든, 사적인 이해관계를 넘어 공익이라고 생각하는 것이 실현되는 사회이든, 혹은 자신의 이해관계의 실현이 공익이 실현되는 것이라 포장되는 사회이든—와 그것을 실현하기 위한 정책적 수단에 대한 판단이 상호 갈등적임을 의미한다. 민주주의는 이러한 사회적 갈등을 정치적 영역에서 다수와 소수로 구분하고 소수를 보호하면서 다수의 지배를 관철하는 운영원리이다. 따라서 만약 시민들이 이념을 사용해서 정치적 선택을 통해 개인 혹은 집단의 이해관계를 추구한다면, 선거는 바람직한 미래사회를 향한 다수와 소수의 경쟁이 된다.

1960년대 이후 비교정치학 분야에서 정당 혹은 선거정치에 관한 연구는 균열(cleavage)이란 주제어 없이 설명되기 어려울 정도였다. 1967년 유럽의 정당체계에 관한 립셋과 로칸(Lipset and Rokkan 1967)의 연구 이래 균열은 유권자의 정당지지와 투표선택 그리고 정당체계의 편성과 재편성에 대한 탐구와 논쟁에서 필수불가결한 개념으로 개입해왔다. 균열은 사회적 혹은 정치적 집단 간의 이해나 지향의 충돌로 인해 공공연한 갈등을 일으키는 분열이 지속되는 현상으로 정의되어진다(Rae and Taylor 1970). 그리고 일반적으로 집단에 속한 개인의 특질(예, 사회경제적 지위, 인종, 종교, 언어, 지역 등), 집단에 대한 태도, 그리고 공동의 집단행동에 기초한다. 그리고 이러한 특질, 태도, 그리고 집단행동이 수렴되어 전사회적인 갈등의 구분선을 야기할 때 균열은 강해진다(Bartolini and Mair 1990: 213-20). 아울러 전사회적인 갈등의 구분선이 '바람직한 사회에 대한 언술적 이미지와 그것을 성취할 수 있는 수단'을 내포할 때 균열은 이념과 조응하게 된다.

갈등구조의 사회화를 통한 다수와 소수의 구분, 그리고 갈등의 정치적 영역으로의 투입이라는 내용을 갖는 균열구조는 정치적 영역에서 권력을 추구하는 다양한 정치 행위자들에게 일종의 기회구조를 창출한다. 정당은 균열을 형성하는 갈등 쟁점에 대응한 강령 및 정책을 제시하여 지지를 최대화하여 권력을 잡으려는 집단이다. 결국 사회적 균열이 정치적 영역에서 정당 간 경쟁으로 표출되는데 이때 이념은 중요한 매개체의 역할을 담당한다. 그리고 그 결과로서 등장하는 것이 정당체계(party system)이다. 따라서 이념은 균열과 정당 간 경쟁 및 정당체계를 매개하는 중요한 역할을 담당한다.

서구사회의 균열구조에 대한 립셋과 로칸(Lipset and Rokkan 1967)의 "동결테제(frozen thesis)" 이후 균열에 대한 연구는 1970년대 잉글하트

(Inglehart 1977; 1997)의 탈물질주의(post-materialism)로 그리고 1980년대 이후 키쉘트(Kitschelt 2004)의 자유지상주의 대 권위주의(libertarian vs. authoritarian)에 대한 연구로 이어져왔다. 여기서 우리는 하나의 균열구조의 생성과 진화, 그리고 변화와 전환이라는 역사적 경로를 마주하게 된다. 아울러 이러한 가치의 역사적 전개과정이 정당체계의 진화과정에 어떤 경로로 영향을 미치는가에 대한 궁금증을 가진다. 현재의 정당체계는 현존하는 다양한 균열들이 구조화한 힘이 정치적으로 반영된 결과이다. 따라서 정당체계의 변화는 새로운 균열의 등장이나 균열들의 상대적인 사회지배력의 변화로 인해 발생한다고 말할 수 있다. 다시 말해 새로운 균열이 내포된 이념의 등장과 그것의 정치적 힘이 기존의 지배적 균열이 표상하는 이념의 힘을 능가할 때 정당체계가 새로 편성되는 정당재편성의 과정으로 들어서게 된다.

키쉘트(Kitschelt 1997: 135-36)에 의하면, 정당체계의 변화는 세 가지 수준에서 진행될 수 있다. 먼저, '단계1 변화'로 정당들이 새로운 지지기반이나 유권자 선호에 호소하기 위해 정치적 메시지나 조직적 형태를 보다 반응성 높은 방향으로 적응해나가는 변화를 통해 발생한다. 이 경우 새로운 대안정당의 등장이나 기존 정당체계의 분열은 발생하지 않는다. 이에 반해 '단계2 변화'와 '단계3 변화'는 새로운 정당의 출현을 동반한다. 그러나 '단계2 변화'에서는 기존 정당들이 경쟁하는 이념 블록(ideological block)'의 범위는 바뀌지 않고 단지 새로운 정당이 기존 정당을 대체하는 수준의 변화가 발생한다. 이에 반해, '단계3 변화'는 새로운 환경 변화에 기존 주요 정당들이 적응하지 못하기 때문에 신생정당이 출현하는 경우로 새로운 이념의 등장과 함께 경쟁 구도의 변화도 동시에 진행되는 경우를 일컫는다.

이러한 관점에서 보면, 최근까지 미국에서 진행된 중대선거(critical election)에 따른 정당체계의 재편성 논의는 대체로 '단계1 변화'에 국한될 수밖에 없다. 1854년에 창당되어 이후 휘그당을 대체한 공화당이 등장한 이래 150년이 넘는 기간 동안 양당제를 지녀왔기 때문이다. 그럼에도 불구하고 중대선거에 대한 미국 학계의 논의는 '단계1 변화'가 실질적으로 어떤 기제를 통해 발생하는지를 잘 보여준다.

이는 다음의 네 가지 단계로 구성된다. 첫째, 새로운 중대 쟁점(critical issues)의 등장이 전-사회화된 갈등구조로 새로운 사회적 다수와 소수를 형성함과 동시에 유권자의 선택 기준에 변화를 일으킨다. 둘째, 정당은 변화된 유권자들의 선호를 지지 세력으로 조직하기 위해 새롭게 등장한 갈등구조를 자신의 강령 및 정책에 반영하면서 지지기반의 재구성을 도모한다. 셋째, 새롭게 구성된 사회적 다수와 소수로 인해 기존의 다수당이 소수당에게 지위를 물려줄 수밖에 없는 중대선거(critical election)가 발생한다. 넷째, 새로운 이념과 균열에 따라 유권자의 선호가 장기간 지속되며 정당체계가 안정화된다(대표적으로 Key 1955; Sundquist 1983; Brady 1988 참조).

'단계2 변화'는 신생정당이 출현하나 여전히 기존의 지배적인 이념 블록이 유지되기에 근본적인 정당체계의 변화기 발생하지 않는 과정이다. 예를 들어, 기존 정당들이 전략적인 실수를 범했거나 당내 노선상의 불일치로 파벌을 형성시켜 종국적으로 분당사태가 벌어지는 경우가 이에 해당된다. 1970년대 말 영국 노동당 노선의 급진화로 인한 온건 사회민주주의자들의 탈당해 사회민주당(Social Democratic Party)을 형성하고 1981년 자유당(Liberal Party)과 동맹을 형성한 것이 대표적인 예이다(Harmel and Rorbetston 1985). 미국에서도 전직 공화당 대통령이었던 루즈벨트(Theodore Roosevelt)가 공화당을 탈당해 혁신당(Progressive Party)을 창당하고 대통령선거에 출마한 것이나 1992년 무소속으로 대통령선거에 출마했던 페로(Ross Perot)가 1995년 개혁당(Reform Party)을 창당해 1996년 대선에 출마한 예도 볼 수 있다(조성대 2000년 참조). 그러나 이러한 변화들은 새로운 균열구조의 등장에 편승했다기보다 기존의 이념 블록 내의 분열이기에 그 생명력이 짧을 수밖에 없다.

이에 반해, '단계3 변화'는 새로운 균열과 이념에 기초해 신생정당이 출현하는 과정을 일컫는다. 물론 새롭게 등장하는 쟁점 모두가 신생정당의 출현을 가져오는 것은 아니다. 새로운 쟁점이 기존 정당에 의해 선점되어 흡수(co-opt)되는 경우도 허다하다. 기존의 주요 정당들은 자신의 권력을 빼기지 않으려고 새롭게 등장하는 쟁점이 유발하는 갈등에 편승해 자신의 정책과 강령을 수정하여 이에 민감한 유권자들을 견인하려고 노력한다. 때로는 신생정당의 진입에 불리한 각종 제도적 장치들 — 예, 선거제도상의 소선거구제나 (단순)다수제 — 을 도입해 자신의 기득권을 유지하려하기도 한다(장훈 2003). 예를 들어, 1970년대 탈물질주의 균열의 등장은 정치적으로 녹색당이라는 신생정당의 출현과 독일에서 연방의회 진출이라는 부분적 성과를 보이기도 했지만 환경이나 개인적 시민권 분야에서의 그들의 쟁점소유권(issue ownership)은 독일의 사민당이나 영국의 노동당 등의 기존 정당에 의해 흡수되어 버리기도 했다. 즉 기존 정당들이 새로운 정치적 요구를 양적뿐만 아니라 질적으로 통합하려 했고, 따라서 기존의 좌-우 균열구조와 부분적인 "겹쳐짐"의 형태로 나타나기도 한다(김재한 1994).

그러나 종종 새로운 쟁점의 흡수가 핵심적 지지층의 이반을 가져오는 경우도 생겨날 수 있다. 예를 들어, 사회의 노령화에 따른 노인복지 쟁점을 흡수하려는 노력은 노인들의 지지를 증가시킬 수 있지만, 반대로 실업 문제로 고통을 받는 청년층이나 증세에 반감을 가지고 있는 중산층의 이반을 가져올 수 있다. 환경 및 생태 그리고 양성평등의 쟁점을 흡수하려 하는 노력은 청년, 고학력, 여성 유권자들을 지지층으로 견인할 수 있지만, 반대급부로 노인, 남성, 그리고 육체노동자 유권자들로부터의 지지를 감소시킬 수 있다. 즉 새로운 쟁점의 등장은 기존 정당들로 하여금 쟁점의 흡수와 정당 지지기반 사이의 일종의 상쇄(trade-offs) 관계를 고민하게 만들 수밖에 없다. 만약 기존의 주요정당들이 새롭게 등장한 쟁점이 유발한 균열에 이렇다하게 대응하지 못하는 와중에 신생정당이 출현해 이 갈등을 선점한다면 '단계3 변화'가 시작된다.

II. 지역주의, 이념과 정당체계[35)]

이 책의 논의를 바탕으로 한국 정당정치의 재편성 전망을 진단하기 전에 현재까지 한국사회의 고질적인 병폐로 지적되어온 지역주의의 문제를 잠시 살펴보자. 대부분의 기존연구는 지역주의가 민주화 이후 한국정치의 지배적인 균열구조임을 인정해왔다(박찬욱 2005; 안순철·조성대 2005; 이갑윤 1998; 조기숙 2000; 조성대 2008; 최준영·조진만 2005). 민주화 이후 치러진 대부분의 선거가 지역주의를 기초로 다양한 지역연합이 승자를 결정지어 왔기 때문이다.

예를 들어, 〈표 10-1〉은 1987년, 1997년, 2007년 대선 당시 영남, 호남, 충청지역의 유권자 비율을 나타낸 것이다. 편의상 모든 지역이 같은 투표율을 지닌다고 가정해보자. 지역주의가 기본적으로 영남 대 호남의 갈등구조를 지닌다고 전제한다면, 유권자 분포는 영남을 항상 승리연합(winning coalition)을 구성하는 중심으로 만든다. 1987년의 유권자 수를 기준으로 보면, 영남 유권자의 비율은 29.7%로 호남의 13.3%의 2.2배에 달했다. 두

〈표 10-1〉 한국의 지역별 유권자 비율

(%)

지역		1987년	1997년	2007년
영남	부산/울산/경남	17.7	16.8	16.1
	대구/경북	12.0	11.4	10.6
	합계	29.7	28.2	26.7
호남	광주/전북/전남	13.3	11.7	10.5
충청	대전/충남/충북	10.2	10.0	10.0

출처: 조성대(2013: 77)에서 재인용

35) 이 부분의 논의는 대부분 조성대(2013)에서 가져온 것임을 밝혀둔다.

지역 간의 상대적인 격차는 세 지역의 유권자 비율이 감소한 2007년에도 오히려 2.5배로 증가했다. 즉 같은 투표율에 지역적으로 몰표가 주어졌다고 가정한다면, 영남을 독점하는 정당은 '영남 + α'의 구조로 승리할 수 있는 유리한 지위에 있음이 분명하다.

예를 들어, 〈표 10-2〉는 1992년의 14대 대선부터 2012년 18대 대선까지 주요 후보들의 지역별 득표율을 나타낸 것이다. 1992년 민주자유당의 김영삼 후보는 42.0%의 득표율로 대통령에 당선되었는데 부산·경남을 기반으로 했던 통일민주당, 대구·경북을 기반으로 했던 민주정의당, 그리고 충청지역을 기반으로 했던 신민주공화당이 합당하여 지역연합을 결성한 결과였다.

1997년의 15대 대선은 14대 대선과 정반대의 결과를 보여준다. 민주당의 후신인 새정치국민회의의 김대중 후보는 충청지역의 맹주였던 자유민주연합의 김종필과 '호남 + 충청'의 지역연합에 성공해 영남을 기반으로 둔 한나라당의 이회창 후보에게 신승할 수 있었다. 이러한 소위 DJP(김대중·김종필·박태준) 연합은 영남중심의 지배연합에 대한 역(逆)지역연합의 성격을 가진 것이었다.

아울러 2002년의 16대 대선에서 새천년민주당의 노무현 후보가 내세운 '영남 후보론' 또한 호남지역을 중심으로 영남을 잠식해나간다는 또 다른 유형의 '호남 + α'의 지역연합의 동원 기제가 성공한 경우로도 볼 수 있다. 2007년 17대 대선과 2012년 18대 대선은 지역연합이 약화되어나가는 과정이라고 판단할 수 있다. 우선 17대 대선의 경우 충청지역을 중심으로 한 이회창 후보가 무소속으로 출마하여 15.1%를 득표했었다. 그럼에도 불구하고 이명박 후보는 영남에서의 압도적인 지지와 충청지역에서의 다수표로 안정적으로 집권할 수 있었다.

18대 대선도 지역연합이 보이지 않게 작용했다. 2012년 10월 26일 새누리당과 충청지역의 자유선진당과의 합당(흡수통합)으로 영남과 충청을 아우르는 보수연합이 구축되었기 때문이다. 그 결과 새누리당의 박근혜 후보는 충청지역에서 과반의 득표를 획득할 수 있었다.

종합하면 민주화 이후 한국의 정당체계는 대체로 지역주의가 자아내는

〈표 10-2〉 민주화 이후 대선에서 후보들의 지역별 득표율

지역	14대 대통령선거 (1992년)		15대 대통령선거 (1997년)		16대 대통령선거 (2002년)		17대 대통령선거 (2007년)		18대 대통령선거 (2012년)	
	김영삼	김대중	김대중	이회창	노무현	이회창	이명박	정동영	박근혜	문재인
전국	42.0	33.8	40.3	38.7	48.9	46.6	48.7	26.1	51.6	48.0
서울	36.4	37.7	44.9	40.9	51.3	45.0	53.2	24.5	48.2	51.4
인천	37.3	31.7	38.5	36.4	49.8	44.6	49.2	23.8	51.6	48.0
경기	36.3	32.0	39.3	35.5	50.7	44.2	51.9	23.6	50.4	49.2
강원	41.5	15.5	23.8	43.2	41.5	52.9	52.0	18.9	62.0	37.5
제주	40.0	32.9	40.6	36.6	56.1	39.9	38.7	32.7	50.5	49.0
충북	38.3	26.0	37.4	30.8	50.4	42.9	41.6	23.8	56.2	43.3
충남	36.9	28.5	48.3	23.5	52.2	41.2	34.3	21.1	56.7	42.8
대전	35.2	28.7	45.0	29.2	55.1	39.8	36.3	23.6	50.0 (51.9)	49.7 (47.6)
전북	5.7	89.1	92.3	4.5	91.6	6.2	9.0	81.6	13.2	86.3
전남	4.2	92.2	94.6	3.2	93.4	4.6	9.2	78.7	10.0	89.3
광주	2.1	95.8	97.3	1.7	95.2	3.6	8.6	79.8	7.8	92.0
경북	64.7	9.6	13.7	61.9	21.7	73.5	72.6	6.8	80.8	18.6
대구	59.6	7.8	12.5	72.7	18.7	77.8	69.4	6.0	80.1	19.5
경남	72.3	9.2	11.0	55.1	27.1	67.5	55.0	12.4	63.1	36.3
부산	73.8	12.5	15.3	53.3	29.9	66.7	57.9	13.5	59.8	39.9
울산			15.4	51.4	35.3	52.9	54.0	13.6	60.0	39.8

출처: 중앙선거관리위원회 역대대통령선거정보. 괄호 안의 세종시 득표율

갈등의 선을 따라 이합집산을 해왔다고 볼 수 있다. 영남 중심의 민정당-신한국당-한나당-새누리당과 호남 중심의 평민당-민주당-국민회의-새천년민주당-열린우리당(민주당)-통합민주당-민주통합당-새정치민주연합의 경쟁구도와 두 번의 정권교체는 정확하게 지역주의 균열구조가 정치적으로 반영된 결과였다. 흥미로운 점은 이러한 지역주의의 연합적 특성이 한국사

회의 지배적인 이념구조와 결합되어 전사회적인 갈등구조를 자아내었다는 점이다.

그동안 지역주의에 대한 정의를 두고 논란이 없었던 것은 아니다. 즉, 지역주의를 특정 지역에 대한 심리적인 거부감을 표현하는 지역감정으로 정의할 것인가(나간채 1991; 이남영 1998; 최준영 2008), 아니면 계급·계층적 성격을 지닌 이념으로 볼 것인가(김만흠 1994; 최장집 2003) 간의 문제는 여전히 해소되지 않고 있다. 그 이유는 지역주의가 한편으로 산업화과정에서의 호남차별적인 사회경제 발전, 국가와 민간부문에 있어서의 호남배제적인 엘리트충원이라는 지역 배제의 정치에 뿌리를 두고 있는 것이기도 하지만, 다른 한편 지역민 간의 전통적인 고정관념 및 편견 등의 심리적 상태와 결합되어 있기 때문이다.

여기서 우리가 주의 깊게 바라보아야 할 부분은 지역주의의 이념적 역할이다. 대표적인 한 연구는 비판이론의 관점에서 지역주의의 이념적 성격을 다음과 같이 정리한다.

> 경제성장의 저지와 그로 인한 경제파탄과 변화에 대한 두려움, 모든 급진적인 것에 대한 두려움의 환기, 특히 해방 이후 좌우투쟁과 북한의 남침에 대한 기억, 두려움과 두려움의 연결, 호남의 급진 이미지와 친북·용공 이미지의 결합 등의 심리적 연결고리들로 이루어진 것(으로) … 변화를 부정하고 안정과 질서를 강조하는 자본주의발전 이데올로기와 냉전반공 이데올로기의 '색깔론'을 모두 하나로 연결시켜 지역감정을 파괴적 폭발력을 갖는 이데올로기로 전환시키는 메카니즘으로 기능해왔다는 것이다(최장집 2003: 399).

다시 말해, 지역주의는 1970년대 이후 호남배제의 정치경제적 발전과정에 집단적 수혜자로서의 보수적인 영남인과 집단적 피해자로서의 호남인을 결과했고 이념적으로 반공주의와 결합해 지역의 정치적 편향성을 최대로 동원하는 이념으로서 기능했다는 것이다. 특히 지역이라는 손쉬운 수단은 지역편향적 향리주의(parochialism)를 발생시켰고, 이는 기존의 양대 정당으로 하여금 샤츠슈나이더(Schattschneider 1960)가 말하는 '편향성의 동원

(mobilization of bias)'을 득표 최대화의 선거전략으로 취하게 만드는 유인구조를 지녀왔다.

여기에 제3장에서 살펴보았듯이 해방 이후 분단국가라는 역사적 환경에서 유래된 반공주의를 중심으로 한 안보이념은 지역주의를 정당화시키는 기제로 작용했다. 안보이념은 1960년대에서 1980년대까지 권위주의체제하의 산업화과정에서 성장시장주의와 결합했고, 민주화 이후에도 대북정책과 통일정책을 둘러싼 남남갈등의 이념적 토대로 확산되었으며, 특히 2000년대 이후 소위 '종북'논란을 중심으로 여야를 구분하는 지배적인 갈등구조로 작용해왔다. 이와 함께 민주화 이후 여야 간의 정치적 경쟁을 가늠하는 주요한 균열구조인 지역주의는 이러한 안보이념이 자아내는 갈등구조를 정치적 영역에서 영남과 호남의 대결구조로 쉽게 전환시켰다.

제3장에서 스코필드 방법이나 카훈-히닉 방법을 통해 복구된 한국정치의 이념지도는 이를 정확하게 반영하고 있었다. 제3장에서 우리는 스코필드 방법으로 구성된 한국정치의 이념지도의 수평차원이 정치안보이념을 표상하는 가운데, 유권자의 출신지인 지역과 유의미한 상관관계를 지니고 있음을 알 수 있었다. 지역주의와 병렬적 구조로 구조화된 카훈-히닉의 이념지도의 수평차원 역시 정치안보이념과 강한 상관관계를 지니고 있음을 확인했다. 그리고 제4장과 제5장에서 제시된 다운스의 공간이론을 이용한 다양한 투표형태 분석에서 정치안보이념이 2000년대 이후 유권자의 후보선택에 강한 영향력을 발휘해왔음도 확인했다. 스코필드 방법에 의한 이념지도에서 추출한 두 종류의 이념거리(정치안보이념거리와 사회경제이념거리) 중 정치안보이념 변수는 유권자들의 정당일체감 변수 다음으로 후보선택에 큰 영향을 발휘했었다. 카훈-히닉 방법에 의해 복구된 이념지도로부터 추출된 정치안보이념 변수는 효과도 마찬가지였다. 심지어 18대 대선의 경우 정치안보이념 변수는 유권자의 정당일체감과 지역주의의 영향력을 넘어서는 가장 큰 효과를 지니고 있었다.

민주화 이후 한국정치에서 대북정책, 한미관계, 혹은 그 밖의 정치개혁 의제가 수반하는 이념구조는 지역주의와 병렬적인 관계를 지니며 대선에서의 후보자 간 선거경쟁을 규정해왔다. 이는 정치안보 영역의 다양한 쟁점이 발현하는 갈등구조가 쉽게 지역주의에 포획될 수 있음을 시사한다. 혹은 최소한 병렬적인 관계에서 같은 정치적 성격을 지니며 선거경쟁에 영향을 미칠 가능성이 농후하다. 결국 정치안보이념은 키쉘트의 '단계1 변화'조차도 수반하지 못할 가능성이 높다. 즉 향후 정치안보이념 영역에 해당되는 그 어떤 정책 쟁점도 지역주의에 흡수되거나 혹은 지역주의와 결합해 현존하는 정당체계를 유지시시거나 현재의 정당체계 내에서 일정한 변화를 모색하는 효과만을 지니게 되리라는 것이다.

III. 대안 이념과 정당체계의 재편성 전망

그동안 한국 선거정치에 대한 많은 연구들은 지역주의와 별개로 전개되는 대안적 균열구조에 대해 진단해왔다. 16대 대선 이후 세대균열의 등장에 대한 진단은 그 일환이었다(강원택 2003; 박명호 2009; 이갑윤 2011; 정진민 1992; 1994; 조중빈 2003; 황아란 2008). 아울러 지역주의 균열과 더불어 다양한 균열들의 복합적 존재에 대한 모색도 있었다.

예를 들어, 몇몇 연구는 한국사회 탈물질주의적 균열이 강하게 발견되고 있다고 주장했다(김욱 2005; 2010; 어수영 2004). 더불어 한국사회에 지역균열, 계급균열, 탈물질주의 균열, 그리고 세대균열이 복합적으로 전개되고 있으며 이러한 균열구조의 다원화가 한국 민주주의의 정착과 발전에 공헌할 것이라고 내다본 연구도 있었다(마인섭 · 장훈 · 김재한 1997; 마인섭 2004). 또 다른 연구는 한국사회의 이념적 균열구조가 냉전 · 권위주의적 차원 외에도 신자유주의, 평등주의, 탈물질주의적 가치 차원의 이념적 대립축이 복합적으로 존재하고 있다고 보았다(이헌출 2005). 또 다른 연구는 유럽에서 발견되었던 자유지상주의-권위주의의 대립적 가치가 한국사회에서도 의미 있는 균열로 등장했음을 논증하기도 했다(장훈 2004). 또 다른 연구는 한국 정치지형 내에 반공이데올로기의 거부-수용이라는 전통적인 이념적 차원과 자유주의 대 권위주의의 균열구조가 혼재되어 있으며, 결국 반공이데올로기 거부 및 자유주의의 강조가 한국사회 진보의 특성이며, 반공이데올로기 수용 및 권위의 강조가 한국사회의 보수의 특성이라고 분석하기도 했다(강원택 2005).

그러나 제3장에서 살펴보았듯이 대안적 균열에 대한 기존연구들은 새롭게 규정되는 갈등구조들이 기존의 지배적인 균열구조나 이념적 갈등과 어떤 관계를 지니는지 혹은 각 균열들이 어떤 위계질서를 지니며 소수의 이념으로 통합되는지에 대해 분석하거나 진단하지 못했다. 단지 갈등의 내용을 병렬적으로 나열하고 있을 뿐이었다. 제2장에서 살펴보았듯이, 균열이 수반하는 사회적 갈등이 전사회적으로 확대되어 위계적인 통합과정을 거쳐 세련미, 안정성, 추상성, 차별화, 그리고 무엇보다 정합성을 띠게 되는 과정이 바로 이념이 형성되는 과정이다. 따라서 대안적 균열구조에 대한 진단은 과연 그것이 수반하는 갈등이 기존의 지배적인 이념적 갈등과 어떤 관계를 지니고 있는가에 대한 평가과정에서 도출되어야 한다. 즉 '복합적', '혼재', '중첩적'이란 수사를 넘어서는 과학적 엄밀성이 요구되는 이유이다.

샤츠슈나이더(Schattschneider 1960)에 의하면, 완전한 정치적 재편성은 하나의 갈등에서 완전히 상반된(inconsistent) 다른 갈등구조로의 전환(shift)을 요구한다. 새로운 갈등구조는 기존의 지배적인 갈등구조와 양립 불가능해야 한다. 그리고 새로운 쟁점의 등장이 한편으로 현재의 지배 쟁점이 발생시키는 갈등구조를 억제하고 새롭게 지배적인 갈등구조를 발전시킬 때 전기적인 정치 재편성이 가능할 수 있다. 새로운 쟁점의 등장과 그로 인한 균열구조의 변화, 그리고 정치적 영역에서 이에 조응하는 새로운 이념의 생성과 갈등구조의 확산은 사회전체 구성원으로 하여금 이념의 어느 한편을 선택하게 하여 새로운 다수와 소수를 형성한다. 그리고 선거에서 정당 간 경쟁을 통해 승자와 패자를 구분함으로써 권력의 새로운 할당을 가져온다. 즉, 정당체계의 재편성은 지배적 균열과 이념의 교체가 필수적이다.

그러나 대부분의 안정된 민주주의 사회에서는 새로운 쟁점과 갈등이 등장하더라도 지배적 지위의 전도를 수반하지 못하는 경우가 많다. 이 경우 새롭게 주목받게 되는 갈등구조의 성격과 위상은 기존의 지배적 균열구조와의 관계에 따라 규정될 수밖에 없다. 예를 들어, 새로운 이념적 갈등이 기존의 지배적 균열구조와 평행하거나 중첩된다면 대안적인 이념으로 발전하기보다는 오히려 기존 지배적인 균열구조에 흡수되거나(co-opted) 혹은 지배균열의 하위 갈등으로 기능하여 지배균열이 만들어낸 기존 정치적 질서나 정당체계를 유지하거나 더욱 강화시킬 가능성이 높다. 따라서 정당체계의 구조화와 변화의 가능성을 진단함에 있어서 한 사회에 존재하는 다양한 갈등들이 지배적 이념과 어떤 관계를 지니고 있는가를 파악하는 것이 무엇보다도 중요하다. 즉 다양한 갈등들이 지배적 균열 및 이념과 같은 차원(dimension)에서 전개되는지 혹은 지배적 갈등구조와 직교하는(orthogonal) 차원에서 펼쳐지는가는 정당체계의 유지-강화 혹은 변화-대체의 전망에 대한 진단의 기준을 제시한다.

이러한 관점에서 볼 때, 제4장과 제5장, 그리고 앞으로 살펴볼 제11장에서 한국정치에서 사회경제이념 변수의 효과가 미약하게나마 발견되고 점차 커지고 있다는 경험적 발견은, 한국 정당정치의 미래를 긍정적으로 전망하게 한다. 우선 제3장에서 사회경제이념은 민주화 이후 갈등구조를 서서히 확대해왔으며 지역주의와 독립적인 성격을 지니고 있음을 알 수 있었다. 〈표 3-5〉에서 사회경제적 이념을 표상하는 스코필드 이념지도의 수직차원은 영남과 호남 변수와 통계적인 상관관계를 지니지 않고 있었다. 아울러 〈표 3-8〉에서 카훈-히닉 이념지도의 수직차원도 지역주의와 어떤 상관관계도 지니고 않고 있었다. 사회경제이념이 지역주의와 통계적으로 독립적인 관계를 지닌다 함은 최소한 샤츠슈나이더가 말하는 '갈등 대체(conflict displacement)'의 잠재력을 지니고 있다는 것이다.

그러나 제4장과 제5장에서 살펴보았듯이 그동안 사회경제이념은 대선에서 그 효과가 상대적으로 미미했다. 비록 16대 대선과 18대 대선에서 유권자의 후보선택에 유의미한 효과를 지니긴 했으나 이념지도에 따라 효과가 다르게 나타나거나 그 효과가 정치안보이념 변수보다 크게 작았다. 그럼에도 불구하고 사회경제이념 변수의 효과가 일정하게 발견된다는 점은 한국 정당정치의 미래에 희망을 불어 넣는다.

제6장의 경험분석 결과는 이러한 사회경제이념의 효과가 조건적임을 보여준다. 즉 유권자의 정치적 세련도에 따라 그 효과가 차별적으로 나타난다는 것이다. 〈표 6-3〉에서 사회경제이념 변수는 비교적 명확한 이념소지자의 후보선택에 유의미한 영향력을 미치고 있었다. 아울러 〈표 6-4〉에서도 정치지식이 많은 유권자들에게 차별적인 영향을 행사하고 있었다. 반면에 이념적인 중도 그리고 정치지식이 작은 사람들의 후보선택에는 전혀 영향을 미치지 못했었다. 오히려 〈도표 6-1〉에서 사회경제이념이 정치적 세련미를 갖춘 유권자들의 정치적 선택에 정치안보이념만큼의 영향을 발휘하고 있다는 발견은 이 영역의 갈등구조가 유권자들의 정보능력에 상당히 의존적일 수밖에 없음을 보여준다.

사회경제이념의 효과가 유권자의 정보능력에 의존적이라는 판단은 제7장의 방향이론을 이용한 경험분석에서 재차 확인된다. 유권자들은 하나의 갈등 쟁점이 자신의 삶에 큰 영향을 미치기 전까지는 자신의 정치적 판단을 유도하는데 필요한 정보비용을 지불하기를 꺼려한다. 후보자와 정당이 정확하게 어떤 입장을 지니고 있는지 혹은 나의 선호와 얼마나 차이가 있는지 세세하게 살피지 않는다. 오히려 대략적으로 정당이나 후보자가 어떤 이념성향으로 대안을 제시하고 있는지, 그 대안이 나의 이념성향과 같은지, 그리고 얼마나 선명한 대안을 제시하는지를 고려해 저비용의 투표선택을 행할 가능성이 높다. 방향이론은 이러한 유권자들의 심리적 정향들을 고려하는 투표산술의 효용함수를 제시한다. 그리고 〈표 7-2〉에서 우리는 한국의 유권자들이 사회경제정책 영역에서 근접모형에 따른 투표선택보다 방향모형에 따른 투표선택을 하고 있음을 확인했다. 다시 말해 아직까지 한국의 유권자들은 사회경제정책에 있어 정보의 활용도가 높지 않다는 것이다.

이와 더불어 제11장에서 우리는 제3장에서 하나의 이념으로 추출되었던 사회경제이념이 2014년 지방선거 관련 데이터를 통해 경제민주화 차원과 복지 차원으로 분해될 수 있고 각 차원의 효과는 지방적 환경에 따라 다르게 발현될 수 있음도 살펴볼 것이다. 특히 경제민주화 이념의 경우 일반시나 군 지역에 거주하는 유권자들에게만 유의미한 영향을 미치는 것으로 나타나는데 각 정당들의 선거전략에 함의하는 바가 작지 않을 것이다.

환언하면 제6장, 제7장, 그리고 제11장의 경험분석 결과는 사회경제이념이 유효할 수 있는 미래의 조건들을 보여주고 있다. 첫째, 사회경제정책들의 현저성이 두드러져야 한다는 것이다. 그래야만 유권자들이 이 쟁점들에 주목할 것이기 때문이다. 다행히 우리는 2012년 18대 대선에서 경제민주화와 복지 쟁점들의 중요성이 부각되었음을 목격할 수 있었다. 새누리당의 박근혜 후보나 민주통합당의 문재인 후보 중 그 누구도 이 쟁점의 중요성을 부인하지 않았다. 오히려 보수적인 박근혜 후보가 과거의 입장으로부터 급격히 선회하는 이변을 목격하기도 했다. 미래 사회경제정책들의 중요성이 점점 커질 것으로 예측하기 어렵지 않다.

둘째, 사회경제이념의 중요성이 단순히 증가한다고 해서 유권자들이 무조건 이를 정치적 판단의 주요한 수단으로 활용하는 것은 아니다. 정당이나 후보자들이 유권자들이 쉽게 인지할 정도로 차별적인 대안들을 내어놓을 때 가능하다. 예를 들어, 우리는 18대 대선에서 박근혜 후보와 문재인 후보가 경제민주화와 복지 영역에서 수렴되는 현상을 목격했었다. 이 경우 유권자들은 어리둥절할 수밖에 없다. 그리고 누구를 선택해야 하는지 헷갈리게 된다. 결국 쟁점의 효과는 사라지고 만다.

그러나 양당 간의 정책적 수렴현상은 오래 지속되지 않을 것이다. 보수적인 새누리당이 경제민주화와 복지 쟁점에서 진보적 입장을 계속해서 유지하기 부담스러울 수밖에 없기 때문이다. 따라서 미래 새누리당이 경제민주화나 복지 문제에서 자신의 보수적 입장으로 회귀할 경우 사회경제이념은 상대적으로 강한 효과를 보일 것으로 전망된다. 물론 현재의 새정치민주연합이 계속해서 진보적 입장으로 차별화를 시도하는 선에서 말이다. 이 경우 한국의 유권자는 비로소 지역주의와 절연한 이념투표를 보이게 될 것이다. 그리고 이념에 따른 정당의 재편성도 그 싹을 보일 수 있을 것이다. 이는 기존 정당체계 내에서 갈등의 대체가 이뤄질 경우 '단계1 변화' 혹은 또 다른 정당으로의 변화를 모색할 경우 '단계2 변화'에 해당될 것이다.

IV. 제3당과 정당정치의 재편성 전망

마지막으로 한국정치에서 과연 키쉘트가 말하는 '단계3 변화,' 즉 새로운 갈등구조와 이념에 기초한 새로운 정당의 출현과 정당 간 경쟁구도의 변화, 그리고 나아가 정당체계의 변화를 수반할 가능성이 있는가 하는 문제가 남았다. 불행하게도 이 글은 2000년대 이후 한국정치 공간에 등장한 진보정당(민주노동당, 통합진보당, 진보신당, 진보정의당 등)의 도전과 승패에 대해서는 다루지 못했다. 이 글이 다루고 있는 데이터들이 진보정당을 하나의 선택지로 다루고 있지 않거나 혹은 다루었다하더라도 의미 있는 사례수를 지니고 있지 않았기 때문이다. 다만, 이 글은 18대 대선 안철수 사례를 통해 제3당 후보 현상을 진단하고자 했다.

제8장에서 살펴보았듯이 제3당 후보의 출현은 다수 후보 간의 공간경쟁을 야기한다. 경험분석 결과는—물론 가상의 대결이긴 했지만—3자 대결에서도 이념투표가 발생했음을 말해주고 있다. 인로우-히닉(E-H) 모형을 적용했을 때, 대북정책, 일자리정책, 세금정책, 그리고 환경정책 모두 후보선택에 유의미한 영향을 미치고 있었다. 물론 다양한 비정책 요인들이 투입된 후 대북정책과 세금정책만이 통계적인 유의미성을 지닐 뿐이긴 했다. 그러나 이러한 발견은 앞서 우리가 지속적으로 탐구해온 정치안보이념과 사회경제이념의 유의미성을 재차 확인해주는 것이다. 제3당 후보가 등장했을 때도 이념투표가 여전히 효과가 있다는 발견은 공간이론이 한국정치에서 다수 후보 간의 선거경쟁에도 유의미하게 적용될 수 있음을 보여준다. 그러나 제3당 후보의 존재와 이념투표 간의 관계는 상당히 조건적일 수밖에 없다. 이

념투표가 제3당 후보의 공간위치에 따라 다르게 나타나기 때문이다. 즉 제3당 후보가 선명한 이념적 입장을 표방할 경우 이념투표의 효과는 증대하는 데 반해, 제3당 후보가 온건한 입장을 보일 경우 이념투표의 효과는 반감되고 그 외의 비정책 요인들의 효과는 증대한다.

이러한 논의는 한국에서의 제3당의 실험에 유의미한 교훈을 던져주고 있다. 제9장에서 우리는 허쉬만의 '퇴장, 항의, 충성'의 이론적 틀을 활용한 분석에서 — 비록 안철수 현상에 제한된 분석이긴 했지만 — 기성 정당에 대한 이념적 소외가 강할수록, 양당체제에 대한 불만족이 높을수록, 그리고 정부에 대한 불신이 강할수록 제3당을 향한 유권자의 퇴장이 가속화될 것이라 확인했었다. 물론, 제3당 후보의 정책과 자질이 기존 정당 및 후보자들을 대체 가능해야 함도 살펴보았다. 특히 제3당 후보가 유권자와 가까운 이념을 제시할 때 지지가 증가했었다.

그런데 여기서 우리는 한 가지 딜레마에 봉착하게 된다. 과연 유권자와 가까운 이념이라는 것이 실천적으로 함의하는 것이 무엇이냐 하는 것이다. 과연 제3당이 혁신적인 이념과 정책을 제시해야 하는가? 혹은 보다 많은 유권자들이 몰려 있는 중도를 향해 포괄정당의 모습을 띠어야 하는가?

첫째, 2002년 정몽준 후보나 2012년 안철수 후보처럼 보다 온건한 이념공간에서 제3당 후보 전술을 펼치는 경우이다. 중도적인 제3당의 실험은 이미 제8장에서 살펴보았듯이 광범위한 지지층을 확보하기 어려운데, 무엇보다 기존의 양대 정당인 새정치민주연합과 새누리당 사이의 가운데서 압착될 수 있기 때문이다. 물론 2012년 안철수의 도전은 엄격하게 중도주의자의 도전은 아니었다. 오히려 그의 '새정치'가 말해주듯 기성 정당을 부정하는 인민주의적(populist) 캠페인 냄새가 많이 묻어났었다. 그러나 우리는 18대 대선에서 안철수 후보가 민주당과 문재인 후보 근처에 위치해 있었음을 제3장에서 확인했다. 즉 유권자들은 안철수 후보를 민주당의 대체재로 인식하는 경향이 강했다. 이 경우 제3당 후보는 '단계2 변화'를 노릴 수는 있을 것이다. 그러나 안철수 후보는 새로운 이념에 기초해 바람직한 사회에 대한 언술적 이미지와 그것을 성취할 수 있는 수단을 캠페인하지 못했다. 제8장에서 살펴볼 수 있었듯이 이념거리 변수는 문재인-안철수 후보 간의 경쟁에서 거의 효과를 발휘하지 못했다. 박근혜 후보와의 경쟁에서만 이념거리 변수의 효과가 발견되었을 뿐이다. 이러한 결과는 결국 안철수 현상이 독자적인 제3당 운동으로 발전할 수 없었음을 잘 설명하고 있다. 즉 유권자들이 문재인 후보와 안철수 후보를 이념적으로 구분하지 못하는 상황에서 안철수 후보는 문재인 후보와 단일화에 임하지 않을 수 없었고 이후 그가 추진했던 새정치연합이 민주당과 합당할 수밖에 없었던 것이다.

둘째, 혁신적 이념을 표방하는 제3당 운동을 생각해볼 수 있다. 물론 이 글의 경험분석은 혁신적 제3당의 도전에 대해서는 다루지 않았다. 그러나 굳이 이에 대해 설명을 덧붙이자면 다음과 같은 추론이 가능해 보인다. 우리는 2000년대 이후 지속적인 진보정당의 실험을 목격해왔다. 2004년 17대 총선에서 민주노동당이 비례대표정당투표에서 13.0%, 2008년 18대 총선에서 민주노동당이 5.7%와 창조한국당이 3.8%, 그리고 2012년 총선에서 통합진보당이 10.3%의 득표율을 보였었다. 부분적으로 이러한 진보정당의 실험은 '민주당과 새누리당(한나라당) 사이엔 100원치 만큼의 차이도 없다'는 캠페인이 효과를 발휘한 결과일 것이다. 노동자계급 중심의 혁신적 의제도 일정하게 효과가 있었을 것이다. 그런데, 이러한 혁신적 접근은 현재 한국정치에서 다음과 같은 문제점을 지닐 수밖에 없다.

첫째, 19대 총선의 통합진보당의 경우처럼 안보차원에서 혁신적인 이념에 의존할 경우 키첼트의 '단계3 변화'에 준하는 정당체계의 변화를 불러일으키지 못할 것이다.[36] 심지어 '단계2 변화'도 힘들 것이다. 왜냐하면, 안보이념 차원에서 새누리당과 새정치민주연합 간의 경쟁구도가 고착화되어 있기 때문이다.

둘째, 사회경제이념에서 혁신적인 의제를 제시하는 방법이 있다. 물론 이는 현재 새누리당과 새정치민주연합이 그 어떤 쟁점소유권(issue ownership)도

36) 2014년 12월 헌법재판소는 통합진보당 해산심판 및 정당 활동 정치 가처분 신청사건에서 재판관 8 대 1의 의견으로 통합진보당 해산을 결정했다.

주장하고 있지 않기에 일정한 효과를 누릴 수 있을지 모른다. 그러나 사회경제 차원에서의 혁신적인 전술이 성공하기엔 넘어야 할 산이 있다. 새정치민주연합과 진보적 공간에서 경쟁해야 하는데, 현재 진보정당이 새정치민주연합을 압착할 수 있는 정치력이 부족해 보이기 때문이다. 심지어 단순다수 소선거구제 중심의 선거제도는 제3당을 재차 처벌하는 효과를 발휘하고 있다.

결국 제3당은 독자적인 행정부 구성이나 국회 내의 의정활동보다는 이념적으로 가까운 보다 큰 정당인 새정치민주연합과 연합을 모색할 수밖에 없는 현실에 직면할 때가 많을 수밖에 없다. 민주화 이후 선거에서 우리는 이를 많이 목격해 왔다. 그러나 승자독식의 대통령제는 연합정치 및 연립정부 구성을 어렵게 만든다. 혁신적 제3당의 도전이 키쉘트의 '단계3 변화'로 이어지기까지 제도적 차원과 이념적 차원에서 많은 전략적 고민이 필요해 보인다.

제11장

보론: 2014년 6·4 지방선거와 이념투표*

I. 이론적 배경

우리는 지금까지 2000년 이후 한국 대선과정에서 이념투표 현상을 진단하기 위해 공간이론을 적용해 각 대선의 이념지도를 구축한 후 공간이론에 기인하는 이념투표의 기본 가설과 또 공간이론의 발전, 확장, 적용에 따른 다양한 가설들을 경험적으로 검증했었다. 18대 대선을 넘어 2014년 6·4 지방선거를 치른 후 우리의 관심은 다음의 두 가지로 제시된다.

첫째, 앞서 제3장에서 제시한 한국정치의 이념지도 및 균열구조의 성격에 변화가 없는가 하는 질문이다. 정치안보이념과 사회경제이념의 갈등구조가 여전히 유지되고 있고 정당 간 경쟁의 이념적 성격에 변화가 없다면, 한편으

---

* 이 장의 글은 한국선거학회 편, 『한국의 선거 VI』(2015)에 수록된 필자의 연구 "지방선거와 정책: 거주지 규모와 정책투표"를 일부 수정해서 게재한 것임을 밝혀둔다.

로 한국정치에서 이념적 갈등구조와 정당체계의 안정성을 발견하는 것이기도 하거니와 다른 한편, 한국의 선거정치 분석에서 있어서 공간이론의 적실성을 한 번 더 검증하는 성과가 되기 때문이다.

둘째, 앞의 경험분석과는 달리 이 장에는 특히 지방선거와 관련해서 이념 혹은 정책 투표가 지방 혹은 지역마다 다를 수 있는가는 새로운 연구 질문을 던지고자 한다. 우리는 앞서 제6장에서 이념투표가 하위 집단별로 다른 효과를 지닐 수 있음을 주관적 이념수준과 정치지식의 수준을 통제변수로 사용하여 살펴보았다. 즉 모든 유권자들에게 동일하게 나타나는 이념의 효과를 주장한 전통적인 공간이론을 넘어 유권자들의 정치적 선택이 정치정보의 수용성 여부에 따라 집단적 이질성(heterogeneity)을 보이는가를 살펴본 것이었다.

이 장은 여기서 한발 더 나아가 유권자의 거주지 환경에 따라 정책의 수용성이 달라질 수 있다는 가설을 제기하고 경험적으로 분석해보고자 한다. 지방선거를 분석함에 있어 흥미롭게 고려해볼 만한 점은 지역에 따라 이념적 갈등구조가 다를 수 있다는 점이다. 거주지별로 구성하는 주민들의 성, 연령, 교육, 소득, 재산, 직업 등의 분포가 다를 수 있다. 그리고 이러한 사회경제적 구성의 차이는 주민들이 체감하는 정책과 사회적 갈등을 다르게 만들 수 있다. 예를 들면, 주로 고연령층이 거주하는 농촌 지역의 유권자들은 재분배 중심의 복지정책에 대해 민감할 수 있다. 아울러 대도시에 비해 소득이나 재산이 낮고 상대적으로 비정규직 시민들이 거주하는 군소도시 지역의 유권자들은 분배 중심의 경제민주화정책에 민감할 수 있다.

구체적인 실례를 통해 이러한 가설의 배경을 살펴보자. 〈표 11-1〉은 전국 시도별 비정규직, 기초생활수급자, 1인당 개인소득의 비율들을 보여준다. 이는 경제민주화나 복지정책에 대한 각 지역별 민감도를 간접적으로나마 살펴볼 수 있게 해준다.

각 지역마다 특수성이 존재함에도 불구하고 대체로 광역시에 비해 일반시와 군으로 이루어진 도 지역이 모든 항목에서 대부분 열위에 있음을 알 수 있다. 예를 들어, 전국 평균 비정규직 노동자 비율이 32.1%인 가운데

〈표 11-1〉 전국 시도별 경제생활 실태

(%)

구분	비정규직 비율[a]	기초생활수급자 비율[b]	1인당 개인소득 비율[c]
전국	32.13	5.32	100.0
서울특별시	33.14	3.70	118.4
부산광역시	31.05	8.03	101.2
대구광역시	28.93	7.91	95.8
인천광역시	31.66	4.63	92.5
광주광역시	38.04	8.05	94.2
대전광역시	38.89	5.80	99.8
울산광역시	29.35	2.81	123.0
경기도	28.72	3.04	96.8
강원도	37.44	8.39	86.9
충청북도	33.08	6.12	92.3
충청남도	34.20	4.94	93.3
전라북도	39.53	11.05	90.2
전라남도	41.52	9.49	85.7
경상북도	32.34	7.28	91.6
경상남도	27.36	5.64	93.2
제주특별자치도	45.10	6.81	98.7

a. 임금근로자 대비 비율(2014년 3월), b. 경제활동인구 대비 비율(2014년 3월), c. 2012년 추계
출처: 통계청 국가통계포털(kosis.kr)에서 필자가 재구성

경기도와 경상남도를 제외한 모든 도 지역이 전국 평균을 밑돌고 있다. 기초생활수급자 비율도 전국 평균이 5.3%인 가운데 경기도와 충청남도를 제외한 모든 도 지역이 전국 평균을 상회한다. 마지막으로 1인당 개인소득 비율을 전국 평균을 100%로 놓고 살펴보았을 때 모든 도 지역이 전국 평균을 밑돌고 있다. 환언하면 광역시에 비해 일반시/군 지역의 유권자가 분배나 재분배정책에 더 민감할 수 있으며 지방선거에서 상이한 정책 투표 패턴

을 보일 가능성을 보이고 있다.

이 장에서 경험분석에 사용하는 한국선거학회의 데이터도 거주지 규모별 응답자의 태도가 주요 경제정책 분야에서 다르게 나타났음을 보여준다. 다음의 〈표 11-2〉는 세 개 정책분야, 총 10개의 세부 정책에 대한 유권자의 평가(1. 강한 찬성 ~ 10. 강한 반대)를 진보-보수의 순으로 정렬하여 각 유권자의 거주지 규모별(광역시 대 도)로 평균값을 비교한 것이다.

전체 응답자들의 태도를 평균값을 통해 살펴보면 안보정책에서는 보수적인 태도가, 경제정책에서는 진보적인 태도가, 그리고 사회정책에서는 혼재된 태도가 보인다. 제3장에서 18대 대선에서 발견되었던 태도가 기본적으로 유지되고 있다. 다시 말해 한국정치의 정책이 자아내는 이념적 갈등구조는 상당히 안정적으로 정렬되어 있다고 볼 수 있다.

〈표 11-2〉 주요 정책들에 대한 거주지 규모별 유권자들의 이념적 태도

구분		전체	광역시	일반시/군	분산분석(F값)
안보정책	대북지원	5.60(2.00)	5.56(1.94)	5.65(2.06)	0.39
	한미동맹	6.02(1.80)	6.00(1.81)	6.04(1.79)	0.08
	국가보안법	5.73(2.25)	5.81(2.24)	5.65(2.25)	1.27
경제정책	복지 대 경제성장	4.75(1.97)	4.74(1.94)	4.76(1.99)	0.01
	고소득자 증세	2.81(1.88)	2.95(1.95)	2.68(1.81)	5.06*
	비정규직 기업자율	4.74(1.98)	4.78(1.91)	4.70(2.04)	0.40
	공기업 민영화	4.47(2.29)	4.75(2.12)	4.24(2.41)	12.33**
사회정책	집회/시위 자유	4.20(1.96)	3.97(1.92)	4.41(1.96)	13.11**
	사형제 폐지	6.10(2.36)	6.17(2.25)	6.05(2.36)	0.71
	교육: 평등 대 경쟁	5.22(1.92)	5.22(1.88)	5.21(1.97)	0.01
N[a]		1,000	463	537	

* 괄호 안의 숫자는 표준편차, ** $p<0.01$, * $p<0.05$, a. 각 변수의 관찰수는 각 정책 변수에 따라 결측치가 발생해 차이가 있음. 그러나 광역시 관찰수는 최소 461개이고 일반시/군의 관찰수는 최소 526개로 나타났음

이를 응답자의 거주지 규모별로 구분해 살펴보자. 안보정책의 경우 대체로 광역시보다 일반시/군 지역 거주 응답자들이 보수적인 태도를 보이고 있다. 그러나 분산분석 결과는 이러한 차이에 통계적인 유의미성을 부여하지 않고 있다. 다시 말해 안보정책에 있어서는 도시와 농촌의 차이가 발견되지 않는다는 것이다.

사회정책의 경우 제3장과 마찬가지로 일관된 패턴을 보이지 않고 있다. 집회/시위 자유 쟁점의 경우 광역시 응답자들의 태도가 진보적이며 일반시/군 응답자들과 통계적으로 유의미한 차이를 보인다. 반면 사형제 폐지 쟁점의 경우 물론 통계적으로 유의미하지 않지만 일반시/군 지역 응답자들이 더 진보적인 태도를 보이고 있다. 교육 쟁점의 경우 광역시나 일반시/군 간의 태도의 차이가 없다.

마지막으로 경제정책의 경우 안보정책과 정반대의 패턴이 발견된다. 즉 일반시/군 지역 응답자들의 진보성이 두드러진다. 복지 대 경제성장 쟁점에서 일반시/군 지역 응답자들의 태도가 약간 보수적으로 나타났지만 거의 차이가 없다. 그런데 나머지 세 개의 경제정책 — 고소득자 증세, 비정규직 기업자율, 공기업 민영화 — 에서 일반시/군 지역 응답자들은 광역시 응답자들보다 상당히 진보적으로 나타났다. 고소득자 증세나 공기업 민영화 쟁점의 경우 평균값이 차이는 통계적으로 유의미하다.

환언하면, 〈표 11-1〉과 〈표 11-2〉의 결과는 경제민주화나 복지정책에 대한 태도에 있어 광역시와 일반시/군 거주자들 사이에 확연한 차이가 있으며 이는 상이한 정책 투표로 나타났을 가능성을 모색하게 한다. 이를 구체적으로 살펴보기에 앞서 다음 절에서 방법론적 고려를 우선 살펴보자.

II. 분석 방법

경험분석을 위해 지난 2014년 6·4 지방선거가 끝난 직후 한국선거학회와 한국사회과학데이터센터가 전국 유권자 1,000명을 대상으로 면접 조사한 자료를 사용한다. 아울러 공간지도의 구축은 스코필드 방법을 그대로 따랐다. 이 장에서는 제6장에서 살펴본 방법과 조금 다른 방법을 사용하기로 했다. 우리는 제6장에서 '세련된 유권자' 모형과 '세련되지 못한 유권자' 모형에서 이념거리 변수의 효과를 서로 다른 회귀모형에서 추출된 표준회귀계수의 크기로 비교했었다. 그러나 표준회귀계수값의 비교는 하나의 회귀모형에서 추출된 값을 비교할 때만이 유의미하다. 따라서 엄격한 의미에서 방법론적으로 한계가 있는 작업이었다. 이 장에서는 이를 극복할 수 있는 새로운 방법을 사용하고자 하는데 바로 초우검증(Chow test, Chow 1960)이다.

예를 들어, 경제민주화정책(X1)과 복지정책(X2)이 자아내는 이념적 갈등이 각각 광역시(A)와 일반시/군(B) 지역에서 유권자의 투표선택에 다른 효과를 미쳤다고 가정해보자. 이 경우 우리가 쉽게 생각할 수 있는 방법은 제6장에서 사용한 방법과 마찬가지로 다음의 〈공식 11-1〉과 같이 샘플을 A와 B 집단으로 분리한 뒤 프로빗 회귀를 실시해 회귀계수의 크기나 통계적 유의미성을 검증하는 방법이다.

$$\begin{aligned}(\text{집단 } A):\ Y &= a1 + b1^{*}X1 + c1^{*}X2 + \epsilon \\ (\text{집단 } B):\ Y &= a2 + b2^{*}X1 + c2^{*}X2 + \epsilon\end{aligned} \qquad \langle\text{공식 11-1}\rangle$$

그러나 분리된 두 개의 회귀분석 결과는 우리가 궁금해 하는 가설에 대한 엄격한 통계적 검증 결과를 제시해주지 않는다. 위의 〈공식 11-1〉에서 회귀계수가 가설이 기대하는 효과를 지지고 있는지, 통계적으로 유의미한지, 그리고 눈어림으로 어떤 회귀계수의 효과가 큰지 만을 구분할 수 있을 뿐이다. 즉 우리는 *a1*과 *a2*, *b1*과 *b2*, *c1*과 *c2*가 각각 다른 효과를 지니고 있는지 엄격하게 비교할 수 없다. 초우검증은 이 문제점을 해소하는 한 방법이다. 초우검증은 하나의 회귀 모형에서 특정 독립변수가 일으키는 구조 변화(structural change)를 검증하기 위해 사용되는 방법이다. 즉 〈공식 11-1〉의 두 개의 분리된 회귀 모형을 다음의 〈공식 11-2〉와 같이 하나의 회귀 모형으로 결합해 변수 *X1*과 *X2*가 두 개의 집단에 미치는 효과가 다른지 검증하게 해준다. 구체적으로 〈공식 11-2〉에서 귀무가설(null hypothesis)을 H1: $a1 = a2$, H2: $b1 = b2$, H3: $c1 = c2$로 설정하고 F-검증을 통해 가설을 검증한다.

$$Y = a1 + a2 + b1 * X1_A + b2 * X1_B + c1 * X2_A + c2 * X2_B + \mu \quad \text{〈공식 11-2〉}$$

종합하면 이 글의 목적은 2014년 지방선거를 두고 스코필드 방법을 통해 한국정치의 다차원 정책 공간의 이념지도를 구축한 뒤 각 이념별로 유권자와 정당 간의 이념거리를 계산하여 종속변수인 후보선택과의 관계를 분석하고자 하는 것이다. 분석과정에서 거주지 규모별 이념거리 변수의 상이한 효과를 검증하기 위해 프로빗 회귀와 초우검증을 활용한다.

이제 구체적으로 변수의 조작 과정을 살펴보자. 종속변수는 지방선거에서 응답자가 선택한 광역단체장 후보의 정당으로 새정치민주연합 후보 대비 새누리당 후보를 선택한 이변량 변수로 조작했다. 물론 광역단체장 후보는 17개 시도별로 달랐고, 따라서 각 광역단체별 분석이 가장 바람직하다. 그러나 한국선거학회의 데이터에는 하위 단위별 분석이 가능할 정도로 관찰수가 많지 않다. 따라서 개별 광역단체의 특수성을 배제하고 연구를 진행했다. 아울러 유권자의 거주지 규모가 원래 광역시, 일반시, 군으로 구분되나 광역시 대 일반시/군으로 조작했음도 알려둔다. 군 지역의 응답자가 총 104명에 불과하고 이들 가운데 실제 광역단체장에 투표했다고 응답한 사람이 74명에 불과해 충분한 자유도를 확보하기 어렵기 때문이었다.

가장 중요한 독립변수는 역시 이념거리 변수이다. 이는 앞서 〈표 11-1〉에 제시된 10가지 정책을 스코필드 방법에 의해 구축된 이념지도상에서 유

권자와 양 정당과의 상대적인 이념거리를 계산해 조작했다. 즉 이념거리 변수는 [|응답자-새정치민주연합|-|응답자-새누리당|]로 계산되었으며 종속변수와는 양(+)의 관계를 지닐 것으로 기대된다. 앞서 〈표 11-1〉에서 살펴보았듯이 광역시에 비해 일반시/군 지역의 경제민주화와 복지 관련 생활실태가 낙후하다는 현실을 반영해 일반시/군 지역에서 경제민주화나 복지에 대한 요구가 강하며 따라서 이 변수들의 효과가 이 지역에서 더 강하게 나타날 것이라 기대한다.

종합모형에는 이념거리 변수 외에도 유권자의 투표선택에 영향을 미치는 다양한 독립변수들을 통제변수로 삽입했는데, 정당일체감, 세월호사건 관련 정부 및 야당 평가, 영·호남 지역, 성, 연령, 교육수준, 소득수준 등으로 구체적인 조작 방법은 다음과 같다.

유권자의 정당일체감 변수는 "ㅇㅇ님께서는 가깝게 느끼는 특정 정당이 있습니까?"는 질문에 "그렇다"고 응답한 유권자들에게 다시 "가장 가깝다고 느끼는 그 정당은 어느 정당입니까?"라고 물어 "새누리당"이나 "새정치민주연합"이라고 응답한 것을 각각 새누리당 가변수와 새정치민주연합 가변수를 만든 뒤 그들에게 다시 "그 정당에 대해서 얼마나 가깝게 느끼십니까?"라는 질문에 "1. 매우 가깝게 느낀다 2. 어느 정도 가깝게 느낀다 3. 그리 가깝게 느끼지 않는다"는 설문을 역으로 환산하여 곱해 새누리당일체감(0점~3점 척도)과 새정치민주연합일체감(0점~3점 척도)으로 각각 조작한 뒤 양 변수의 차이값을 새누리당일체감 방향으로 계산했다. 따라서 종속변수와 양(+)의 관계를 가질 것으로 예상한다.

세월호사건 정부평가 변수는 "ㅇㅇ님께서는 세월호 사고 이후 정부의 대처를 어떻게 평가하십니까?"는 질문을 사용했고 "1. 매우 잘하고 있다 2. 대체로 잘하고 있다 3. 대체로 잘못하고 있다 4. 매우 잘못하고 있다"는 응답을 그대로 활용했다. 종속변수와 음(-)의 관계를 지닐 것으로 예상한다. 영남과 호남 변수는 각각 고향이 영남 지역과 호남 지역인 응답자들을 분류해 가변수(dummy)로 조작한 것이다. 종속변수와 각각 양(+)과 음(-)의 관계를 지닐 것으로 예상한다. 아울러 응답자의 성(1. 남성, 2. 여성), 연령(1.

20대, 2. 30대, 3. 40대, 4. 50대, 5. 60대 이상), 교육수준(1. 중졸 이하, 2. 고졸 이하, 3. 전문대학 이하, 4. 4년제 대학 이상), 소득수준(1. 100만 원 미만, 2. 100~199만 원, 3. 200~299만 원, 4. 300~399만 원, 5. 400~499만 원, 6. 500~599만 원, 7. 600~699만 원, 8. 700만 원 이상)도 통제변수로 삽입했다.

III. 경험분석 결과

1. 지방선거의 이념지도와 균열구조

앞서 제3장에서 구축된 한국정치의 이념지도는 이차원으로 제한된 것이었다. 이는 대부분의 기존연구들이 이차원 공간지도를 바탕으로 경험분석을 진행하고 있기도 하거니와, 카훈-히닉의 방법론이 이차원으로 제한되어 있기에 스코필드 방법으로 구축된 이념지도와 병렬적으로 비교하기 위함이기도 했다. 그러나 이 장에서는 공간차원에 대한 제한을 두지 않고 분석하기로 했다. 각 정책들이 서로 어떤 정책들과 공분산을 크게 지니며 하나의 정합적이고 추상적인 이념으로 축약되는지 살펴보기 위해서이다.

우선 다음의 〈표 11-3〉은 〈표 11-2〉에 제시된 주요 정책들에 대한 요인분석 결과이다. 고유값(eigenvalue)이 1 이상인 성분만을 채택했으며, 잠재적 요인값(factor scores)과 변수 간의 상관계수가 0.30 이상인 결과만을 제시했다. 결과에 대해 간단히 설명하면 다음과 같다.

우선 한국정치는 삼차원의 이념구조를 지니고 있는 것으로 파악된다. 이념공간의 일차원에는 안보정책(대북지원, 한미동맹, 국가보안법)과 국가의 역할을 포함하고 있는 사회정책(집회 및 시위 자유, 사형제 폐지) 변수들이 강한 상관관계를 지니며 적재되어 있다. 아울러 경제 쟁점에서도 국가의 역

〈표 11-3〉 주요 정책들의 요인분석 결과

정책	성분		
	일차원	이차원	삼차원
대북지원	0.671		
한미동맹	0.554		
국가보안법	0.755		
복지 대 경제성장	0.497		0.465
고소득자 증세			0.712
비정규직 기업자율		0.754	
공기업 민영화		0.737	
집회 및 시위 자유	0.641		
사형제 폐지	0.647		
교육(평등 대 경쟁)		0.522	-0.543
회전 제곱합 적재값(%)	24.14	16.39	11.96

할을 포함하는 복지 대 경제성장 쟁점도 비록 다른 쟁점들에 비해 강하진 않지만 역시 일차원에 적재되어 있다. 전체적으로 일차원은 제3장과 마찬가지로 정치안보이념을 표상하고 있다고 판단된다.

이념공간의 이차원에는 비정규직 기업자율 문제, 공기업 민영화 및 교육(평등 대 경쟁) 쟁점이 적재되어 있다. 이러한 적재 패턴은 이념공간의 이차원이 경제민주화와 관련된 분배 중심의 이념적 갈등구조를 표상한다고 판단하게 한다. 마지막으로 이념공간의 삼차원에는 고소득자 증세 쟁점이 강한 상관관계를 지니고 있다. 그리고 일차원에 적재되었던 복지 대 경제성장과 이차원에 적재되었던 교육 쟁점이 각각 유사한 강도의 상관관계를 지니며 적재되어 있다. 따라서 삼차원은 재분배 중심의 복지정책을 둘러싼 이념적 갈등구조를 내포하고 있는 것으로 보인다.

흥미로운 점은 경제민주화정책과 복지정책관련 쟁점들이 상호 독립된 이념 차원을 형성하고 있다는 것이다. 이는 제3장과 다른 결과이기도 하다. 제3장에서는 어렴풋이 경제민주화와 복지가 한데 묶여 사회경제이념 차원을 형성한다는 설명이 제시되었었다. 그러나 이념 차원에 제한을 두지 않고 요인분석을 실행했을 때 분배와 재분배에 관련된 정책들이 분리되어 각각 독립적으로 묶이고 있음을 알 수 있다. 이는 그동안 정당이나 언론에서 '경제민주화와 복지'를 한 묶음으로 설정해왔던 의제 설정이 실상 분배와 재분배정책으로 구분되어 상이한 갈등구조로 구분될 수 있음을 의미한다. 나아가 유권자의 투표산술에 다른 영향을 미칠 수 있음도 시사하고 있다.

이제 정치안보, 경제민주화, 복지 차원의 각 이념이 유권자의 사회 균열과 정당체계와는 어떤 관계를 지니고 있는지 살펴보자. 〈표 11-4〉는 공간지도 각 차원상의 응답자의 이념과 응답자의 정치정향과 사회경제적 배경변수들과의 상관관계를 분석한 결과이다. 통계적으로 유의미한 관계를 중심으로 결과를 살펴보면 다음과 같다.

정치안보 차원에서 유권자의 정책 태도는 그들의 주관적 이념성향(0. 강한 진보 ~ 10. 강한 보수)과 강한 양(+)의 상관관계(0.44)를 지니고 있다. 주관적 이념이 보수적일수록 정치안보 차원의 정책 태도 또한 보수적이라는 조응관계를 보인다. 정치안보이념이 한국정치의 지배적인 정치적 갈등구조를 형성해왔다는 그동안의 기존연구를 뒷받침한다.

경제민주화 차원에서 응답자의 정책 태도 또한 그들의 주관적 이념성향과 양(+)의 상관관계(0.10)를 지니고 있고 통계적으로 유의미하다. 그러나 상대적으로 작은 상관계수의 크기는 경제민주화와 관련된 이념갈등이 유권자들에게 덜 명확하게 체현되고 있음을 알려준다.

마지막으로 복지 차원에서 응답자들의 정책 태도는 놀랍게도 주관적 이념과 음(-)의 상관관계(-0.09)를 지니고 있으며 통계적으로 유의미하다. 즉 보수적인 응답자일수록 더 많은 복지를 요구한다는 일종의 이념과 정책의 전도(顚倒) 현상을 보여주고 있다. 이는 상당히 흥미로운데 조금 더 자세히 살펴보자.

〈표 11-4〉에서 각 차원에서 응답자의 정책 태도와 정치 정향과 사회경제

〈표 11-4〉 정치정향, 사회경제적 배경과 이념공간에서 유권자들의 정책 태도(상관관계)[37]

	일차원: 정치안보 차원	이차원: 경제민주화 차원	삼차원: 복지 차원
주관적 이념	0.44**	0.10**	-0.09**
새누리당일체감	0.44**	0.06	-0.16**
새정연일체감	-0.19**	0.01	0.07*
성	0.07*	0.003	0.09**
연령	0.29**	0.10**	-0.06*
교육수준	-0.18**	-0.10	0.09*
소득수준	-0.02	0.03	0.09*
자산수준	0.15**	0.04	0.14*

** p〈0.01, * p〈0.05

적 지위와의 관계를 하나하나 살펴보자. 정치안보 차원에서 응답자는 고연령일수록, 교육수준이 낮을수록, 자산이 많을수록, 주관적 이념이 보수적일수록, 그리고 새누리당을 지지할수록 보수적인 태도를 보인다. 이는 대부분의 기존연구가 한국의 이념 정치와 관련해 제시한 연구 결과와 대체로 부합한다. 경제민주화 차원에서 응답자의 정책 태도는 주관적 이념이나 연령 변수와 통계적으로 유의미한 상관관계를 갖고 그 효과는 정치안보 차원에서의 그것과 동일하다. 제3장의 경험분석 결과와도 거의 일치한다.

그런데 복지 차원에서의 상관관계들은 정반대의 패턴을 보인다. 응답자가 고연령일수록, 교육수준, 소득수준, 자산수준이 낮을수록, 주관적 이념이 진보적일수록, 그리고 새누리당을 지지할수록 더 많은 복지를 요구하는 진

37) 대부분의 변수가 명목척도나 서수척도로 조작되었기에 상관관계보다는 분산분석이 적절할 수 있으나 지면의 양을 고려해 상관관계 분석을 제시한 것이다. 그리고 상관관계 분석과 분산분석의 결과 간에 큰 차이가 없었음을 밝혀둔다.

보적인 태도를 보인다. 특히 교육, 소득, 자산 변수들의 효과는 전형적인 계층 정치의 효과를 보이며 자산에 따른 계층투표 현상을 발견한 최근의 연구(서복경 2014)와 맥을 같이 한다. 그런데, 연령, 주관적 이념, 정당일체감 변수의 상관관계는 우리의 상식과 전혀 다른 결과를 보이고 있다. 즉 안보적으로 보수적인 태도를 보이는 고연령, 저소득, 저학력의 새누리당 지지자들이 복지 차원에서 더 많은 재분배정책을 요구하고 있다는 것이다. 따라서 복지 차원에서 정책 태도와 주관적 이념 간의 전도 현상은 안보정책에 대한 유권자의 계층별 이념적 태도가 복지 영역에서 다르게 표출되고 있기 때문이라고 볼 수 있다.

다음으로 이념거리 변수 계산에 필요한 정당과 정치인의 위치를 파악해 보자. 앞서 설명했듯이, 이념지도상의 각 정당이나 정치인의 위치는 스코필드 방법에 의존했다. 구체적으로 응답자가 각 정당에 부여한 온도지수를 사용하여 새누리당에 가장 높은 온도지수를 부여한 응답자들을 '새누리당 선거구'로 분류하고 각 정책 차원에서 평균 요인값을 새누리당의 위치로 계산했다. 새정치민주연합이나 정의당의 위치도 같은 방법으로 계산했다. 아울러 각 정치인의 위치도 같은 방식으로 계산했다. 후보자들의 위치는 각 정당의 위치 계산이 적절했는지도 판단하게 해준다. 결과는 〈표 11-5〉에 제시되어 있다.

〈표 11-5〉 이념공간상의 각 정당과 정치인의 위치

구분	N	국가/안보	경제 민주화	복지	구분	N	안보 국가	경제 민주화	복지
새누리당	395	0.50	0.10	-0.12	박근혜	471	0.41	0.10	-0.06
새정치 민주연합	335	-0.39	0.02	0.16	문재인	135	-0.48	-0.08	0.10
정의당	7	-1.00	-0.48	-0.45	안철수	141	-0.48	-0.23	0.11
분산분석	-	99.85**	1.80	9.49**	분산분석	-	83.91**	6.81*	2.51+

** $p<0.01$, * $p<0.05$, + $p<0.10$

각 정당의 위치는 역시 정치안보 차원에서 가장 현저한 차이를 보인다. 정치안보 차원에서 새누리당은 보수적인 입장을(0.50), 새정치민주연합은 다소 진보적인 입장을(-0.39), 정의당은 가장 진보적인 입장(-1.00)을 보이고 있다. 다만 정의당의 위치는 관찰수가 매우 적어 통계적인 신뢰성을 부여하기 힘들다. 지방선거가 새누리당과 새정치민주연합 사이의 실질적인 양당 대결로 치러졌다는 점을 감안해 양당 간의 상대적인 거리를 측정해본다면 정치안보 차원에서 0.89로 가장 크다. 정당 간의 정책 갈등이 가장 컸음을 의미한다. 주요 정치인—박근혜(0.41), 문재인(-0.48), 안철수(-0.48)—들의 위치도 대체로 소속 정당의 위치에 부합하고 있다.

경제민주화 차원에서 정당들의 위치는 비록 새누리당(0.10), 새정치민주연합(0.02), 정의당(-0.48) 순서로 보수에서 진보적으로 흐르지만 정치안보 차원에서만큼 그 차이가 두드러지지 않는다. 새누리당과 새정치민주연합 간의 거리는 0.08로 거의 차이가 없다고 해도 무방하다. 이에 반해 주요 정치인들의 위치는 정당 간 차이보다 조금 더 명확한 차이를 보인다. 특히 박근혜(0.10)와 안철수(-0.23) 간의 거리는 0.33으로 상대적으로 더 뚜렷하다.

복지 차원에서 각 당의 위치는 상식에 반하는 결과를 보여준다. 새누리당이 진보적인 입장(-0.12)을 보이고 있고 새정치민주연합이 보수적인 입장(0.10)을 보이고 있다. 물론 정의당은 가장 진보적인 입장(-0.45)을 보이고 있긴 하다. 이러한 혼란은 주요 정치인들의 위치에서도 재차 확인된다. 박근혜의 위치(-0.06)가 오히려 문재인(0.10)이나 안철수(0.11)보다 더 진보적으로 인식되고 있다. 이는 앞서 〈표 11-4〉의 유권자의 주관적 이념과 복지 차원에서의 정책 태도 간의 음(-)의 상관관계를 떠올리게 한다. 정당 및 정치인 '선거구'가 실질적으로 각 정당이나 정치인의 지지층으로 구성되어 있는데, 연령별 분포가 복지 차원의 정당 및 정치인의 위치에 큰 영향을 미쳤을 가능성이 있다. 실제 '새누리당 선거구'의 59.3%가 50대 이상의 응답자들로 구성된데 반해 '새정치민주연합 선거구'의 46.2%가 30대 이하의 응답자들로 구성되었다. 마찬가지로 '박근혜 선거구'의 56.5%가 50대 이상의 응답자로 구성된데 반해 '문재인 선거구'와 '안철수 선거구'의 각각 45.6%와

57.8%가 30대 이하의 응답자들로 구성되었다. 결국 복지 차원에서 발견되는 이념적 전도 현상과 정당 및 후보자들의 위치의 부조화는 복지정책들에 대한 연령별 태도의 차이에 큰 영향을 받았다고 볼 수 있을 것이다.

2. 거주지 규모에 따른 이념투표 회귀분석 결과

다음의 〈표 11-6〉은 〈표 11-3〉과 〈표 11-5〉로부터 추출한 각 정책 차원에서의 유권자와 정당의 위치를 활용하여 이념거리(새정치민주연합 정책거리 - 새누리당 정책거리) 변수를 계산하여 프로빗 회귀 모형에 삽입하여 분

〈표 11-6〉 정책거리와 유권자의 선택: 프로빗 회귀와 초우검증 결과

구분	종속변수: 광역단체장 후보선택(0. 새정치민주연합, 1. 새누리당)		
	모형 1: 프로빗	모형 2: 프로빗 초우검증	
		광역시	일반시/군
정치안보이념거리 (b, b1, b2)	1.57(0.13)** 0.53[a]	1.71(0.20)** 0.39	1.46(0.17)** 0.37
경제민주화이념거리 (c, c1, c2)	2.22(0.69)** 0.14	0.02(0.17) 0.01	2.52(0.92)** 0.12
복지이념거리 (d, d1, d2)	0.50(0.19)* 0.11	0.43(1.39) 0.07	0.59(0.26)* 0.10
상수(a, a1, a2)	0.10(0.05)+	0.16(0.13)	0.06(0.84)
Pseudo R^2	0.18	-	
우도비 검증(χ^2)	-	159.59**	
H1: b1=b2(χ^2)	-	1.65	
H2: c1=c2(χ^2)	-	7.32*	
H3: d1=d2(χ^2)	-	0.77	
N	675	675	

a. 표준회귀계수(bStdXY in STATA), 괄호 안의 숫자는 표준오차, ** $p<0.01$, * $p<0.05$, + $p<0.10$

석한 결과이다. 〈모형 1〉은 일반 프로빗 회귀의 결과이며 〈모형 2〉는 초우검증을 적용한 결과이다.

〈모형 1〉에서 모든 독립변수들은 가설이 기대하는 방향의 효과를 보이고 있다. 모든 이념 차원에서 새정치민주연합과의 이념거리에 비해 새누리당과의 이념거리가 가까울수록 새누리당 소속의 광역단체장 후보에게 투표할 확률이 증가한다는 것이다. 그런데 각 독립변수 간의 효과를 직접적으로 비교할 수 있게 만든 표준회귀계수의 크기를 비교했을 때 정치안보이념거리 변수의 효과(0.53)가 가장 크다. 즉 정치안보 차원이 표상하는 이념이 유권자의 선택에 가장 큰 영향을 미쳤다는 것이다. 제4장과 제5장의 결과와 다르지 않다. 해방 후 반공을 포함한 안보 및 경제성장에 대한 국가의 역할을 표상하는 갈등구조가 한국사회에 지배적인 이념갈등을 조성해왔고 유권자들의 이념을 구조화했으며 그 효과가 2014년 지방선거까지도 지속되었음을 보여주고 있다.

경제민주화이념거리나 복지이념거리 변수의 효과 또한 비록 정치안보이념거리 변수의 효과보다는 작지만 통계적으로 유의미한 효과를 보이고 있다. 계급·계층 지향적인 경제정책들이 유권자들의 정치정향이나 투표선택에 유의미한 영향을 미치지 못했다는 대부분의 기존연구들을 고려해 볼 때 이러한 경험적 발견은 한국의 정치 환경이 일정하게 변화하는 과정에 있음을 시사하고 있다. 직접적으로 1997년 외환위기와 2008년 국제 금융위기의 소용돌이 속에서 중산층의 붕괴에 따른 사회경제적 양극화가 경제 균열의 중요성을 증가시켜 왔으며 경제민주화를 주요한 독립적인 갈등구조로 점차 부상하게 했음을 보여주고 있다(Cho and Endersby 2014; Cho and Hong 2014).

〈모형 2〉는 〈모형 1〉을 초우검증 과정에 적용해 이념거리 변수들을 광역시와 일반시/군 지역에 따라 구분하여 회귀한 결과이다. 정치안보이념거리 변수는 광역시와 일반시/군 지역 모두에서 가설이 기대하는 효과와 통계적으로 유의미한 관계를 지니고 있다. 표준회귀계수 규모로 살펴볼 때, 사용한 세 이념거리 변수 중 정치안보이념거리 변수가 가장 지배적인 효과를 지니고 있음을 알 수 있다. 그런데, 거주지 규모별 변수의 회귀계수의 효과가 크게 다르지 않다. 다시 말해, 정치안보정책이 자아내는 이념은 유권자가 도시에 살든 농촌에 살든 상관없이 일정한 영향력을 지니고 있다는 것이다.

이에 반해 경제민주화이념거리와 복지이념거리 변수는 오직 일반시/군 지역의 응답자들의 후보선택에만 가설이 예견하는 방향으로 유의미한 영향을 미치고 있다. 이 변수들은 광역시 거주 응답자들의 후보선택에는 영향을 전혀 미치지 못하고 있다는 것이다. 경제민주화정책과 복지정책에 대한 정치적 판단이 유권자의 거주지 환경에 따라 다르게 나타났다는 것으로 앞에서 제기된 가설을 일정하게 검증하고 있다.

이제 〈표 11-6〉 하단에 제시된 초우검증 결과(H1~H3)를 살펴보자. 가설1(H1)의 검증 결과는 정치안보 차원의 이념거리의 효과가 광역시와 일반시/군 지역에서 다르지 않았음을 보여준다. 가설3(H3)의 검증 결과도 비록 회귀계수 값의 유의미성이 일반시/군 지역에서만 발견되었지만, 복지 차원의 정책 태도의 효과 역시 광역시와 일반시/군에서 다르지 않았음을 보여준다. 유일하게 가설2(H2)의 검증 결과만이 초우검증을 통과하고 있다. 즉 경제민주화 차원에서의 유권자의 정책 태도의 정치적 효과가 광역시와 일반시/군에서 다르게 표출되었으며 일반시/군 지역의 유권자들의 후보선택에 더 큰 영향을 미쳤다는 것이다.

마지막으로 〈표 11-7〉은 이념거리 변수 외에 유권자의 후보선택에 영향을 미칠 수 있는 다양한 독립변수들을 추가한 이후 프로빗 회귀와 초우검증 결과를 제시한 것이다. 응답자의 정당일체감, 세월호 사건에 대한 정부 책임성, 그리고 응답자의 출신지인 영남과 호남 변수들은 통계적 유의미성과 함께 가설이 기대한 방향의 효과를 지니고 있다. 응답자의 정당일체감은 새정치민주연합보다 새누리당에 일체감을 느낄수록 새누리당 광역단체장을 선택할 확률을 높인다. 표준회귀계수를 보면, 사용된 독립변수 중 가장 큰 효과(0.57)를 지니고 있음을 알 수 있다. 또한 세월호 사건에 대해 정부가 책임이 크다고 생각할수록 새누리당 소속의 광역단체장 후보를 선택할 확률을 줄인다. 아울러 영남 출신 유권자들은 새누리당 후보를 선택하고 호남 출신

〈표 11-7〉 정책거리와 유권자의 선택: 종합 모형 프로빗 회귀와 초우검증 결과

	종속변수: 광역단체장 후보선택 (0. 새정치민주연합, 1. 새누리당)	
	광역시	일반시/군
정치안보이념거리(b1, b2)	1.19(0.28)** [0.17][a]	0.88(0.24)** [0.13]
경제민주화이념거리(c1, c2)	-0.03(0.18) [-0.01]	3.51(1.31)** [0.10]
복지이념거리(d1, d2)	-0.63(0.43) [-0.06]	-0.36(0.36) [-0.03]
상수(a1, a2)	0.98(0.62)	1.00(0.59)+
정당일체감(새누리-새정치연합)	0.66(0.06)** [0.57]	
세월호 정부 책임성	-0.24(0.12)* [-0.08]	
영남	0.36(0.16)* [0.08]	
호남	-0.99(0.23)** [-0.19]	
성	-0.18(0.15) [-0.05]	
연령	0.10(0.06) [0.06]	
교육수준	-0.10(0.08) [-0.05]	
소득수준	0.04(0.06) [0.03]	
우도비 검증(χ^2)	242.90**	
H1: b1=b2(χ^2)	0.73	
H2: c1=c2(χ^2)	7.30*	
H3: d1=d2(χ^2)	0.26	
N	675	

a. 표준회귀계수(bStdXY in STATA), 괄호 안의 숫자는 표준오차, ** p〈0.01, * p〈0.05, + p〈0.10

응답자들은 새정치민주연합 후보를 선택할 확률이 높다. 이 외에 유권자의 성, 연령, 교육수준, 소득수준은 응답자들의 비록 가설이 예견하는 방향의 효과를 대체로 지니고 있지만 통계적으로 유의미하지 않다.

통제변수들이 추가된 이후 이념거리 변수들의 효과가 어떻게 변했는지 살펴보자. 주목할 만한 변화는 일반시/군 지역에서 복지이념거리 변수의 효

과가 통계적인 유의미성을 상실했다는 점이다. 아마도 다른 통제변수들의 효과 때문인 것으로 보인다. 복지정책이 자아내는 이념갈등이 광역시에 비해 일반시/군에서 상대적으로 두드러지나 아직 그 효과가 뚜렷하고 독립적이지 않으며 유권자의 정당지지도나 그 밖의 현저한 선거 쟁점 등의 효과에 묻히고 있다는 추론이 가능하지 싶다. 정치안보이념거리는 여전히 광역시와 일반시/군 지역 응답자들의 투표선택에 모두 유의미한 영향을 미치고 있다. 비록 표준회귀계수의 크기가 감소하긴 했지만 여전히 사용된 이념거리 변수 중 가장 큰 영향을 미치고 있다. 지역별로 큰 차이도 없다. 초우검증 결과 역시 〈표 11-6〉과 동일하다. 다시 말해 안보 및 국가의 역할이 표상하는 이념은 유권자의 거주지 환경과 관계없이 항상적인 효과를 지닌다는 것이다. 마지막으로 경제민주화이념거리 변수는 통제변수가 추가된 이후에도 여전히 가설이 예견하는 효과를 보이고 있다. 즉 광역시 거주 유권자의 정치적 선택에는 영향을 미치지 않는 반면 일반시/군 거주 유권자의 후보선택에는 여전히 통계적으로 유의미한 결과를 미치고 있다. 초우검증 결과도 이러한 차이를 통계적으로 재차 확인해주고 있다.

환언하면, 경제민주화나 복지정책의 정치적 효과가 유권자의 거주지 규모에 따라 다르게 나타날 것이라는 이 글의 가설은 완벽하지는 않지만 광역시와 일반시/군 간의 비교를 통해 부분적으로 검증되었다. 비록 모든 통계적 검증 과정을 통과한 것은 아니지만 경제민주화와 복지이념은 광역시와 일반시/군 사이에서 구별되는 효과를 보여주었다.

무엇보다 경제민주화이념거리 변수는 모든 회귀분석과 초우검증을 통해 유권자의 거주지 환경에 따른 상이한 효과를 보였다. 복지이념도 완전하지는 않지만 부분적으로 구별되는 효과를 보이고 있었다. 즉 유권자들이 살고 있는 거주지 환경에 따라 상이한 이념투표가 경제와 복지정책을 중심으로 발생하고 있다는 것이다.

IV. 소결

이 글은 지난 2014년 6월 지방선거에서 이념투표가 유권자들의 삶의 환경에 따라 다른 양상을 보였을 것이란 문제의식으로부터 출발했다. 즉 비정규직 쟁점을 비롯한 분배 문제나 기초생활수급 등의 재분배 문제의 심각성이 도시와 농촌 지역에서 달리 나타난다는 사실에 기초해 유권자들의 거주지 규모에 따라 경제민주화나 복지 쟁점에 대한 반응이 달리 나타날 것이라는 가설을 설정했다. 이념투표에 대한 가장 세련된 모형인 공간이론 내부의 최근의 이론적 수정 및 방법론적 뒷받침은 이를 경험적으로 검증하는 도구가 되었다.

프로빗 모형과 초우검증을 활용한 이념투표 회귀분석에서 다음의 몇 가지 사실을 확인할 수 있었다. 첫째, 정치안보이념거리 변수의 효과가 제시된 정책 변수 중 가장 컸다. 과거 대북정책을 중심으로 추출된 안보이념이 한국의 정당정치와 선거과정에 지배적인 영향력을 행사해왔음은 주지의 사실이다. 이는 2014년 지방선거에서도 그대로 드러났다. 그러나 이 변수는 이 글이 제시했던 가설이 내포한 효과를 지니고 있진 않았다. 즉 유권자의 거주지 규모에 따른 상이한 효과를 지니고 있지 않았다. 이는 한편으로 한국정치에서 안보이념의 전국적이고 안정적인 효과를 보여주는 것이라 상식에 반하지 않는다.

둘째, 경제민주화나 복지 차원의 이념거리 변수 또한 비록 정치안보이념거리 변수의 효과보다는 작지만 유권자의 투표선택에 유의미한 영향을 미치고 있었다. 한국의 정치과정에서 계층투표에 대한 그동안의 진단이 부정적이거나 소극적이었다는 점을 고려한다면 이러한 경험적 발견은 한국의 정치환경이 일정하게 변화하는 과정에 있음을 시사하고 있다. 흥미로운 점은 경제민주화와 복지정책이 한 묶음으로 갈등구조를 생성하지 않고 상호 독립적으로 전개되고 있다는 것이다. 즉 경제 영역에서 공정한 시장질서를 마련하는 분배와 시장에서 실패한 시민들을 위한 재분배정책은 서로 다른 사회경제적 기반 위에 이념적으로 구조화되고 있다는 것으로 향후 각 정당들의 정치 및 선거전략 마련에 함의하는 바 클 것으로 예상된다.

셋째, 정치안보이념에 비해 경제민주화나 복지이념의 효과가 조건적이라는 점이 발견되었다. 즉 정치안보이념의 경우 유권자의 거주지 환경과 무관하게 일관된 효과를 지니고 있었던데 반해 경제민주화나 복지이념의 경우 광역시보다는 일반시와 군 지역의 유권자들의 정치적 선택에만 유의미한 영향을 미치고 있었다. 이미 살펴보았듯이 광역시와 일반시/군 지역의 시민들의 경제적 환경의 차이에 기인하는 것으로 보인다. 즉 비정규직 비율이나 기초생활수급자 비율 등에서 광역시 시민들보다 일반시나 군 지역의 시민들의 상태가 상대적으로 더 열악하며 이는 이 지역의 유권자들로 하여금 분배와 재분배정책에 더욱 민감하게 만들어 투표선택에 적극적으로 반영하게 했다는 것이다.

참고문헌

■ 국내문헌

강원택. 1998. “정치적 기대수준과 저항투표: 단순다수제 하에서 제3당에 대한 지지의 논리.”『한국정치학회보』 32집 2호: 191-210.

______. 2003a. “한국정치의 이념적 특성: 국회의원과 국민에 대한 경험적 분석을 중심으로.”『한국정당학회보』 2권 1호: 5-30.

______. 2003b. “한국 대통령선거에서 제3후보에 대한지지 분석: 정주영과 이인제의 비교 연구.”『한국과 국제정치』 19권 1호: 157-180.

______. 2005. “한국의 이념갈등과 진보·보수의 경계.”『한국정당학회보』 4권 2호: 193-218.

______. 2012. “왜 회고적 평가가 이뤄지지 않았을까: 2012년 국회의원 선거 분석.”『한국정치학회보』 35집 3호: 153-171.

______. 2013. “사회계층과 투표선택.” 박찬욱·강원택 편.『2012년 대통령선거 분석』. 서울: 나남.

강정인 외. 2009.『한국정치의 이념과 사상』. 서울: 후마니타스.

김만흠. 1994. “정치균열, 정당정치, 그리고 지역주의.”『한국정치학회보』 28집 2호: 215-237.

김성연·김준석·길정아. 2013. "한국 유권자들은 정책에 따라 투표하는가? 정책 선호, 정책 인식, 그리고 정책투표." 『한국정치학회보』 47집 1호: 166-183.
김용복. 2007. "민주화이후 대통령선거의 역사적인 평가." 『의정연구』 13권 1호: 5-30.
김 욱. 2010. "촛불 시위와 한국 시위문화의 변동: 거시적 변화에 대한 미시적 설명." 『한국정당학회보』 9권 2호: 33-59.
_____. 2011. "가치 변화와 정치참여: 한국과 스웨덴의 사례." 『선거연구』 1권 1호: 129-155.
김주찬·윤성이. 2003. "2002년 대통령선거에서의 이념성향이 투표에 미친 영향." 『21세기정치학회보』 13권 2호: 1-17.
나간채. 1991. "지역간의 사회적 거리감." 김종철·최장집 외. 『지역감정연구』. 서울: 학민사.
마인섭. 2004. "한국 사회균열구조의 변화와 민주주의적 정착." 『한국정당학회보』 2권 1호: 31-39.
문지영. 2009. "자유주의: 체제수호와 민주화의 이중 과제 사이에서." 강정인 외. 『한국정치의 이념과 사상』. 서울: 후마니타스.
박경미·한정책·이지호. 2012. "한국사회 이념갈등의 구성적 특징." 『한국정당학회보』 11권 3호: 127-154.
박재홍. 2003. "세대 개념에 관한 연구: 코호트적 시각에서." 『한국사회학』 37-3: 1-23.
박찬욱. 2000. "4·13 총선의 정치적 의의." 한국정당정치연구소 편. 『4·13 총선: 캠페인 사례연구와 쟁점 분석』. 서울: 문형, 295-315.
_____. 2005. "지역 균열의 해소와 균형정치: 선거구제 개편 논의를 중심으로." 『한국정치연구』 14집 2호: 69-123.
_____. 2013. "2012년 대통령선거의 특징." 박찬욱·강원택 편. 『2012년 대통령선거 분석』. 서울: 나남.
서복경. 2014. "사회경제정책에 대한 태도와 투표선택: 2014년 지방선거를 중심으로." 2014년 한국정치학회 하계특별학술회의 발표논문.
손낙구. 2010. 『대한민국 정치사회 지도: 수도권 편』. 서울: 후마니타스.
손철성. 2003. 『마르크스 독일 이데올로기』. 서울: 서울대학교 철학사상연구소.
신광영. 2004. "한국 진보정치의 존재조건." 『역사비평』 68: 41-64.
안순철. 2001. "한국정치의 이데올로기적 예측공간 분석: 16대 총선을 중심으로." 『한국정치학회보』 35집 3호: 153-171.

어수영. 2004. “가치변화와 민주주의 공고화: 1990-2001년 간의 변화 비교연구.” 『한국정치학회보』 38집 1호: 193-214.

이갑윤. 1998. 『한국의 선거와 지역주의』. 서울: 도서출판 오름.

______. 2011. 『한국인의 투표 행태』. 서울: 후마니타스.

이갑윤·이현우. 2008. “이념투표의 영향력 분석: 이념의 구성, 측정 그리고 의미.” 『현대정치연구』 1권 1호: 137-166.

이남영. 1998. 「유권자의 지역주의 성향과 투표」. 이남영 편. 『한국의 선거 II』. 서울: 푸른길.

이내영 2011. “한국사회 이념 갈등의 원인: 국민들의 양극화인가, 정치엘리트들의 양극화인가?” 『한국정당학회보』 10권 2호: 251-287.

이지호. 2009. “정당 위치와 유권자 정향: 2007년 대선과 2008년 총선을 중심으로.” 『현대정치연구』 2권 1호: 123-149.

이현우. 2006. “16대 대통령 선거에서 나타난 이슈와 후보자 전략.” 어수영 편. 『한국의 선거 V』. 서울: 도서출판 오름.

장승진. 2013a. “쟁점 투표와 정치지식: 경제민주화 이슈를 중심으로.” 박찬욱·강원택 편. 『2012년 대통령선거 분석』. 서울: 나남.

______. 2013b. “2012년 양대 선거에서 나타난 계층균열의 가능성과 한계.” 『한국정치학회보』 47집 4호: 51-70.

장 훈. 2002. “한국 대통령제의 불안정성의 기원: 분점정부의 제도적, 사회적, 정치적 기원.” 『한국정치학회보』 35집 4호: 107-127.

______. 2004. “한국 참여민주주의의 발전과 과제: 진보-자유지상주의의 등장과 한국 민주주의의 압축이동.” 한국정치학회 하계학술회의 발표논문.

전상진. 2004. “세대 개념의 과잉, 세대연구의 빈곤: 세대연구 방법에 대한 고찰.” 『한국사회학』 38-5: 31-52.

정진민. 1992. “한국선거에서의 세대 요인.” 『한국정치학회보』 26-1: 145-167.

______. 1994. “정치세대와 14대 국회의원 선거.” 『한국정치학회보』 28-1: 257-273.

______. 2003. “한국 사회의 이념성향과 정당체계의 재편성.” 『한국정당학회보』 2권 1호: 95-118.

정진민·황아란. 1999. “민주화 이후 한국의 선거정치: 세대요인을 중심으로.” 『한국정치학회보』 33-2: 115-134.

정효명·오정은. 2008. “17대 대선 후보자 지지도와 경쟁 구도 변화: 회고투표와 구도의 관점에서 본 이명박 압승의 정치적 분석.” 박찬욱 편. 『제17대 대통령 선거를 분석한다』. 서울: 생각의 나무.

조기숙. 2000. 『지역주의 선거와 합리적 유권자』. 서울: 나남.
조성대. 2000. "퇴장(Exit)과 항의(Voice)의 선택: 미국 대통령선거에서 제3당 후보 지지요인에 관한 연구." 『21세기 정치학회보』 10집 1호.
______. 2003. "공간이론(Spatial Theory)과 미국 다수후보(Multicandidate) 대통령 선거: 1968, 1980, 1992, 1996 사례." 『한국정치학회보』 37집 1호: 311-336.
______. 2007. "양극화 시대 미국정치의 이념적 재편성과 대중의 정당일체감: 1972~2004년 대통령선거를 중심으로." 『한국정치학회보』 41집 4호: 193-213.
______. 2008. "균열구조와 정당체계: 지역주의, 이념, 그리고 2007년 한국대통령선거." 『현대정치연구』 창간호: 169-198.
______. 2013. "민주화 이후 한국 대통령선거에서 제3후보 현상과 선거연합에 관한 연구." 『선거연구』 3권 1호: 73-107.
지병근. 2011. "노무현 정부 시기의 선거." 한국선거학회 편. 『한국 선거 60년: 이론과 실제』. 서울: 도서출판 오름.
최장집. 1996. 『한국 민주주의의 조건과 전망』. 서울: 나남.
______. 2003. 『민주화 이후의 민주주의: 한국 민주주의의 보수적 기원과 위기』. 서울: 후마니타스.
최준영·조진만. 2005. "지역균열의 변화가능성에 대한 경험적 고찰: 제17대 국회의원선거에서 나타난 이념과 세대 균열의 효과를 중심으로." 『한국정치학회보』 제39집 3호: 375-394.
한귀영. 2012. "2012년 대선, 가난한 이들은 왜 보수정당을 지지했는가?" 『동향과 전망』 89호: 9-40.
현재호. 2004. "정당간 경쟁연구: 1952-2000: 선거강령에 대한 공간적 분석을 중심으로." 『한국정치학회보』 38집 2호: 189-215.
______. 2008. "한국사회의 이데올로기 갈등: 정치적 대표체제로서의 정당을 중심으로." 『한국정치학회보』 42집 4호: 213-241.
황아란. 2009. "정치세대와 이념성향: 민주화 성취세대를 중심으로." 『국가전략』 15권 2호: 123-151.

■ 해외 문헌

Abramowitz, Alan, and Kyle Saunders. 2008. "Is Polarization Really a Myth?" *Journal of Politics* 70: 542-555.

Abramson, Paul R., John H. Aldrich, and David Rohde. 1995. "Third-Party and Independent Candidates in American Politics: Wallace, Anderson, and Perot." *Political Science Quarterly* 110: 349-367.

Adams, James. 2001. *Party Competition and Responsible Party Government: A Theory of Spatial Competition Based upon Insights from Behavioral Voting Research*. University of Michigan Press.

Alvarez, R. Michael, and Jonathan Nagler. 1995. "Economics, Issues and the Perot Candidacy: Voter Choice in the 1992 Presidential Election." *American Journal of Political Science* 39: 714-744.

______. 1998. "When Politics and Models Collide: Estimating Models of Multi-party Elections." *American Journal of Political Science* 42: 55-96.

Bartle, John. 2000. "Political Awareness, Opinion Constraint and the Stability of Ideological Positions." *Political Studies* 48: 467-484.

Bell, Daniel. 1960. *The End of Ideology: On the Exhaustion of Political Ideas in the Fifties*. New York: Free Press.

Bibby, John F., and L. Sandy Maisel. 1998. *Two Parties—Or Mores?* Boulder, CO: Westview Press.

Bishop, George F. *The Illusion of Public Opinion: Fact and Artifact in American Public Opinion Polls*. Labham: Rowman & Littlefield Publishers, INC.

Black, Duncan. 1958. *The Theory of Committees and Elections*. Cambridge, Eng.: Cambridge University Press.

Black, Gordon, and Benjamain Black. 1994. *The Politics of American Discontent: How a New Party Can Make Democracy Work Again*. New York: John Wiley & Sons, Inc.

Cahoon, Lawrence S, and Melvin J. Hinich. 1976. "A Method for Locating Targets Using Range Only." *IEEE Transactions on Information Theory* 22(2): 217-225.

Campbell, Angus, Philip E. Converse, Warren E. Miller, and Donald Stokes. 1960. *The American Voter.* Chicago: University of Chicago Press.

Çarkoğlu, Ali, and Melvin J. Hinich. 2006. "A Spatial Analysis of Turkish Party Preferences." *Electoral Studies* 25: 369-392.

Cho, Sungdai, and James W. Endersby. 2003. "Issues, the Spatial Theory of Voting, and British General Elections: A Comparison of Proximity and Directional Models." *Public Choice* 114: 275-293.

Cho, Sungdai, and Jae-woo Hong. 2014. "Ideological Sophistication and Issue Voting: A Comparison of Proximity and Directional Models in the 2012 Korean Presidential Election." Unpublished Manuscript.

Chow, Gregory C. 1960. "Tests of Equality Between Sets of Coefficients in Two Linear Regressions." *Econometrica* 28: 591–605.

Converse, Philip. E. 1964. "The Nature of Belief Systems in Mass Public." In David Apter ed. *Ideology and Discontent.* New York: Free Press.

Converse, Philip E., and Gregory Markus. 1979. "Plus ça Change…: The New CPS Election Panel Study." *American Political Science Review* 73: 2-49.

Coughlin, Peter, and S. Nitzan. 1981. "Electoral Outcomes with Probabilistic Voting and Nash Social Welfare Maxima." *Journal of Public Economics* 15: 113-122.

Cox, Gary W. 1987. "Electoral Equilibrium under Alternative Voting Institutions." *American Journal of Political Science* 31: 82-108.

______. 1990. "Centripetal and Centrifugal Incentives in Electoral Systems." *American Journal of Political Science* 34: 903-935.

Dow, Jay K. 1998a. "A Spatial Analysis of Candidate Competition in Dual Member Districts: The 1989 Chilean Senatorial Elections." *Public Choice* 97: 451-474.

______. 1998b. "Directional and Proximity Models of Voter Choice in Recent U.S. Presidential elections." *Public Choice* 96: 259-270.

______. 2001. "A Comparative Spatial Analysis of Majoritarian and Proportional Election." *Electoral Studies* 20: 109-125.

Dow, Jay, and James W. Endersby. 2004. "Multinomial Probit and Multinomial Logit: A Comparison of Choice Models for Voting Research." *Electoral Studies* 23: 107-122.

Downs, Anthony. 1957. *An Economic Theory of Democracy*. New York: Harper Collins Publishers.

Delli Carpini, Michael X., and Scott Keeter. 1993. "Measuring Political Knowledge: Putting First Things First." *American Journal of Political Science* 37: 1179-1206.

Enelow, James M., and Melvin J. Hinich. 1982. "Nonspatial Candidate Characteristics and Electoral Competition." *Journal of Politics* 44: 115-130.

______. 1984. *The Spatial Theory of Voting: An Introduction*. Cambridge: Cambridge University Press.

Erikson, Robert S., and David W. Romero. 1990. "Candidate Equilibrium and the Behavioral Model of the Vote." *American Political Science Review* 84: 1103-1125.

Feldman, Standley. 2003. "Values, Ideology, and Structure of Political Attitudes." *In Oxford Handbook of Political Psychology*, ed. David O Sears, Leonie Huddy, Robert Jervis. New York: Oxford University Press: 477-508

Feldman, Stanley, and Christopher Johnston. 2014. "Understanding the Determinants of Political Ideology: Implications of Structural Complexity." *Political Psychology* 35-3: 337-358.

Fiorina, Morris P. 1981. *Retrospective Voting in American National Elections*. New Haven: Yale University Press.

Gerring, John. 1997. "Ideology: A Definitional Analysis." *Political Research Quarterly* 50-4: 957-994.

Gilljam, Mikael. 1997. "The Directional Theory of Voting under the Magnifying Glass." *Journal of Theoretical Politics* 9: 5-12.

Gold, Howard J. Gold. 1995. "Third Party Voting in Presidential Elections: A Study of Perot, Anderson, and Wallace." *Political Research Quarterly* 48: 751-773.

Gomez, Brad T., and Matthew Wilson. 2001. "Political Sophistication and Economic Voting in the American Electorates: A Theory Heterogeneous Attribution." *American Journal of Political Science* 45: 899-914.

Hinich, Melvin. 1977. "Equilibrium in Spatial Voting: The Median Voter Result is an Artifact." *Journal of Economic Theory* 16: 208-219.

Hinich, Melvin, John O. Ledyard, Peter C. Ordeshook. 1973. "A Theory of

Electoral Equilibrium: A Spatial Analysis Based on the Theory of Games." *Journal of Politics* 35: 154-193.

Hinich, Melvin J., and Michael C. Munger. 1997. *Analytical politics*. Cambridge: Cambridge University Press.

Hinich, Melvin, John O. Ledyard, Peter C. Ordeshook. 1973. "A Theory of Electoral Equilibrium: A Spatial Analysis Based on the Theory of Games." *Journal of Politics* 35: 154-193.

Hinich, Melvin J., Valeri Khmelko, and Peter C. Ordeshook. 1999. "Ukraine's 1998 Parliamentary Elections: A Spatial Analysis." *Post-Soviet Affairs* 15: 149-185.

Hirschman, Alberto O. 1970. *Exit, Voice, and Loyalty*. Cambridge: Harvard University Press.

Huntington, Samuel P. 1991. *The Third Wave: Democratization in the Late Twentieth Century*. OK, Norman: University of Oklahoma Press.

Inglehart, Ronald. 1977. *Silent Revolution: Changing Values and Political Styles among Western Politics*. Princeton: Princeton University Press.

______. 1997. *Modernization and Post-Modernization*. Princeton University Press: Princeton.

Jost, John T., Brian A. Nosek, and Samuel D. Gosling. 2008. "Ideology: Its Resurgence in Social, Personality, and Political Psychology." *Perspectives on Psychological Science* 3: 126-136.

Jost, John T., Christopher M. Federico, and Jaime L. Napier. 2009. "Political Ideology: Its Structure, Functions, and Elective Affinities." *Annual Review of Psychology* 60: 307-337.

Kinder, Donald, and D.R. Kiewiet. 1981. "Sociotropic Politics." *British Journal of Political Science* 11: 129-161.

Kitschelt, Hebert. 2004. "Diversification and Reconfiguration of Party Systems in Postindustrial Democracies." *Europäische Politik*: 1-23.

Knight, Kathleen. 2006. "Transformations of the Concept of Ideology in the Twentieth Century." *American Political Science Review* 100-4: 619-626.

Layman, Geoffrey, and Thomas Carsey. 2002. "Party Polarization and Conflict Extension in the American Electorate." *American Journal of Political Science* 46: 786-802.

Lewis, Jeffrey B., and Gary King. 1999. "No Evidence on Directional vs. Proximity Voting." *Political Analysis* 8: 21-33.

Lin, Tse-Min, Yun-Han Chu, and Melvin J. Hinich. 1996. "Conflict Displacement and Regime Transition in Taiwan: A Spatial Analysis." *World Politics* 48: 453-481.

Lipset, Seymour M., and Stein Rokkan. 1967. "Cleavage Structures, Party Systems, and Voter Alignments: An Introduction." In *Party Systems and Voters Alignments: Cross-National Perspectives.* New York: Free Press, 1-64.

Long, J. Scott. 1997. *Regression Models for Categorical and Limited Dependent Variables.* Thousand Oaks: Sage Publication.

Luskin, Robert C. 1987. "Measuring Political Sophistication." *American Journal of Political Science* 31: 856-899.

Macdonald, Stuart E., Ola Listhaug, and George Rabinowitz, G. 1991. "Issues and Party Support in Multiparty Systems." *American Political Science Review* 85: 1107-1131.

Macdonald, Stuart E., George Rabinowitz, and Ola Listhaug. 1997. "Individual Perception and Models of Issue Voting." *Journal of Theoretical Politics* 9: 13-21.

______. 1998. "On Attempting to Rehabilitate the Proximity Model: Sometimes the Patient Just Can't Be Helped." *Journal of Politics* 60: 635-690.

______. 2001. "Sophistry versus Science: On Further Efforts to Rehabilitate the Proximity Model." *Journal of Politics* 63: 482-500.

MacKuen, Michael B., Robert S. Erikson, and James A. Stimson. 1992. "Peasants or Bankers? The American Electorate and the U.S. Economy." *American Political Science Review* 86: 597-611.

Macrae, Duncan. 1952. "The Relation between Roll Call Votes and Constituencies in the Massachusetts House of Representatives." *American Political Science Review* 46: 1046-1055.

McFadden, D. 1973. "Conditional Logit Analysis of Qualitative Choice Behavior." In *Frontiers of Econometrics*, ed. Zarembka, P. New York: Academic Press.

Mckelvey, Richard D. 1979. "General Conditions for Global Intransitivities in

Formal Voting Models." *Econometrica* 47: 1085-1011.

Mainwaring, Scottt, and Mariano Torcal. 2006. "Party System Institutionalization and Party System Theory after the Third Wave of Democratization." In *Handbook of Party Politics*, ed. Richard S. Katz and William Crotty, eds. London: Sage Publications, 204-227.

Merrill, Samuel, III, and Bernard Grofman. 1997. "Directional and Proximity Models of Voter Utility and Choice: A New Synthesis and an Illustrative Test of Competing Models." *Journal of Theoretical Politics* 9: 25-48.

Miller, Gary and Norman. Schofield. 2003. "Activists and Partisan Realignment in the United States." *American Political Science Review* 97-2: 245-260.

Miller, G., and N. Schofield. 2008. "The Transformation of the Republican and Democratic Party Coalitions in the U.S." *Perspectives on Politics* 6-3: 433-450.

Myagkov, Misha, and Peter C. Ordeshook. 1998. "The Spatial Character of Russia's New Democracy." *Public Choice 97*(3 December): 491-523.

OCED. 2012. OCED Economic Surveys Korea: Overview. http://www.oecd.org/eco/50191444.pdf, 2013/6/10.

Page, Benjamin I., and Richard A. Brody. 1972. "Policy Voting and the Electoral Process: The Vietnam War Issue." *American Political Science Review* 66: 979-995.

Pattie, Charles, and Ron J. Johnston. 2001. "Routes to Party Choice: Ideology, Economic Evaluations and Voting at the 1997 British General Election." *European Journal of Political Research* 39: 373-389.

Poole, Keith T. 2005. *Spatial Models of Parliamentary Voting*. Cambridge: Cambridge University Press.

Poole, Keith T., and Howard Rosenthal. 1997. *Congress: A Political-Economic History of Roll Call Voting*. New York: Oxford University Press.

Powell, G. Bingham. Jr. 2000. *Elections as Instruments of Democracy*. New Haven: Yale University Press.

Rabinowitz, George, and Stuart E. Macdonald. 1989. "A Directional Theory of Issue Voting." *American Political Science Review* 83: 93-121.

Rosenstone, Steven J., Roy L. Behr, and Edward H. Lazarus. 1996. *Third Parties in America: Citizen Response to Major Party Failure*, 2nd ed.

Princeton, NJ: Princeton University Press.

Schattschneider, E. E. 1960. *The Semisovereign People*. Fort Worth: Harcourt Brace Jovanovich College Publishers.

Schofield, Norman, Andrew D. Martin, Kevin M. Quinn, and Andrew B. Whitford. 1998. "Multiparty Electoral Competition in the Netherlands and Germany: A Model Based on Multinomial Probit." *Public Choice* 97: 257-293.

Schofield, Norman, Gary Miller, and Andrew Martin. 2003. "Critical Elections and Political Realignments in the USA: 1860-2000." *Political Studies* 51: 217-240.

Schofiel, Norman and Itai Sened. 2006. *Multiparty Democracy: Elections and Legislative Politics*. Cambridge: Cambridge University Press.

Schofield, Norman, and Gary. Miller. 2007. "Elections and Activist Coalitions in the United Sates." *American Journal of Political Science* 1-3: 518-531.

Schofield, Norman, Maria Gallego, JeeSeon Jeon. 2011. "Leaders, Voters and Activists in Great Britain 2005 and 2010." *Electoral Studies* 30: 484-496.

Schwartz, Shalom H. 1992. "Universals in the Content and Structure of Values: Theoretical Advances and Empirical Tests in 20 Countries." In *Advances in Experimental Social Psychology* (vol.25), ed. Mark P. Zanna. San Diego: Academic Press, 1-65.

Shafer, Bryon, E. and William J. M. Claggett. 1995. *The Two Majorities: The Issue Context of Modern American Politics*. Baltimore: Johns Hopkins University Press.

Shin, Do-Chul. 1999. *Mass Politics and Culture in Democratizing Korea*. New York: Cambridge University Press.

Southwell, Priscilla L., and Marcy J. Everest. 1998. "The Electoral Consequences of Alienation: Nonvoting and Protest Voting in the 1992 Presidential Race." *Social Science Journal* 35: 43-51.

Stonecash, Jeffrey M., Mark D Brewer and Mark D. Mariani. 2003. *Diverging Parties: Social Change, Realignment, and Party Polarization*. Boulder, Colorado: Westview Press.

Stonecash, Jeffrey M. 2006. *Political Parties Matter: Realignment and the Return of Partisan Voting*. Boulder, CO: Lynne Rienner Publishers.

Todosijević, Bojan. 2005. "Issues and Party Preferences in Hungary." *Party Politics* 11: 109-126.

Westholm, Anders. 1997. "Distance versus direction: The illusory defeat of the proximity theory of electoral choice." *American Political Science Review* 91: 865-883.

Zumbrunnen, John, and Amy Gangl. 2008. "Conflict, Fusion, or Coexistence? The Complexity of Contemporary American Conservatism." *Political Behavior* 30: 199-221.

색 인

/ ㄱ /

/ ㄴ /

/ ㄷ /

/ ㅁ /

/ ㅂ /

/ ㅅ /

/ ㅈ /

지은이 소개

❖ 조성대

1999년 12월 미주리대학에서 박사학위를 수여받았다. 현재 한신대학교 국제관계학부의 교수로 재직하고 있다. 한국선거학회와 한국정당학회의 임원을 역임하기도 했다. 주요 연구물로는 "Issues, the Spatial Theory of Voting, and British General Elections: A Comparison of Proximity and Directional Models"(2003, *Public Choice*, with James W. Endersby), "부동층에 관한 연구: 19대 총선에서 정당선호, 선거쟁점과 투표 결정 시기"(2013, 『한국정치학회보』), "민주화 이후 한국 대통령선거에서 제3후보 현상과 선거연합에 관한 연구"(2013, 『선거연구』), "대통령제와 연립정부: 제도적 한계의 제도적 해결"(2012, 『한국정치학회보』, 홍재우·김형철과 공저), "균열구조와 정당체계: 지역주의, 이념, 그리고 2007년 한국 대통령선거"(2007, 『현대정치연구』) 등이 있다. 사회활동도 활발해 2015년 현재 참여연대 의정감시센터의 소장의 역할을 맡고 있다.

이념의 정치와
한국의 선거
공간이론으로 본 한국의 대통령선거

인 쇄: 2015년 9월 21일
발 행: 2015년 9월 25일

지은이: 조성대
발행인: 부성옥

발행처: 도서출판 오름
등록번호: 제2-1548호 (1993. 5. 11)
주 소: 서울시 중구 퇴계로 180-8 서일빌딩 4층
전 화: (02) 585-9122, 9123 / 팩 스: (02) 584-7952
E-mail: oruem9123@naver.com

ISBN 978-89-7778-451-2 93340

* 잘못된 책은 교환해 드립니다.
* 값은 뒤표지에 있습니다.

이 도서의 국립중앙도서관 출판예정도서목록(CIP)은 서지정보유통지원시스템 홈페이지(http://seoji.nl.go.kr)와 국가자료공동목록시스템(http://www.nl.go.kr/kolisnet)에서 이용하실 수 있습니다. (CIP2015025652)